人力资源管理实操手册

员工关系管理

冯宝珠 ◎ 编著

中国纺织出版社有限公司

内 容 提 要

员工关系管理是人力资源管理的根本，任何管理都离不开员工关系管理的范畴，或者都是员工关系管理的深化发展。因此，本书从员工关系管理角度出发，详细讲解了员工关系管理的基本内涵，新员工关系管理，在职员工关系管理，离职员工关系管理，员工劳动合同管理，员工抱怨、申诉与劳动争议管理，员工劳动保护管理以及员工情感管理。内容通俗易懂、实操性强，适合人力资源管理实务入门者、企业管理者及各高校人力资源管理专业的学生学习、使用。

图书在版编目（CIP）数据

人力资源管理实操手册：员工关系管理 / 冯宝珠编著. --北京：中国纺织出版社有限公司，2024.1
ISBN 978-7-5229-0667-6

Ⅰ.①人… Ⅱ.①冯… Ⅲ.①企业管理—人事管理—手册 Ⅳ.①F272.921-62

中国国家版本馆CIP数据核字（2023）第104048号

责任编辑：段子君　曹炳镝　李立静　　责任校对：寇晨晨
责任印制：储志伟

中国纺织出版社有限公司出版发行
地址：北京市朝阳区百子湾东里 A407 号楼　邮政编码：100124
销售电话：010—67004422　传真：010—87155801
http://www.c-textilep.com
中国纺织出版社天猫旗舰店
官方微博 http://weibo.com/2119887771
三河市延风印装有限公司印刷　各地新华书店经销
2024 年 1 月第 1 版第 1 次印刷
开本：710×1000　1/16　印张：13.5
字数：183 千字　定价：68.00 元

凡购本书，如有缺页、倒页、脱页，由本社图书营销中心调换

前言

在各种企业管理中，人是最重要的资源。面对人的管理，是企业管理者永远的管理主题。全面出色的人力资源管理和恰当的员工关系管理在人力资源管理和开发中发挥着巨大作用，可以大大地提高企业的市场竞争力。员工关系管理是人力资源管理的根本，任何管理都离不开员工关系管理的范畴，或者都是员工关系管理的深化发展。员工关系管理涉及人力资源管理的各个方面，从把员工招聘进企业的第一天起，员工关系的管理工作就开始了。员工关系管理属于人力资源管理体系的一个特定领域，企业中的管理人员制定并实施各项政策和管理行为，以及通过某些管理沟通手段来调节企业和员工、员工和员工之间的相互联系和影响，在实现组织目标的同时确保为员工、社会增值。

全面意义上的员工关系管理主要包括劳动关系管理、劳动争议处理、员工满意度管理、员工劳动保护、离职与裁员管理等要素。员工关系管理的主要职责是协调员工与其管理者、员工与企业、员工与员工之间的关系，引导建立积极向上、和谐相处的工作环境。管理员工关系需要落实到企业管理运作的实践中，使企业营造良好的工作氛围、提高员工满意度、增强员工忠诚度、吸引并留住优秀员工，提升企业竞争力。

本书主要介绍了员工关系管理的基本内涵，新员工关系管理，在职员工关系管理，离职员工关系管理，员工劳动合同管理，员工抱怨、申诉与劳动争议管理，员工劳动保护管理以及员工情感管理，从各个方面详细讲解了员工关系管理中的实用知识。

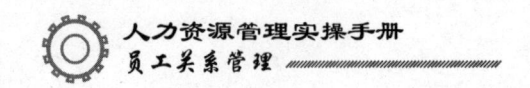

本书的编写主要有以下特色：

（1）书中采用大量图表进行展示，方便读者在短时间内厘清知识脉络、掌握理论知识。

（2）书中设置【案例讲解】，以典型企业作为实例，提供实操典范。

（3）书中设置【温馨提示】，对一些不容易理解或者需要着重说明的地方给出具体解释。

（4）书中设置【答疑解惑】，侧重解答从业人员在实际工作中遇到的难题以及企业经常遇到的热点问题。

（5）书中附有人力资源常用表格、文件等相关资料，为读者顺利工作保驾护航。

本书内容通俗易懂、实操性强，特别适合人力资源管理实务入门者、企业管理者及各高校人力资源管理专业学生学习、使用。

冯宝珠

2023 年 3 月

目录

第一章　员工关系管理的基本内涵
第一节　认识员工关系管理 …………………………………… 2
第二节　员工关系管理的职能 ………………………………… 9

第二章　新员工关系管理
第一节　新员工入职审查与登记 ……………………………… 20
第二节　新员工入职 …………………………………………… 26

第三章　在职员工关系管理
第一节　考勤管理 ……………………………………………… 38
第二节　员工绩效考核管理 …………………………………… 45
第三节　员工薪酬管理 ………………………………………… 55
第四节　员工升职与降职管理 ………………………………… 62
第五节　员工人事档案管理 …………………………………… 70

第四章　离职员工关系管理
第一节　如何看待员工离职 …………………………………… 76
第二节　员工离职成本管理 …………………………………… 85
第三节　员工离职的管理对策 ………………………………… 90

第四节　员工解聘与裁员管理……………………………………96

第五章　员工劳动合同管理
　　　第一节　认识劳动合同……………………………………………108
　　　第二节　劳动合同的订立与续订…………………………………119
　　　第三节　劳动合同的变更、终止、解除…………………………132

第六章　员工抱怨、申诉与劳动争议管理
　　　第一节　员工抱怨管理……………………………………………146
　　　第二节　员工申诉管理……………………………………………152
　　　第三节　劳动争议处理……………………………………………156

第七章　员工劳动保护管理
　　　第一节　劳动安全卫生管理………………………………………168
　　　第二节　职业病及其防治…………………………………………172
　　　第三节　心理健康管理与心理疾病防治…………………………180

第八章　员工情感管理
　　　第一节　员工满意度调查…………………………………………188
　　　第二节　员工工作压力管理………………………………………200
　　　第三节　员工援助计划……………………………………………205

参考文献

第一章
员工关系管理的基本内涵

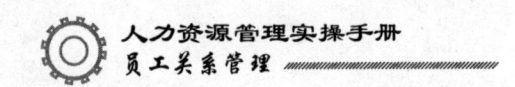

第一节　认识员工关系管理

一、什么是员工关系

员工关系主要是指员工与企业组织之间基于工作合作过程而建立的一种相互影响和互相约束的关系。这种关系以雇佣契约为基础，以工作组织为纽带，主要表现为在组织既有管理过程中的一种人际互动关系。

温馨提示

员工关系与劳动关系、雇佣关系的区别

员工关系与劳动关系、雇佣关系的区别如图1-1所示。

对任何一个企业来说，建立积极正向的员工关系可以吸引且留住优良员工、提高员工生产力、增加员工对企业的忠诚度、提升工作士气、提高公司绩效、降低旷工和缺席率。

建立和谐的员工关系，是企业文化建设的重要方面，也是维护企业良好形象的重要方面。和谐的员工关系是上级与下级之间、平级同事之间、不同部门之间的润滑剂，它是激励员工、减轻工作压力的重要手段之一，有利于员工之间的沟通，也是培养和加强员工团队意识、平等合作精神的重要手段。

二、什么是员工关系管理

员工关系管理是指为保证企业及利益相关者的目标实现，对涉及组织与员工之间、管理者与被管理者之间、员工与员工之间以及员工与客户之间的各种工作关系、利益冲突和社会关系进行协调与管理的策略、制度、体系及行为。

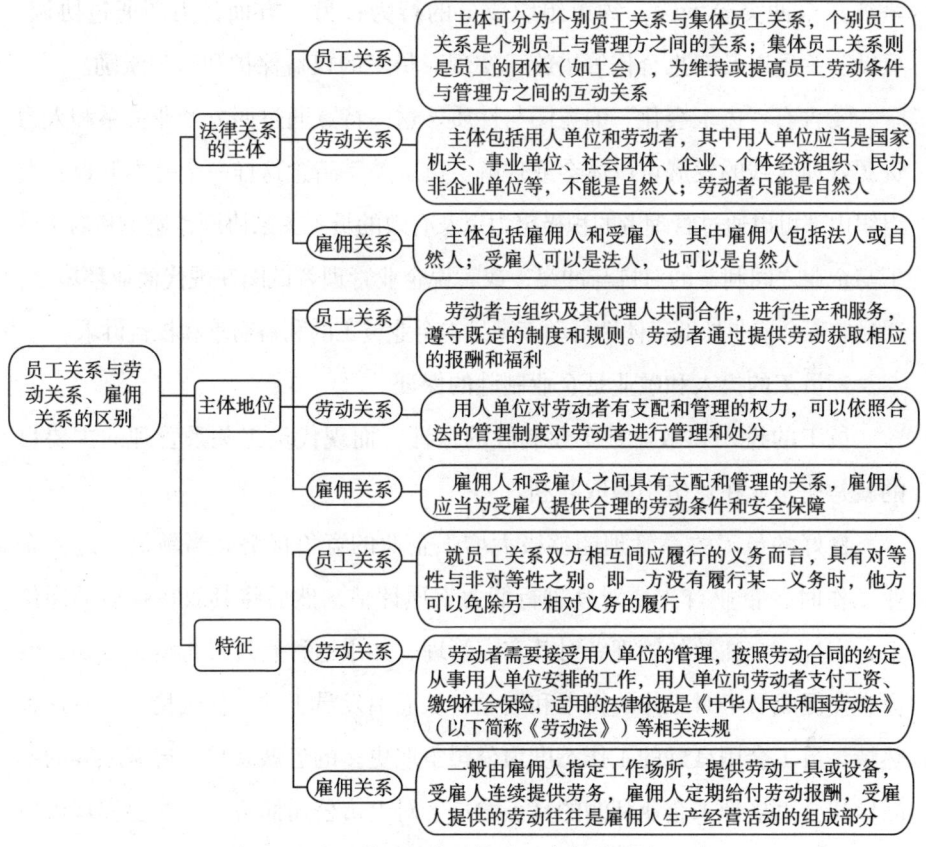

```
                    ┌─员工关系─ 主体可分为个别员工关系与集体员工关系，个别员工
                    │          关系是个别员工与管理方之间的关系；集体员工关系则
                    │          是员工的团体（如工会），为维持或提高员工劳动条件
              法律关系│          与管理方之间的互动关系
              的主体 ├─劳动关系─ 主体包括用人单位和劳动者，其中用人单位应当是国家
                    │          机关、事业单位、社会团体、企业、个体经济组织、民办
                    │          非企业单位等，不能是自然人；劳动者只能是自然人
                    └─雇佣关系─ 主体包括雇佣人和受雇人，其中雇佣人包括法人或自
                               然人；受雇人可以是法人，也可以是自然人

                    ┌─员工关系─ 劳动者与组织及其代理人共同合作，进行生产和服务，
员工关系与           │          遵守既定的制度和规则。劳动者通过提供劳动获取相应
劳动关系、      主体地位├─劳动关系─ 的报酬和福利
雇佣关系的区别        │          用人单位对劳动者有支配和管理的权力，可以依照合
                    │          法的管理制度对劳动者进行管理和处分
                    └─雇佣关系─ 雇佣人和受雇人之间具有支配和管理的关系，雇佣人
                               应当为受雇人提供合理的劳动条件和安全保障

                    ┌─员工关系─ 就员工关系双方相互间应履行的义务而言，具有对等
                    │          性与非对等性之别。即一方没有履行某一义务时，他方
                    │          可以免除另一相对义务的履行
              特征  ├─劳动关系─ 劳动者需要接受用人单位的管理，按照劳动合同的约定
                    │          从事用人单位安排的工作，用人单位向劳动者支付工资、
                    │          缴纳社会保险，适用的法律依据是《中华人民共和国劳动法》
                    │          （以下简称《劳动法》）等相关法规
                    └─雇佣关系─ 一般由雇佣人指定工作场所，提供劳动工具或设备，
                               受雇人连续提供劳务，雇佣人定期给付劳动报酬，受雇
                               人提供的劳动往往是雇佣人生产经营活动的组成部分
```

图 1-1 员工关系与劳动关系、雇佣关系的区别

1. 员工关系管理的性质

①员工关系管理是人力资源管理的一项基本职能。员工关系贯穿员工管理的各个方面，是人力资源管理的基础与核心职能之一，同时也为人力资源系统的其他管理职能，如招聘、培训、绩效管理、薪酬福利、安全健康管理等，提供和谐的员工关系的前提和保障。

②提倡从员工角度制定管理策略和措施。当代员工关系管理倡导劳资之间，员工与组织、团队之间的关系和利益协调，强调通过非强制性的、柔性的、激励性的方法和手段来管理员工的态度、行为及绩效。

③在合理的规章制度和组织规则下进行。这一职能具有鲜明的两面性：

一方面，为保证企业正常的工作和生活秩序，需要运用制度、规范、惩罚、争议甚至冲突等手段，约束组织成员的行为；另一方面，力图通过协调、援助、关爱以及互惠合作等措施，实现对员工的权益保护和行为激励。

④含有"去工会化"的意图与性质。这一特点通过西方产业关系和人力资源管理实践的发展可以体会或理解。员工关系暗含这样一个基本假设：在组织内部可以通过管理者的积极努力以及有效的员工关系协调，避免和内化员工与企业之间利益的对抗与冲突；或者说企业管理者试图在现代商业环境下，通过非工会或非外部集体性行动来满足本企业员工的利益需求和权益诉求。

2. 员工的投入和敬业是企业制胜的保证

员工的投入和敬业是企业制胜的保证，而现代员工关系管理的主要目的就是使企业在竞争中赢取胜利。

良好的员工关系管理能够极大增强企业的竞争优势。当新员工进入企业工作时，企业首先要对其进行能力素质评估，然后将其放在合适的岗位上，安排一个高效的管理者对其实施管理，如果这种管理进行得很成功，就会直接促成员工对工作的投入和敬业，从而引发员工的工作热情。凭着这种热情，员工会用良好的工作态度为公司争取更多的忠诚客户。忠诚顾客的不断增长会直接带来企业利润的真正增长，对上市公司而言，最终会实现市值的增加，如图1-2所示。

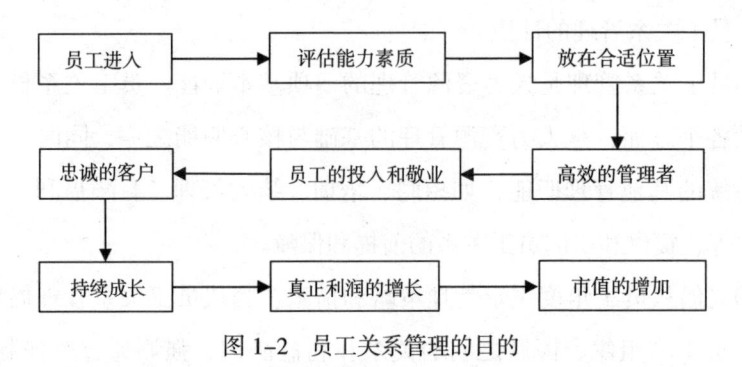

图 1-2 员工关系管理的目的

员工管理的有效执行能够保证一系列良好的连锁反应，最主要的是能够培养出真正敬业的员工。在以人为本的现代社会，员工的工作态度无疑是企业在激烈的市场竞争中脱颖而出的关键。

3.员工关系管理中包含的要素

现代的、积极的员工关系管理主要包含如图1-3所示的14项内容，其中"劳动关系管理"是指传统的签合同、解决劳动纠纷等内容；而"心理咨询服务"是现在企业中最时髦、最流行的一种福利，这项福利的产生来源于日益强烈的竞争压力；"员工的信息管理"对那些规模比较大，如几千人的公司非常重要。另外，"辞退、裁员及临时解聘、合并及收购"则是稍微消极一点的员工关系管理。现代员工关系管理包含的内容非常丰富，需要逐一渐进地认识和学习。

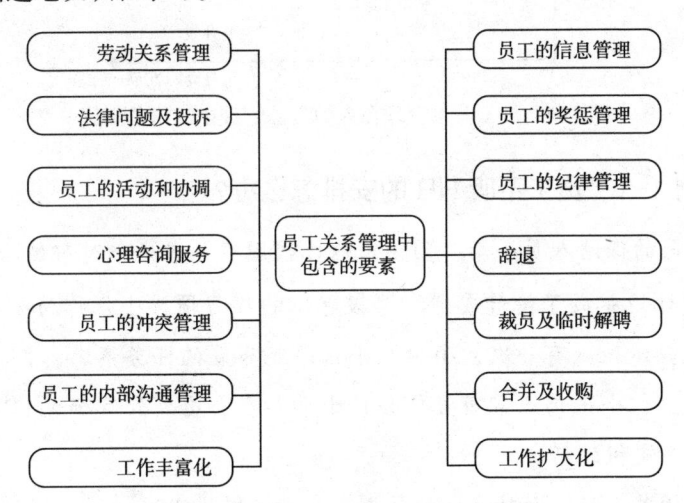

图1-3　员工关系管理中包含的要素

三、员工关系管理在人力资源管理中扮演着怎样的角色

员工关系管理作为人力资源管理的一项基本职能，其角色定位和作用发挥贯穿人力资源管理职能体系。

根据图1-4，可从两个视角理解员工关系管理与人力资源管理职能之间的关系。其一，企业人力资源管理活动可以沿着纵横两个维度进行类型划分，其中纵向代表企业人力资源增长，主要是规模扩张的角度；横向代表企业人力资源发展，主要是质量提升的角度。依据两个维度的组合管理，员工关系管理贯穿扩展、激励、开发和维护四个基本类型。其二，若将人力资源管理职能作为一个流程，员工关系管理贯穿人力资源管理流程的所有环节。换言之，员工关系管理始于人员的招聘甄选，终于员工和企业终结劳动关系。

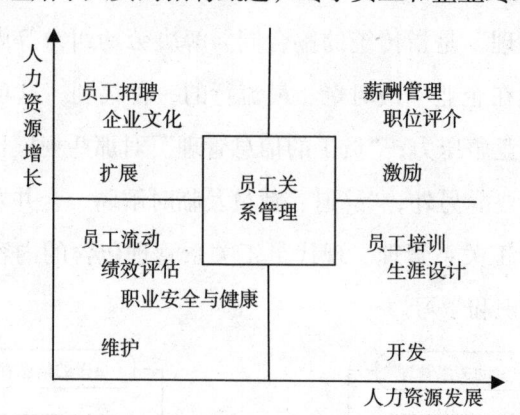

图 1-4　员工关系管理在人力资源管理中的角色定位

案例 1-1　员工不听 HR 的安排怎么办？

A 公司的保洁人员小李，因为家庭比较困难，老板平时对她颇为照顾，没想到竟让她养成了偷奸耍滑、消极怠工的坏习惯。小张作为公司的 HR 不敢轻易辞退她。有一次，小李对小张给她布置的任务不满意，就向老板申请特权。但小张仍照常布置任务，小李却在公司到处宣扬说 HR 管不了她，她只听老板的话。

如果你是小张，面对这样的员工，应当如何处理？

【解析】这里，建议小张从以下几方面着手处理：

①调整自己的心态，利用一念即转法从自身工作态度与工作方法上找原因；如果对保洁持有防范心理，要看自己对保洁员的态度是否生硬，变对立为友好，主动关心、尊重对方。

②调整自己的工作方法，从检查督导入手，每天对其工作流程、工作质量进行检查。设置好表格，先让其自查，再进行督导。先期不服，拍照留证据；形成习惯，让其认识自身工作职责与标准。

③在管理层级上对老板提出建议，每月定期将员工表现结果用图片和检查表的形式向老板汇报，从老板处获取管理上的支持。

总结来说，就是 HR 在工作过程中，第一要摆正心态，第二要讲究工作方法，同时做好时间管理，让自己的工作获得上下级认可，这样才更容易做出成绩。

案例 1-2　对于不能胜任工作的员工，公司该如何处理？

B 公司是生产销售一体的公司，由于业务不断拓展，B 公司需要对不能胜任工作的员工进行调岗。经过多次协商，员工小赵依然不从，公司让小赵停工反省他不接受，反而在公司内部到处散播负面信息。HR 小唐想按照员工手册规定解除劳动合同，可劳动局说公司可能会面临赔偿，但是公司又不想赔偿。

如果你是小唐，遇到这种情况怎样处理比较合适？

【解析】这里，建议小唐这么办：

①查看相关规定。看公司员工手册或其他规定是否有对"散播负面信息，造成恶劣影响"属于严重违反制度的行为的规定；另外，查看有无对该员工培训这些规定的培训记录和签名。

②按严重违纪处理。到处散播负面信息，对 B 公司形象造成恶劣影响，收集证据，召开员工代表会议或工会会议，形成处理决定，即日起解除劳动合同，并予以公布，并送劳动局一份。

③意外情况应对。对于此类恶劣事件，应该给予及时处理，不能拖延。一方面，告诫 B 公司保安部门和部门领导密切注意，自公布公告之日起不得让其入司上班，要求其办理离职手续；另一方面，HR 部门及时将情况反馈给领导，如该员工仲裁或诉讼，以便得到 B 公司领导的支持，积极应对。

如果员工手册中对小赵这种情况规定可"解除合同"，可依据该规定执行，只要 B 公司的制度是依法定程序制定的，那么 B 公司在通知工会后可解除劳动合同，无须承担经济补偿金等。

依据《中华人民共和国劳动合同法》(以下简称《劳动合同法》) 第四十条的规定"劳动者不能胜任工作，经过培训或者调整工作岗位，仍不能胜任工作的，用人单位提前三十日以书面形式通知劳动者本人或者额外支付劳动者一个月工资后，可以解除劳动合同"。

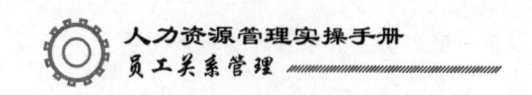

公司注意收集该员工不能胜任工作的证据，比如销售记录等。

【答疑解惑】

问：员工关系专员就是做辞退员工、处理劳动纠纷等棘手事情的吗？

【解答】这是把员工关系等同于劳动关系了。事实上，员工关系专员要做的不限于此。员工关系专员是指协调员工关系、促进员工职业发展成长、创建和谐通畅的内部沟通渠道、营造具备高度凝聚力的优秀企业文化的人员。其工作领域主要有员工档案管理、员工劳动合同管理、员工保险管理、员工转正和异动管理、员工考勤管理、员工离职管理、员工关系管理、服务与支持、员工关系培训以及劳资纠纷管理等。

员工关系专员承担的职责如图 1-5 所示。

员工关系专员承担的职责：
- 协助人力资源部经理建立和完善公司的员工关系管理体系
- 负责员工的人事档案管理，组织审核档案鉴定、清理与销毁工作
- 负责劳动合同和相关协议的起草、制定和签订等管理
- 办理员工录用、迁调、奖惩、离职手续
- 负责公司员工出国事项的办理
- 针对公司人事等规章制度，负责妥善解答员工疑问
- 组织受理员工投诉和公司内部劳资纠纷，完善内部沟通渠道
- 协同人力资源部经理和法律顾问处理有关劳动争议
- 严格执行考勤制度，负责员工考勤、调休、请假、加班等核计，按公司规定汇总与报批
- 负责全面推动公司文化系统的建设工作，策划各类公司文化活动，丰富员工生活，提升员工的满意度和敬业度，建立员工与公司之间的和谐关系

图 1-5　员工关系专员承担的职责

第二节 员工关系管理的职能

一、员工关系管理的职能体系设置

员工关系管理是人力资源部门的基本职能之一，该职能体系的构建因企业性质和规模而有所差别。下面以某企业的职能体系设置为例进行讲解。

某企业员工关系管理职能的结构体系如图 1-6 所示。

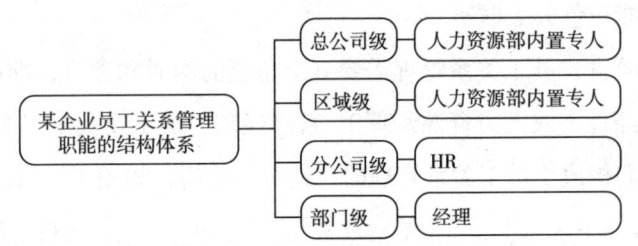

图 1-6 某企业员工关系管理职能的结构体系

一般来说，员工关系管理是人力资源部的职能之一，但是，这个职能在人力资源部和公司的准确定位却因公司规模的不同而有所不同。

1. 总公司级

在一个下属很多集团的多元化公司里，公司总部的人力资源部一定会单设专人来负责员工关系管理和企业文化，这个职位在公司以及人力资源部内都是一个专门的岗位。

2. 区域级

对于一个下设各大区域或者各分支机构、各代表处的公司来说，在总公司的人力资源部中，也需要一个人专门负责企业文化和员工关系管理，这个岗位也是单独设置的。

3. 分公司级

在一家只有分公司的公司中，因为岗位设置有限，这类公司负责员工关系管理的一般是人力资源部的最高负责人，他的主要工作在于员工关系管理和企业文化，至于招聘培训、考核、福利等内容则由其下属分管。

4. 部门级

如果公司的规模较小，诸如最多各地有一些代表处，每个代表处有两三个联络人员，在这类公司中，切忌将员工关系管理置于行政部的工作中，应该由公司的最高管理层来负责。例如公司的老总、副总，此外，中层经理也可以负责部分员工关系管理工作。

二、员工关系管理的职能角色分工

1. 职能角色分工框架

一般而言，员工关系管理需要五个角色的沟通和参与，即高层管理者、员工关系经理（或人力资源经理）、直线经理、员工及员工组织（工会）五方面，他们构成了员工关系管理的"钻石"结构，如图1-7所示。

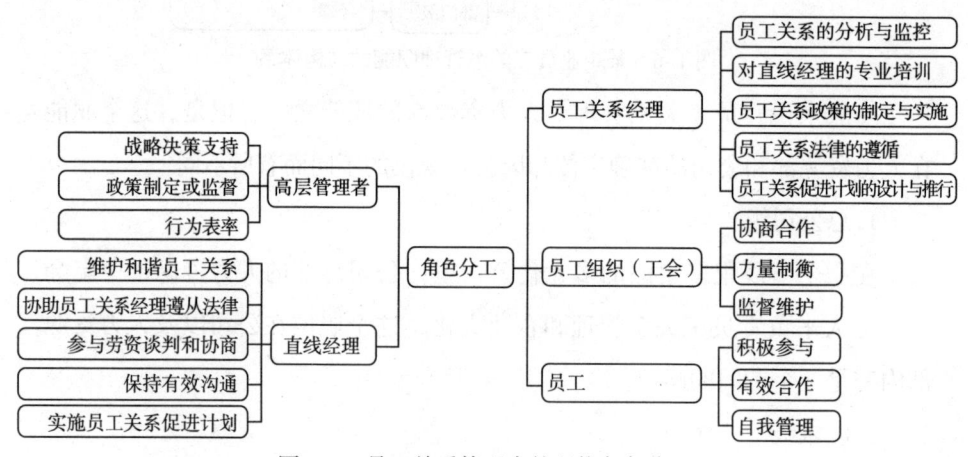

图1-7 员工关系管理中的职能角色分工

2. 各角色职责及承担工作内容

企业员工关系管理中，各职能角色所承担的相关工作职责包括：

①高层管理者。在员工关系管理中，高层管理者主要承担战略决策支

持、政策制定或监督及行为表率等职责。

②员工关系经理。作为专职人员，员工关系经理在员工关系管理中扮演核心角色，主要职责为员工关系的分析与监控、对直线经理的专业培训、员工关系政策的制定与实施、员工关系法律的遵循以及员工关系促进计划的设计与推行等。

③直线经理。直线经理是员工关系管理中的实施者和直接维护者，所承担的职责主要包括维护和谐员工关系、协助员工关系经理遵从法律、参与劳资谈判和协商、保持有效沟通以及实施员工关系促进计划等。

④员工。员工是员工关系的主体之一，他们既是管理和服务的对象，又是主要的管理参与者。自我管理是现代员工关系管理的重要特征之一。

⑤员工组织（工会）。工会及职工代表大会等员工组织在员工关系管理中的角色界定值得关注。鉴于员工关系与劳动关系之间有性质上的区别，但也有许多工作内容上的交叉，员工组织作为员工利益的代表，应该在员工关系管理中主要扮演合作者和员工利益维护者的角色。所谓合作者角色，包括帮助企业和管理者协调好企业、管理者与员工之间的关系，推动实施各种有利于员工关系发展的计划和方案等；所谓员工利益维护者角色，是指当企业或雇主一方出现无视或忽视员工利益保护或不利于员工关系协调的政策、制度和行为时，工会和职工代表大会等员工组织应该站在员工一方，督促、协助和采取措施处理好各种可能出现的矛盾与冲突。

温馨提示

员工关系管理中部门经理与人力资源部如何分工？

（1）部门经理的工作

①营造相互尊重、相互信任的氛围，维持健康的劳动关系。

②坚持贯彻劳动合同的各项条款。

③确保公司的员工申诉程序按劳动合同和有关法规执行。

④跟人力资源部门一起参与劳资谈判。

⑤保持员工与经理之间沟通渠道畅通，使员工能了解公司大事并通过多种渠道发表建议和不满。

（2）人力资源部门的工作

①分析导致员工不满的深层原因。

②对一线经理进行培训，帮助他们了解和理解劳动合同条款及在法规方面易犯的错误。

③在如何处理员工投诉方面向一线经理提出建议，帮助有关各方就投诉问题达成最终协议。

④向一线经理介绍沟通技巧，促进上行及下行沟通。

三、员工关系管理的工作内容

1. 劳动合同及其相关的员工关系管理

①雇佣协议和劳动合同的管理，包括劳动合同管理方面的制度建设，依法具体办理劳动合同的签订、续订、变更、解除和终止手续，并关注在劳动合同签订与解除中相关的员工关系问题。

②员工信息库的建设，包括收集、整理和公布劳动合同订立、履行、变更、解除、终止等信息。

③集体协商的推行和管理，包括制定相关的规章制度、安排集体协商日程、完善集体合同草案的内容以及解决相关的合作和争议问题。

2. 员工离职和裁员管理及相关的员工关系协调

员工离职管理是由劳动关系的解除或终止而产生的管理行为。员工离职和裁员管理具体内容如图1-8所示。

3. 纪律、惩戒及员工不良行为管理

①纪律和惩戒管理，是指纪律规章制度的建设及具体实施过程中的管理行为，包括制定纪律管理的规章制度、管理流程等；对员工进行国家法律法规、企业规章制度和自律管理的教育、培训；对违纪员工依照法律和规则进行处理等。

第一章 员工关系管理的基本内涵

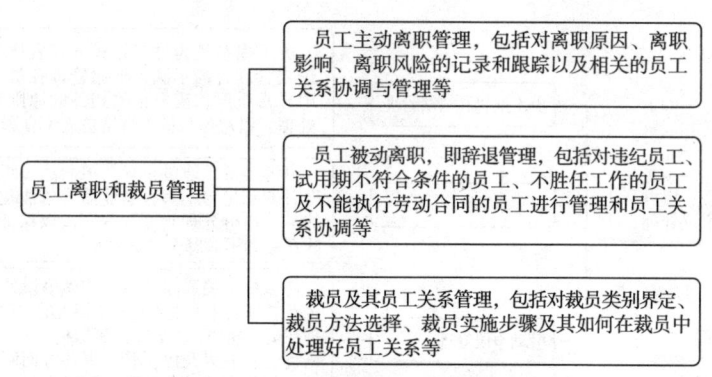

```
                    ┌─ 员工主动离职管理，包括对离职原因、离职
                    │  影响、离职风险的记录和跟踪以及相关的员工
                    │  关系协调与管理等
                    │
员工离职和裁员管理 ──┼─ 员工被动离职，即辞退管理，包括对违纪员工、
                    │  试用期不符合条件的员工、不胜任工作的员工
                    │  及不能执行劳动合同的员工进行管理和员工关
                    │  系协调等
                    │
                    └─ 裁员及其员工关系管理，包括对裁员类别界定、
                       裁员方法选择、裁员实施步骤及其如何在裁员中
                       处理好员工关系等
```

图1-8 员工离职和裁员管理具体内容

②"问题员工"管理，包括对"问题员工"的行为界定、甄别和特殊管理处理策略选择等。

③防止员工不良行为，主要表现为防止毒品、酒精滥用，防范工作场所暴力和性骚扰等。

4. 员工参与和沟通管理

员工参与是提高员工积极性和主动性的重要方法，是实现产业民主的有效途径。员工参与和沟通管理的具体内容如图1-9所示。

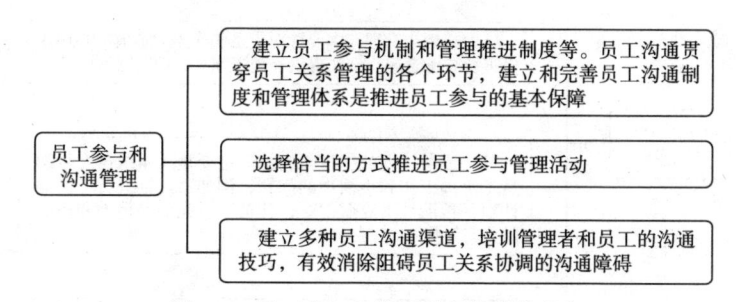

```
                  ┌─ 建立员工参与机制和管理推进制度等。员工沟通贯
                  │  穿员工关系管理的各个环节，建立和完善员工沟通制
                  │  度和管理体系是推进员工参与的基本保障
                  │
员工参与和沟通管理 ┼─ 选择恰当的方式推进员工参与管理活动
                  │
                  └─ 建立多种员工沟通渠道，培训管理者和员工的沟通
                     技巧，有效消除阻碍员工关系协调的沟通障碍
```

图1-9 员工参与和沟通管理的具体内容

5. 员工抱怨、申诉和劳动争议处理

员工抱怨、申诉和劳动争议处理是从制度上构建和谐员工关系的途径与渠道之一，它与员工参与和沟通管理相配合，共同促进员工关系在组织沟通和交流方面的规范与畅通。员工抱怨、申诉和劳动争议处理的工作内容如图1-10所示。

13

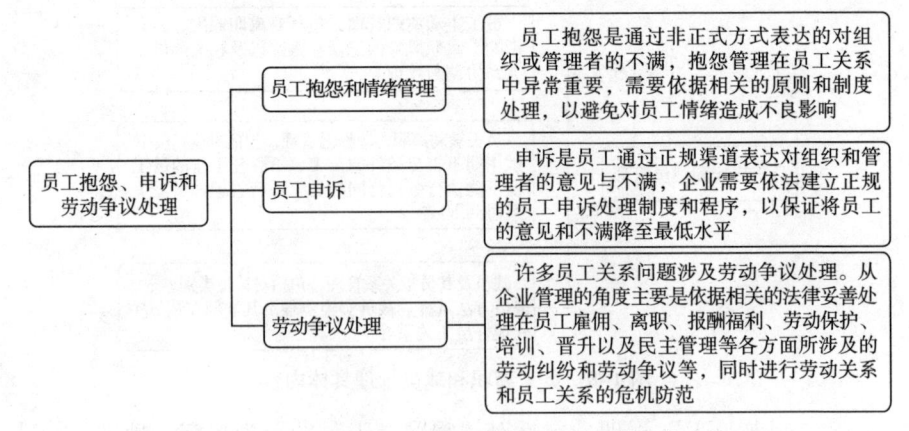

```
                            ┌─────────────────────────────────────────────────────┐
                            │ 员工抱怨是通过非正式方式表达的对组              │
              ┌─员工抱怨和情绪管理─┤ 织或管理者的不满。抱怨管理在员工关系        │
              │             │ 中异常重要,需要依据相关的原则和制度              │
              │             │ 处理,以避免对员工情绪造成不良影响                │
              │             └─────────────────────────────────────────────────────┘
              │             ┌─────────────────────────────────────────────────────┐
员工抱怨、申诉和  │             │ 申诉是员工通过正规渠道表达对组织和管              │
劳动争议处理   ─┼─员工申诉──────┤ 理者的意见与不满,企业需要依法建立正规            │
              │             │ 的员工申诉处理制度和程序,以保证将员工            │
              │             │ 的意见和不满降至最低水平                         │
              │             └─────────────────────────────────────────────────────┘
              │             ┌─────────────────────────────────────────────────────┐
              │             │ 许多员工关系问题涉及劳动争议处理。从              │
              │             │ 企业管理的角度主要是依据相关的法律妥善处          │
              └─劳动争议处理──┤ 理在员工雇佣、离职、报酬福利、劳动保护、        │
                            │ 培训、晋升以及民主管理等各方面所涉及的          │
                            │ 劳动纠纷和劳动争议等,同时进行劳动关系          │
                            │ 和员工关系的危机防范                            │
                            └─────────────────────────────────────────────────────┘
```

图 1-10　员工抱怨、申诉和劳动争议处理的工作内容

6. 员工保护与员工援助

该领域的工作内容丰富,也是近年来备受关注的员工关系管理领域,主要内容如图 1-11 所示。

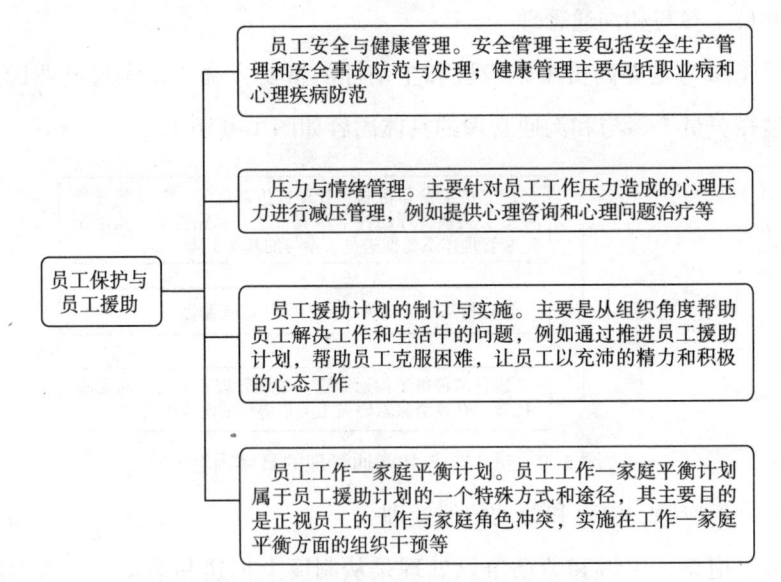

```
                    ┌────────────────────────────────────────────────────┐
                    │ 员工安全与健康管理。安全管理主要包括安全生产管      │
              ┌─────┤ 理和安全事故防范与处理;健康管理主要包括职业病和    │
              │     │ 心理疾病防范                                      │
              │     └────────────────────────────────────────────────────┘
              │     ┌────────────────────────────────────────────────────┐
              │     │ 压力与情绪管理。主要针对员工工作压力造成的心理压    │
员工保护与  ──┼─────┤ 力进行减压管理,例如提供心理咨询和心理问题治疗等    │
员工援助      │     └────────────────────────────────────────────────────┘
              │     ┌────────────────────────────────────────────────────┐
              │     │ 员工援助计划的制订与实施。主要是从组织角度帮助      │
              ├─────┤ 员工解决工作和生活中的问题,例如通过推进员工援助    │
              │     │ 计划,帮助员工克服困难,让员工以充沛的精力和积极    │
              │     │ 的心态工作                                        │
              │     └────────────────────────────────────────────────────┘
              │     ┌────────────────────────────────────────────────────┐
              │     │ 员工工作—家庭平衡计划。员工工作—家庭平衡计划      │
              └─────┤ 属于员工援助计划的一个特殊方式和途径,其主要目的    │
                    │ 是正视员工的工作与家庭角色冲突,实施在工作—家庭    │
                    │ 平衡方面的组织干预等                              │
                    └────────────────────────────────────────────────────┘
```

图 1-11　员工保护与员工援助的工作内容

7. 员工满意度调查与分析

员工满意度调查实质上是从被管理和被服务对象的角度评价企业员工关系管理的质量。具体内容如图 1-12 所示。

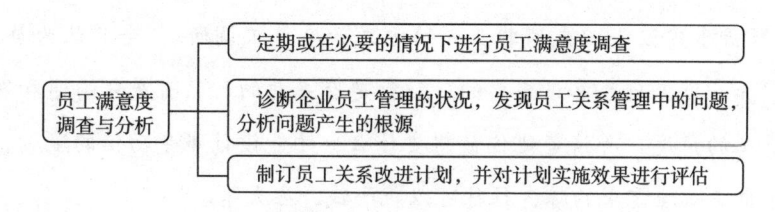

图 1-12 员工满意度调查与分析

员工满意度调查与分析：
- 定期或在必要的情况下进行员工满意度调查
- 诊断企业员工管理的状况，发现员工关系管理中的问题，分析问题产生的根源
- 制订员工关系改进计划，并对计划实施效果进行评估

8. 非正式与特殊群体的员工关系管理

非正式与特殊群体的员工关系管理，有许多特点和关键环节需要格外关注，是未来员工关系管理的重点，主要内容如图 1-13 所示。

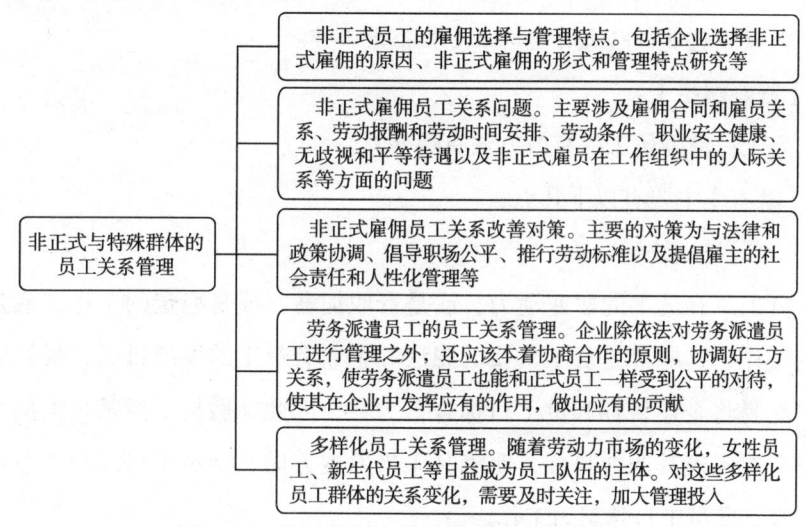

非正式与特殊群体的员工关系管理：
- 非正式员工的雇佣选择与管理特点。包括企业选择非正式雇佣的原因、非正式雇佣的形式和管理特点研究等
- 非正式雇佣员工关系问题。主要涉及雇佣合同和雇员关系、劳动报酬和劳动时间安排、劳动条件、职业安全健康、无歧视和平等待遇以及非正式雇员在工作组织中的人际关系等方面的问题
- 非正式雇佣员工关系改善对策。主要的对策为与法律和政策协调、倡导职场公平、推行劳动标准以及提倡雇主的社会责任和人性化管理等
- 劳务派遣员工的员工关系管理。企业除依法对劳务派遣员工进行管理之外，还应该本着协商合作的原则，协调好三方关系，使劳务派遣员工也能和正式员工一样受到公平的对待，使其在企业中发挥应有的作用，做出应有的贡献
- 多样化员工关系管理。随着劳动力市场的变化，女性员工、新生代员工等日益成为员工队伍的主体。对这些多样化员工群体的关系变化，需要及时关注，加大管理投入

图 1-13 非正式与特殊群体的员工关系管理

案例 1-3 如何提高员工的激情与加强员工之间的凝聚力？

C 公司是一家主要从事电商平台业务的外贸公司，没有销售主管，关于销售的工作都是直接向老板汇报。HR 小田主要负责后勤管理，现在招人、留人与育人令她比较头疼，主要是因为业务人员流动比较大。小田也有开展入职培训，平时的绩效沟通也是有效进行的，但总感觉人员激情不够、凝聚力不强，缺乏稳定性。

面对这种局面，小田怎么做才能提高员工的激情与加强员工之间的凝聚力？

【解析】建议小田先用非正式的方式开展员工调研。"企业认为员工想要的"和"员工自己真正想要的"往往是有差异的。只有充分沟通和观察，站在员工的角度，弄清楚他们最想要什么，才能设计事半功倍的激励措施。把准了员工心理需求的脉，往往可以花小钱、办大事。

老板作为业务人员的直接领导，他的管理风格对员工的积极性和团队的凝聚力也有很直接的影响。

在招聘方面，HR如何设计有竞争力的整体薪酬方案，是吸引更多销售精英加入的关键因素。

小田可以听取以上的建议来逐步推进工作。

【答疑解惑】

问1：激励员工的有效方法有哪些？

【解答】主要有以下几点：

（1）目标激励

员工总有员工的职业动力，或是晋职加薪，或是稳定的工作，或是开心的工作，这些都是员工真实的想法。企业有员工的发展目标，最好的结果当然是将企业目标和员工目标合二为一。因此，做员工激励是根据员工自身情况确定其职业目标，明确其未来发展方向，使员工目标与企业目标相结合，使员工自然努力工作。

（2）榜样激励

提高每一位团队成员的学习积极性，以优秀员工为榜样，让其他员工向他们学习。虽然这个办法有些陈旧，但实用性很强。所谓近朱者赤、近墨者黑。让员工向优秀员工学习，可以提高其专业技能和素养，促进公司整体发展。

（3）沟通激励

管理者与员工关系的好坏，对于调动员工的积极性、激励员工有特殊的作用。要建立良好的上下级关系，最重要的就是要进行有效的沟通。

第一章　员工关系管理的基本内涵

（4）绩效激励

完善的绩效考核体系可以让员工看清自己的绩效考核结果，帮助他们认识自己。如果员工知道公司对他工作的评价，会对他有所启发。绩效考核可以调动员工的积极性，更有利于企业的发展。

（5）薪酬激励

公司 HR 加强对员工的激励，可以采取一种高弹性的薪酬模式，即增加浮动工资、奖金的构成比例，从而达到最好的激励效果。

问 2：员工有情绪怎么办？

【解答】可以从以下几点做起：

（1）了解员工情绪的来源

要弄清楚这种情绪从何而来。这种情绪化是来自工作中遇到的困难或问题，还是个人的原因？如果员工因为困惑或困难情绪化，这个时候公司 HR 就需要用沟通来缓解或者提供给员工一些帮助。

（2）认真倾听并表示感同身受，让员工感受到关心

当面对员工的各种不开心、苦恼、抱怨、委屈时，公司 HR 要保持开放、耐心倾听的心态，来表达对员工的感同身受。只有安抚员工的情绪，才能帮助员工把事情做好。

保持倾听和关注，试着用关心的态度问对方："我感觉你心情很不好，你愿意和我谈谈吗？"

要表达感同身受，可以试着这样开始："我能理解/感受到你……我以前……""我可能不能完全理解你现在的心情，但我能感觉到……"

这些人性的关怀会让员工感受到尊重和温暖，从而摆脱压抑的情绪，重新振作起来。

（3）使用开放式问题来共同寻找解决方案

在员工发泄完情绪后，HR 可以通过开放式问题帮员工想出解决的方法。

第二章
新员工关系管理

第一节　新员工入职审查与登记

应聘者通过面试以后，HR 需要为其办理一系列审查、登记信息，然后正式进入公司工作。

一、新员工入职审查

《劳动合同法》规定了用人单位对劳动者的基本情况有知情权，因此，HR 应做好入职员工的审查和管理工作，从根本上防范用工风险。

1. 审查年龄：身份证明

根据《中华人民共和国劳动法》（以下简称《劳动法》）的规定，用人单位只能聘用年满 16 周岁的劳动者，否则会构成违法用工。因此，用人单位在招聘时应当要求应聘者提供身份证明。

2. 审查资质：与应聘职位相关的学历证明和各种职业资格证明

用人单位应根据招聘岗位的情况，要求应聘者提供相关的学历证明和各种职业资格证明，并进行真实性审查，如登录职业资格网站核实信息，或登录教育部网站核实学历证书等。如果用人单位忽视上述审查，使劳动者以欺诈手段骗取录用，将导致劳动合同无效，进而增加用人单位的劳动雇佣成本。

3. 审查劳动关系：离职证明

根据《劳动合同法》的规定，用人单位招用与其他单位尚未解除或者终止劳动合同的劳动者，给其他用人单位造成损失的，应当承担连带赔偿责任。因此，在办理入职审查时，用人单位必须要求应聘者提供已与原用人单位解除或终止劳动合同的证明，在员工无法提供的情况下，用人单位可要求员工提供原单位的联系方式或证明人，以便进行背景调查；用人单位还可以让员工签订无离职证明承诺书，承诺已与原单位解除劳动关系。用人单位只有严格审查，才能避免因招用未解除劳动关系的劳动者而承担连带赔偿责任。

在这里，HR还需要特别注意，若员工与原单位签订了竞业限制协议，那么员工进入本企业工作就有可能违反上述协议。因此，HR在招聘高级管理人员、高级技术人员、应负有保密义务的人员时，应询问应聘者是否与原单位签订保密协议、竞业限制协议等法律文件，以及该员工如果在本企业工作是否违反了相关协议，必要时还可以联系其原单位进行求证。

4. 审查身体状况：体检报告

根据《劳动合同法》的规定，用人单位对劳动者的身体状况有知情权，尤其是员工患有潜在的疾病或职业病，这将给未来的用工带来巨大的风险和成本。因此，用人单位有权要求应聘者提供体检报告或者要求应聘者到指定医院参加体检。

为了规范和避免用人单位滥用知情权，2010年2月10日，人力资源和社会保障部出台了《关于进一步规范入学和就业体检项目维护乙肝表面抗原携带者入学和就业权利的通知》（人社部发〔2010〕12号），其中明确规定了用人单位在就业体检中，除另有规定外，不得要求乙肝项目检测，不得因劳动者是乙肝病原携带者而拒绝录用或辞退。此外，《人力资源社会保障部、教育部等九部门关于进一步规范招聘行为促进妇女就业的通知》（人社部发〔2019〕17号）规定，用人单位招聘劳动者，不得将妊娠测试作为入职体检项目。

5. 审查工作经历：社保缴纳凭证

一些企业在招聘的时候，将员工的工作经历作为录用的决定性条件，HR在做员工入职审查时，就需要员工提供社保缴纳凭证，以此核对员工工作经历是否属实。

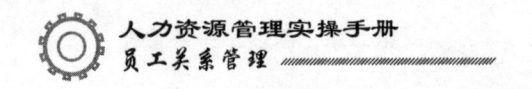

6. 审查工作经历：竞业限制约定

根据《劳动合同法》第九十条规定：劳动者违反本法规定解除劳动合同，或者违反劳动合同中约定的保密义务或者竞业限制，给用人单位造成损失的，应当承担赔偿责任。若用人单位明知劳动者承担竞业限制义务仍招用该劳动者从事违反竞业限制义务的工作，给其他用人单位造成损失的，当然要承担赔偿责任。因此，HR在招聘时，应主动审查劳动者与其他用人单位是否存在竞业限制义务。

7. 审查入职者职业道德条件

职业道德条件，即无严重违法、违纪、犯罪记录等。对于企业一些高级专业职位（核心技术人员、高层管理者）和特殊性质职位（法务、财务、保安）要进行本部分的入职审查，审查其是否有犯罪记录、是否陷入各种法律纠纷、是否在媒体中有负面报道、在前任雇主的详细工作表现等。

温馨提示

如何防范入职审查风险？

（1）员工入职审查风险

①如不进行入职审查，劳动者以欺诈手段入职，可导致劳动合同无效。

②招用与其他用人单位尚未解除或者终止劳动合同的劳动者，给其他用人单位造成损失的，应当承担连带赔偿责任。

（2）应对策略

①招用劳动者时，要求其提供与前单位解除或终止劳动合同证明，并保留原件。如尚未解除劳动合同的，要求其原单位出具同意该员工入职的书面证明。

②核实劳动者的个人资料的真实性，比如学历证明、从业经历，要求劳动者承诺未承担竞业限制义务，并向原单位进行核实，以免发生不可预测的诉讼风险。

案例 2-1　企业能否拒绝录用乙肝病原携带者？

吕某是 D 公司的数据分析师，通过面试被 F 公司录取。但在吕某正式办理了 D 公司的离职手续之后，F 公司却拒绝与吕某签订劳动合同，理由是其体检结果为"小三阳"。吕某认为，F 公司的行为违反了相关法律规定，故向人民法院申请诉讼，要求公司赔偿相应损失。

【解析】F 公司因吕某体检结果为"小三阳"而拒绝录用的行为已经违反了公平就业的原则，根据现行的法律规定，企业以拟聘用的员工携带乙肝病原为由拒绝予以录用或辞退，将被认定为违法，并须承担相关的赔偿责任。除非用人单位能够书面证明拟聘用的员工将在本单位从事国家法律、法规和卫健委规定禁止乙肝病原携带者从事的工作，否则，不能在入职体检中强制要求员工参加乙肝项目检测。

因此，企业 HR 在入职审查和管理时，需要注意以下两点：

①企业 HR 应严格入职审查工作，包括建立员工名册，要求员工提供身份证、学历证明、职业资格证明、离职证明等文件的原件，并一一核实、保留复印件存档。

②劳动争议发生后，变更、解除劳动合同的通知等相关法律文件的送达，往往成了单位的一个难题，单位常常因为不能提供合法送达相关文件的书面证据而承担败诉后果。为避免上述问题的发生，企业 HR 可要求新员工填写《员工入职信息登记表》等文件，明确其个人通信地址或紧急联系人的通信地址、个人电话号码和紧急联系人的电话号码，并且确认上述地址为本企业向员工送达各类法律文书或工作文书的送达地址，企业以挂号信方式向上述地址邮寄文件，即视为该文件已向员工本人送达。

案例 2-2　新入职员工无法提供离职证明怎么办？

曾女士应聘上了 G 公司的产品经理岗位，用人部门和人力资源部门都对曾女士非常满意，认为她是十分合适的人选，于是与其沟通了入职时间、岗位、工资等信息，并安排其上岗。曾女士按要求如约报到，但在提供入职资料时,却无法提供离职证明。

用人部门由于人手不足,急需新人上岗,想尽快让曾女士入职。但人力资源部门却担心,曾女士没有离职证明就安排上岗,可能会引起用工风险。遇到此类情况,人力资源部门如何处理?

【解析】一般来说,人力资源部会要求员工在正式报到时提供原单位的离职证明。报到过程中,员工需要提供身份证、学历证明、个人简历、员工信息表、离职证明、相片等相关证件,并做验证。主要是关注员工相关证件(学历、专业资质、履历等)的真伪,是否与上家公司解除劳动合同等。

《劳动合同法》第九十一条规定,用人单位招用与其他用人单位尚未解除或者终止劳动合同的劳动者,给其他用人单位造成损失的,应当承担连带赔偿责任。

由此可知,离职证明是确认员工已与上家公司解除了劳动合同的有力证据,具有法律效力,可以用以规避企业因聘用与其他单位仍有劳动关系的劳动者而承担连带责任的风险。

二、入职信息登记表

员工入职信息登记表可以参考表2-1的模板设计填写。

表2-1　员工入职信息登记表

基本资料						
姓名		英文名		性别	年龄	身高
出生日期		籍贯		户口所在地		
户口性质		身份证号码				
毕业院校				学历	专业	
身份证地址				参加工作时间		
现住址					联系电话	
电子邮箱				紧急联系人及联系电话		
银行卡卡号				个人公积金号/社保号		

续表

所属部门		是否服从调配		入职时间		
工作经历							
起止年月	工作单位		部门	职务	培训/证书
主要家庭成员					
姓名	关系	年龄	工作单位/职业	联系电话	

特长及爱好

　　计算机水平　□精通　□良好　□一般　　所获证书 _____
　　英语水平　　□八级　□六级　□四级　　所获证书 _____

　　本人承诺以上资料均为本人真实有效信息。

　　　　　　　　　　　　　填表人签字：　　填表日期：

【答疑解惑】

问1：招用不具备规定的就业手续的劳动者怎么办？

【解答】该条主要针对外国人在中国就业的情形而言。根据《外国人在中国就业管理规定》，上述人员在中国就业，用人单位须为其申请就业许可，经获准并取得《中华人民共和国外国人就业许可证书》后方可聘用。

因此，用人单位若须招用外国人，在其入职前须为其办理《中华人民共和国外国人就业许可证书》，具体办理流程由于地方政策不尽相同，可以向当地劳动行政主管部门咨询。

问2：招用未与其他用人单位解除或终止劳动合同的劳动者怎么办？

【解答】根据《劳动合同法》第九十一条规定：用人单位招用与其他用人单位尚未解除或者终止劳动合同的劳动者，给其他用人单位造成损失的，应当承担连带赔偿责任。因此，用人单位在录用劳动者前要让劳动者出示解除或终止劳动合同关系证明。若劳动者无法提供，条件允许的，可以向劳动者原工作单位核实，确实未解除或终止的，不予录用。若有的单位同意劳动者在不影响本单位工作的前提下从事另一份工作，在获得该用人单位书面说明或承诺的前提下也可录用。

第二节　新员工入职

当新员工入职时，HR需要为其办理入职流程，以便新员工快速融入组织、进入工作状态。

一、单位入职流程解析

下面以某单位入职流程为例进行说明，如图2-1所示。

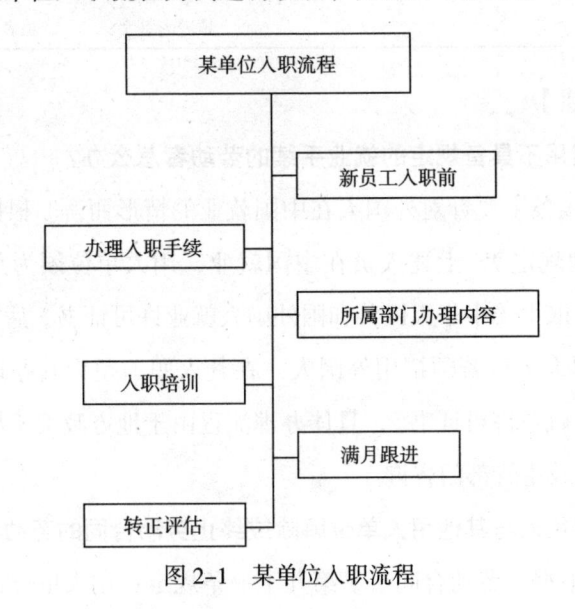

```
某单位入职流程
├── 新员工入职前
├── 办理入职手续
├── 所属部门办理内容
├── 入职培训
├── 满月跟进
└── 转正评估
```

图2-1　某单位入职流程

1. 新员工入职前

新员工入职前流程如图2-2所示。

第二章 新员工关系管理

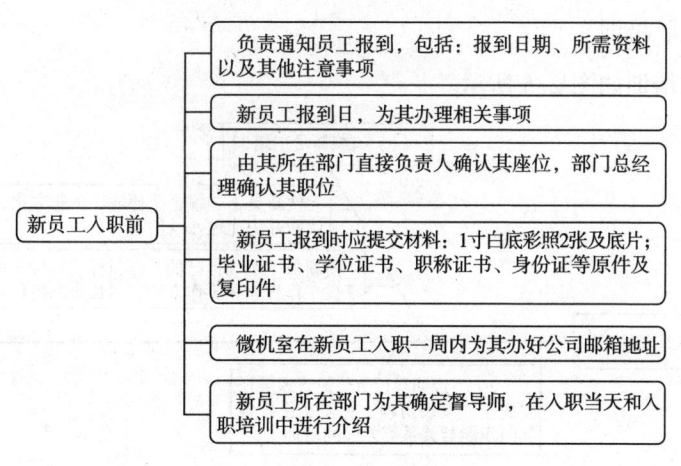

新员工入职前:
- 负责通知员工报到,包括:报到日期、所需资料以及其他注意事项
- 新员工报到日,为其办理相关事项
- 由其所在部门直接负责人确认其座位,部门总经理确认其职位
- 新员工报到时应提交材料:1寸白底彩照2张及底片;毕业证书、学位证书、职称证书、身份证等原件及复印件
- 微机室在新员工入职一周内为其办好公司邮箱地址
- 新员工所在部门为其确定督导师,在入职当天和入职培训中进行介绍

图 2-2 新员工入职前流程

2. 办理入职手续

HR 为新员工办理入职手续流程如图 2-3 所示。

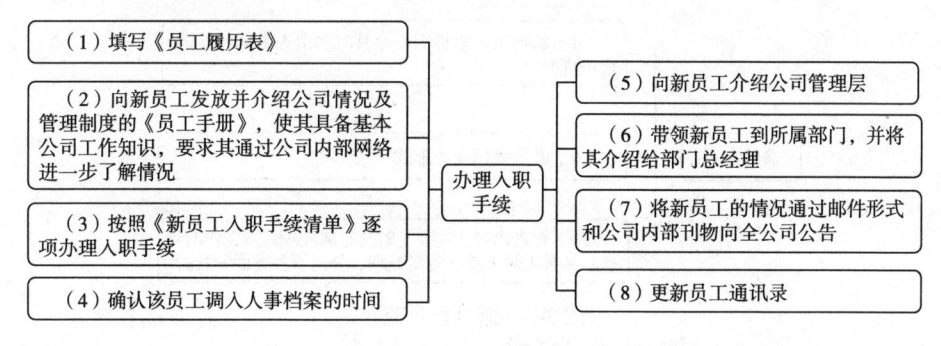

办理入职手续:
- （1）填写《员工履历表》
- （2）向新员工发放并介绍公司情况及管理制度的《员工手册》,使其具备基本公司工作知识,要求其通过公司内部网络进一步了解情况
- （3）按照《新员工入职手续清单》逐项办理入职手续
- （4）确认该员工调入人事档案的时间
- （5）向新员工介绍公司管理层
- （6）带领新员工到所属部门,并将其介绍给部门总经理
- （7）将新员工的情况通过邮件形式和公司内部刊物向全公司公告
- （8）更新员工通讯录

图 2-3 办理入职手续流程

3. 所属部门办理内容

所属部门办理内容如图 2-4 所示。

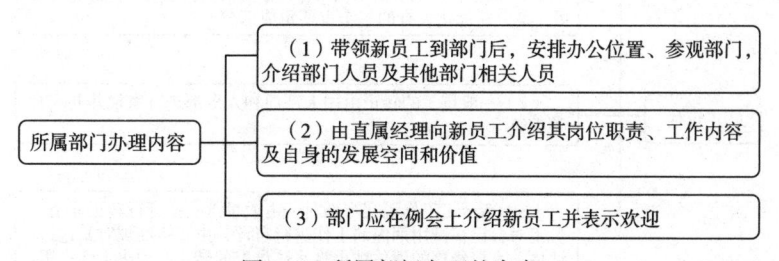

所属部门办理内容:
- （1）带领新员工到部门后,安排办公位置、参观部门,介绍部门人员及其他部门相关人员
- （2）由直属经理向新员工介绍其岗位职责、工作内容及自身的发展空间和价值
- （3）部门应在例会上介绍新员工并表示欢迎

图 2-4 所属部门办理的内容

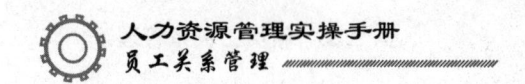

4. 入职培训

入职培训如图 2-5 所示。

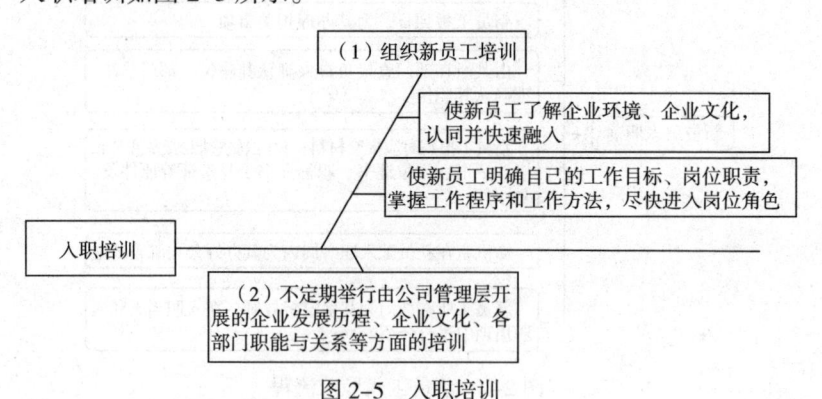

```
入职培训
├─ （1）组织新员工培训
│   ├─ 使新员工了解企业环境、企业文化，认同并快速融入
│   └─ 使新员工明确自己的工作目标、岗位职责，掌握工作程序和工作方法，尽快进入岗位角色
└─ （2）不定期举行由公司管理层开展的企业发展历程、企业文化、各部门职能与关系等方面的培训
```

图 2-5　入职培训

5. 满月跟进

满月跟进如图 2-6 所示。

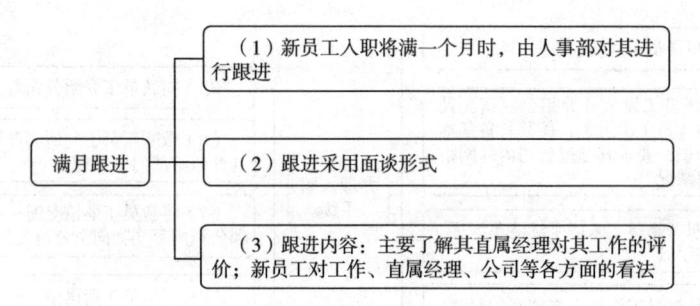

```
满月跟进
├─ （1）新员工入职将满一个月时，由人事部对其进行跟进
├─ （2）跟进采用面谈形式
└─ （3）跟进内容：主要了解其直属经理对其工作的评价；新员工对工作、直属经理、公司等各方面的看法
```

图 2-6　满月跟进流程

6. 转正评估

转正评估如图 2-7 所示。

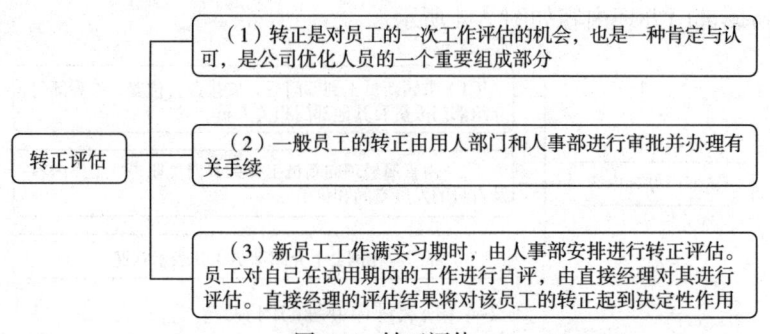

```
转正评估
├─ （1）转正是对员工的一次工作评估的机会，也是一种肯定与认可，是公司优化人员的一个重要组成部分
├─ （2）一般员工的转正由用人部门和人事部进行审批并办理有关手续
└─ （3）新员工工作满实习期时，由人事部安排进行转正评估。员工对自己在试用期内的工作进行自评，由直接经理对其进行评估。直接经理的评估结果将对该员工的转正起到决定性作用
```

图 2-7　转正评估

二、HR 应如何做好新员工入职工作

1. 热情迎接入职的新员工

来到陌生的环境会让新员工产生焦虑，同时压力倍增。在新员工踏进公司的那一刻，如果 HR 能够主动地迎接他，并以轻松高兴的语气叫出他的名字，他会感到很轻松、很亲切。那么余下的时间，他会感到就像回到了自己家一样。

2. 准备一个舒适的工作场所

当 HR 把新员工带到他的新工作场所时，整齐、干净、舒适的工作场所会让他感到舒适，如果工作场所很凌乱、人员很嘈杂，这样一方面会降低他到新工作岗位的兴奋感，同时也会让他产生不被重视的感觉。

3. 介绍同事及工作环境

新员工对环境感到陌生，如果 HR 把他介绍给同事们认识，同事们给新员工以友善的欢迎，这种陌生感很快就会消失。

友善地将公司环境介绍给新员工，使他消除对环境的陌生感，可协助其更快地进入工作状态。

4. 使新员工对工作满意

HR 最好在刚开始就使新员工对工作表示称心。这并不是说，故意对新员工过分渲染新工作，但无论如何要使他对新工作产生良好的印象。

HR 可以分享一些自己当初作为新员工的经验，以及对公司的印象，然后推己及人，以你的感觉为经验，给予新员工及时的鼓励和帮助。

5. 详细说明公司的规章制度

HR 对新员工介绍公司规章制度时，必须让他们感到公司对他们是公平的。否则他们对现在的工作以及对公司必然不会有好的印象。

所有公司的规章制度都有其制定的理由，HR 应将这些理由清楚地告诉他们，这有利于增强新员工的稳定性。

向新员工坦诚、周到地说明公司规章制度及其制定的理由，是人力资源部门的责任，这是建立劳资双方彼此谅解的关键步骤。

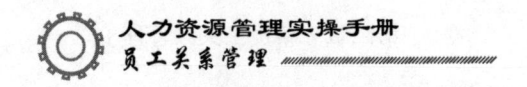

6. 建立联系

HR主动把所有同事的通讯录或者电子邮件告知新员工，同时记下新员工的联系方式，并告知其他同事。

7. 陪新员工一起吃午饭

如果HR没有时间，可以安排一名得力助手陪新员工一起吃午饭，其间询问新员工的感觉、感受，以便工作的进一步调整。

8. 为新员工安排适当的工作及指导者

新员工到了一个新的工作环境，既感到兴奋、期待，同时又感到陌生、恐惧、手足无措。

这时如果HR不加以适当的引导，一方面会打消员工工作的积极性，另一方面会让新员工对工作产生怀疑。此时新员工最需要的是有人告诉他他该干些什么！

9. 主动为新员工安排工作

新员工到了一个新环境会处处小心，担心会给其他同事和上级主管留下不好的印象。所以，很多时候，HR要设身处地地为新员工着想，主动为新员工安排工作任务，而不是等他来找你。

10. 详细介绍工资制度

新员工急欲知道下列问题，如图2-8所示。

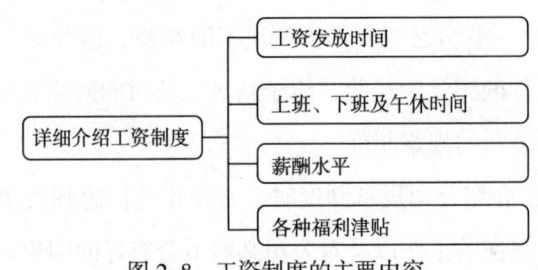

```
                  ┌─── 工资发放时间
                  │
                  ├─── 上班、下班及午休时间
详细介绍工资制度 ──┤
                  ├─── 薪酬水平
                  │
                  └─── 各种福利津贴
```

图2-8　工资制度的主要内容

薪酬制度的宣讲要具体，特别是薪酬水平。HR对制度的理解要透彻，要让员工百分之百地理解薪酬制度，减少直至杜绝工资发放中误解和纠纷的产生。

11. 开展一次下班前的谈话

HR 在下班前开展一次简单的谈话，询问新员工在单位工作一天的感受，及时了解新员工的心理动向和对企业的看法、建议等。

案例 2-3　如何做好新员工试用期跟进？

小林在一家 300 人左右的公司担任招聘专员一职，主要负责招聘和新员工试用期跟进。最近，各部门普遍反映新员工很难融入团队。除了入职培训，希望 HR 多想想其他办法，帮助新员工快速融入团队，更好地度过试用期。小林的上级领导找她谈话，希望她能把这项工作规范起来。小林很想尽快把这项工作做好，可目前的情况是，当新员工报到时小林会给他们一份入职指引，并介绍公司背景、整体环境，再把人带到用人部门报到。私下也会通过非正式沟通向用人部门、新员工简单地了解情况。小林不知道怎样才能做好新员工试用期的跟进？

【解答】在职场多年的我们，都曾是新员工，对试用期有切身体会。不同公司对员工试用期有不同的管理，有的偏重业绩，有的偏重关怀，有的二者兼之，具体怎样管理可参考以下建议：

（1）试用计划最关键

对于新员工来讲，由于岗位、部门、工作内容、地点、环境等已然固定，而试用期有长有短，应当根据这些相同和不同之处，制订适合新员工的试用工作计划。

这个计划应当由该新员工的直接上级为主导，部门负责人、HR 部门审核，新员工签字确认。当然，这个计划需与公司人才培养和部门整体工作计划相协调。内容包括：入职培训、岗前培训、环境熟悉、工具领用、指派导师、工作指导、生活关怀、心理疏导、技能提升、每周总结、员工意见等。这些内容都必须从 5W2H 的角度给予规范，也就是落实具体的内容、措施、员工、时限、跟踪人、目标、费用等。

没有这样的计划，靠新员工自己摸索或上级想到什么就干什么，是难以让新员工感觉到集体的温暖的,更难促使其较快熟悉工作并取得业绩,也难以融入团队,致使新员工在试用期内选择离开。计划可以帮助企业考核、监督、检查新员工是否符合录用条件或胜任工作岗位,而且有翔实的事实和依据,避免了仲裁或诉讼风险。

(2)直属上级很重要

员工入职便进入试用期,很快就会通过公司级的入职培训来到具体的用人部门和工作岗位,通常来讲,这就是新员工将长期工作的地方,至少试用期的多数时间是这样的。

即使制订了试用计划,还要依靠新员工的直接上级或师父来具体实施和全面监督检查与落实,而其他人员或部门是不太可能每天关注某位新员工的。所以,该新员工试用期的生活、工作、态度、变化等,其直属上级或周边同事、师父是最清楚的。其中,能够施加最大影响的就是其直属上级,他可以号召身边的同事、下属帮助支持新员工,从而营造非常融洽的气氛和温暖的"家庭",让新员工感受到大家的温情,让大家感觉到新员工的热情。

(3)人力资源部门要跟进

新员工到达工作岗位后,人力资源部门不能不闻不问,对二三级入职培训、新员工工作状态、上级的反映、同事的看法、新员工想法等进行定期跟进。方式可以是电话、现场问询等,频次可以是每周、半个月,每天跟进每位新员工也不太可能,如果一个月或更长时间才给予跟进又太长。

这样的跟进,方便及时了解新员工各方面的情况,减少用人部门领导一面之词的可能,更客观地掌握新员工的试用情况,对不合格的新员工及时处理,对表现优异的新员工提前转正。这样的跟进,让新员工更有底气,感受到有人支持,可以说真话,有利于公司正气在各部门弘扬。

(4)善待新员工是职责

员工离职入职是必然,新鲜血液的注入意味着公司在管理、技术、人才、利润等方面有一定成长的可能，是公司生存发展的手段之一。如果公司不能善待新员工，新员工就难以顺利度过试用期，沉淀下来的老员工就较少，公司的管理、技术等经验就难以人传人、有所延续，无形中阻碍了公司的发展步伐，赶不上同行的发展速度就要落后，落后就会被淘汰。

所以，善待、帮助、培养新员工，应当融入每位管理人员的职责中，完成不好应当按照相关规定进行处理。只有这样，才能在公司内部形成人人传、代代帮的良好氛围，新员工的"成活率"才会高。

（5）鼓励新员工要主动

一条普通鱼放进池里不会有其他鱼关注，如果是一条多数人都喜欢的鱼就会"鱼友成群"。对于那些性格偏内向的新员工，人力资源部门和用人部门一定要多加引导，为他们营造轻松愉快的工作气氛。从一件件小事做起，帮助他们变得开朗、快乐，主动向老员工请教学习、主动热情、大方得体、乐于付出与帮助。

成熟的企业都有完善的新员工入职体系，可以帮助各类新员工尽快融入团队。但很多单位制度流程并不完善，许多事情不靠法治，而靠人治。这是现实，更是他们的习惯，要改变他们，谈何容易？所以，新员工要更加主动地走向老员工，在感情、习惯等方面尽快成为他们中的一员，这对顺利度过试用期和个人成长、成熟都十分重要。

【答疑解惑】

问1：用人单位如何与员工约定试用期？

【解答】试用期是用人单位与新录用的劳动者在劳动合同中约定的相互考察和了解的特定时间。约定试用期，属于劳动合同中双方自主约定的范畴。双方可以在法律允许的范围内约定试用期的长短以及是否延长或缩短试用期。试用期解除合同须履行相应的法律程序，如有录用条件的制度规定、有劳动者不符合录用条件的考核报告以及其他证据，应在试用期届满前作出且送达劳动者。试用期可以供用人单位考察劳动者是否适合其工作岗位，也可以维护新招收职工的利益，使被录用的职工有时间考察了解用人单位。用人单位与劳动者约定试用期应符合法律的规定，如果在试用期间，双方发现对方不符合录用条件或主观预期，均可以按照法定程序来解除劳动合同。

《劳动合同法》第十九条规定，劳动合同期限三个月以上不满一年的，试用期不得超过一个月；劳动合同期限一年以上不满三年的，试用期不得超过二个月；三年以上固定期限和无固定期限的劳动合同，试用期不得超过六个月。同一用人单位与同一劳动者只能约定一次试用期。以完成一定工作任务为期限的劳动合同或者劳动合同期限不满三个月的，不得约定试用期。试用期包含在劳动合同期限内。劳动合同仅约定试用期的，试用期不成立，该期限为劳动合同期限。这一规定明确规定了试用期的约定规则。上述"一年以上"包括一年，"三年以上"包括三年。

问2：HR如何让新员工快速适应企业环境？

【解答】

（1）尽早开始新员工的入职培训并且做好入职培训工作

新员工入职后，越早开展入职培训越好。通过入职培训可以让新员工对企业的发展情况、企业文化、业务流程、管理制度等有一个快速、全面了解。同时，入职培训也能验证招聘者在招聘过程中的各种说法，使新员工进一步坚定自己的选择。

因此，新员工的入职培训，是HR的重要工作之一。入职培训做得好不好，对新员工导入方面的工作效果来说特别重要。

（2）给新员工配备一对一的导师

很多企业通常会指定资深的老员工作为导师，对新员工的工作提供指导和帮助，潜移默化地将公司的优秀传统传承下来。

（3）给新员工提供难度系数相当的工作

新员工刚入职，既不能把他们当成无所不能的高手，也不可以把他们当成什么都不懂、什么都不会干的见习生。而应该根据其经验、能力、资历，安排难度系数相当的工作。这样新员工才能扎扎实实地在新公司落地生根，茁壮成长。

对新员工来说，起始工作太简单，容易看轻这份工作的重量，产生懈怠和被低估的感觉；相反，起始工作安排得太难，新员工一开始就受挫，会极度不自信而心生畏惧。

（4）HR应支持新员工的职业摸索，并主动为他们提供职业生涯规划的意见或建议

为候选人或新员工提供职业生涯规划的帮助应该从招聘接洽期间就开始了，通过了解候选人的履历，为他在本公司能获得的职业发展提供必要的信息，支撑员工与企业共同发展，各取所需。

另外，HR有必要多多宣传职业生涯的连续性问题，在一家企业服务的时间不宜太短，专业和能力的积累也是需要时间的，要保持好心态，在职业道路上长久坚持下去，从而避免员工浅尝辄止，频繁跳槽。

（5）给予改错的机会

公司在鼓励新员工创新的同时，也应给予他们改错的机会。在公司制度方面，可订立有关允许员工犯错、有改正机会的条款。这样可以进一步减轻新员工的心理负担，帮助他们恢复信心，提高适应力，即便有惩戒也最好是渐进式的。

第三章
在职员工关系管理

第一节　考勤管理

一、常用考勤工具

考勤工具可以使复杂的考勤管理工作变得智能化、简单化，信息查询高效、便捷，也使考勤工作变得简单而轻松。

目前，常用的考勤工具主要有以下几种。

1. 感应卡考勤

现阶段，感应卡考勤的应用量最大。感应卡考勤的优点是：操作简单（只需靠近一下就可以）、速度快、性价比高。但其缺点在于可以代打卡，需要严格规范管理。

2. 指纹考勤

指纹考勤是更新的一种考勤方式。指纹考勤的优点是可以避免代考勤现象，且无须在卡方面投资。缺点在于精确度过高，考勤操作较感应卡难，适合100人左右的企业。

3. 条码/磁码/接触式IC卡考勤

这种单位考勤软件在前几年采用较多，现属于市场淘汰产品。主要原因是单位考勤时需要接触，不方便、有磨损。条码的最大好处是卡成本低。

4. 软件考勤

随着智能化时代的到来，考勤也进入智能化管理模式。软件考勤使管理人员能更好地监督与管理员工的考勤情况，对于员工而言，软件考勤使考勤变得更加简单、便捷、迅速。其缺点在于适合年轻化的公司，对于年纪大的工作人员存在操作难度。

第三章 在职员工关系管理

案例 3-1　凭考勤打卡记录上显示的下班时间，就可以认定员工加班吗？

Y 公司技术部新进员工小王，有一段时间，每天工作至晚上八点才下班。公司总经理一次下班晚走，看到技术部的灯还亮着，推门发现小王还在办公室工作，于是第二天在公司晨会上表扬了小王。此后的一周，小王每天都在办公室"工作"至晚上八点才下班，并保留指纹考勤记录。月底时，小王向人力资源部提出支付加班工资。某天晚上，人力资源经理李某有事晚上七点才下班，路过技术部，推门进去发现小王在办公室玩网游，小王辩解说他新租的房子没有电脑，也没有网络，于是下班后利用办公室电脑玩游戏。李某见此情景便将小王教训了一番，并强调像这种情况是不可能算加班的，更不可能给加班工资。小王解释说此次只是例外，前段时间的确是在加班。请问，仅凭考勤打卡记录上显示的员工晚走时间，是否可以界定员工加班？

【解析】仅凭打卡记录不能作为加班的充分依据。公司在制定加班管理制度时，对于员工加班应设立审批的程序性规定，以内部规章制度的形式固定下来，并向员工宣讲清楚。

案例 3-2　如何处理员工的考勤打卡异常？

员工小孙在上班途中遇到强暴雨，加之当天早上她送孩子上学，导致上班迟到，她骑着电动车急着赶往公司打卡，途中与一辆小轿车相撞，不幸摔伤，导致左腿骨折，因此在医院治疗休养一个月。人力资源部小张月底统计考勤时，发现小孙整个月打卡异常，便记作旷工。请问，对于这种打卡异常，一般如何处理比较妥当？

【解析】打卡异常的处理一定要以事实为依据，公平公正、合情合理；既不能让员工钻空子，又要对特殊情况做特殊处理。同时，打卡异常处理最好在考勤管理规定里予以明确，切记不要依据人力资源个人的意见处理。

员工在上班途中遇到突发情况（如灾害天气、遇抢劫）或外联人员外出公干不能返回公司打卡的情况，员工打卡显示异常。诸如此类，公司HR都应一一想到，越详细越好管理，如遇到突发情况可电话报备，经部门领导或人力资源核实可视为考勤正常。

此案例警示HR，公司在设计考勤制度时一定要考虑到员工的突发情况与困难，适当给予人性化。因为制度是企业文化的一种延伸，它不仅是一种管理手段，更是一种管理理念。

【答疑解惑】

问：考勤软件需要具备哪些功能？

【解答】考勤软件应具备以下功能：

（1）定位打卡

员工通过手机定位可以进行上下班打卡或外勤打卡，这样就解决了在外跑业务工作人员的考勤问题，使员工考勤不再受影响。

（2）请假审批

员工如果遇到需要请假的情况，可通过考勤软件进行请假申请，在申请提交之后，上级领导和人事部就能收到申请并及时审批。审批通过即可完成请假。

（3）文件共享

公司的文件能够让公司所有员工共同查询使用，同时每个人都可共享自己的文件，上传至公司共享文件夹即可，提高工作效率。

（4）查询考勤

如员工对考勤有任何异议，管理员可通过考勤软件清楚地查看到该员工是否有请假、漏打卡等情况。

（5）消息发布通知

企业可以通过考勤类软件对全体成员发布消息，使全体成员及时了解信息资讯内容。

（6）项目情况

公司负责的各个项目能够在考勤软件上查询到进度，从而提高工作进程。

二、考勤管理制度

考勤管理制度是公司规范考勤管理和考勤记录的规范性文件，是公司能够准确、及时地完成对员工工作时间的确认与统计的基础。公司通过考勤管理制度可以增强员工的时间观念、提高员工的工作效率、维护企业规范管理的形象。

在制定和实施考勤管理制度过程中，人力资源管理人员常常会遇到如下问题：

1. 如何核查考勤

即使再小的公司，考勤管理制度也应利用电子信息系统，而不应采取人工的方式核对。人的工作主要是对电子信息系统导出的结果做最后核查，为保证考勤的准确性和严谨性，至少应设置两个以上的核查环节。

2. 如何一视同仁

考勤管理人员常常面临一个难题：如果公司的中高层领导考勤有问题该如何处理？比如某中层领导习惯我行我素，没有打卡考勤的习惯，缺卡情况严重，如果按照考勤管理制度，该领导应算未出勤。鉴于该领导拥有的影响力，人力资源部该不该考虑网开一面？

在我国传统的民营企业中，这种问题最为常见，给分管考勤的人力资源管理人员造成了很大困扰。如果网开一面，该领导依旧不重视打卡考勤，考勤制度形同虚设；如果严格执行，该领导势必对人力资源部有意见，未来人力资源管理工作很难开展起来。

这类问题最好的解决办法是请更高层的领导出面，让更高层领导在公开会议上要求人力资源部必须严格执行考勤管理制度，无论谁的考勤出问题，必须一视同仁。只有这样做，人力资源部的工作才能顺利开展。

3. 考勤结果公示

在每月考勤结果确认之前，应对考勤结果进行公示。有异议的员工可以向人力资源部进行申诉，提供相关证据，核销考勤核对结果的错误。人力资源管理人员切勿只按照考勤机的数据一刀切，要核查和核实相关事实，

41

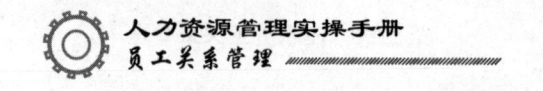

确认员工的申诉，不能死板教条。

案例 3-3 如何合理调整考核制度？

K企业是一家房地产公司，近日来，HR正为员工的考勤情况发愁。为什么会这样呢？原来K公司整体的考勤状况始终不理想，尤其是K公司的售楼部，考勤情况十分不理想，且有愈演愈烈之势。因此，加强员工考勤管理势在必行。HR决定对原K公司员工考勤管理制度加大执行力度。3个月下来，员工的考勤情况确有很大改观。其中，行政人员已经基本上杜绝了迟到现象。可是售楼部的情况仍不尽如人意。尤其是遇到雨雪天，迟到现象依然如故。因此，不加大惩罚力度是不行了。于是，HR在原员工考勤管理制度的基础上，除加大经济上的处罚外，又视情况增加了行政上的处罚。原以为这样能够有所改变，可没想到的是售楼部依旧反应冷淡。你罚你的，我晚我的。这下HR可犯难了！几经思索，多方求证后，HR作出了如下决定："售楼部的接单为排号接单，而排号的顺序将遵循到岗的顺序。"新规定实施以后，不但日常考勤有了保障，而且天气越是恶劣，员工的考勤时间越准时。

【解析】这个案例说明HR在管理员工方面要讲究方式、方法，对症下药才能药到病除。

HR前期只是运用了企业中现有的规章制度来约束员工，并没有充分分析员工所处状况来对员工进行相应的划分。

在本案例中，"罚金"对于那些从事行政工作的员工行之有效，原因如下：

①本身从事行政工作，对制度十分敏感。

②其薪资是固定的且相对有限。

③从绩效考核的角度来讲，因其不是企业直接产生效益的单元，其态度方面的考核占比相对较大。

"罚薪"能最终解决售楼部的问题原因如下：

①销售为K公司直接产生利润的单元，他们在某种程度上只认"业绩"

不认"态度"。

②其薪资不固定，多少取决于客户的订单量，压力不仅来自业界，还来自同事之间的竞争。

③从绩效考核的角度来讲，其最重要的考核指标是"业绩"，态度所占的比率相对较小。

从上述几个因素考虑，我们不难看出"罚金"对他们的影响不大，而"罚薪"则直接影响其业绩，所以才能药到病除。

案例 3-4　员工节后请假推迟报到，如何处理？

L 公司有员工 1300 人，每逢过年，无论公司年前怎么强调，年后报到时总有那么几个员工要么说家里有事，要么说买不到票而请假推迟报到。

面对如此情况，HR 应该如何处理？

【解析】无论年前如何强调，年后上班总难以避免出现请假、辞职等情况，完全避免不太现实，只能分情况处理。下面讲解推迟报到的请假问题。

（1）权限明确

对于请假时长，企业应有明确的规定，对审批权限也应有不同的设置。对于节后请假、推迟报到，则要根据请假天数分别逐级请示领导，如果批准，则回来后补办手续即可。权力交给主管领导，可以更好地对工作进行安排处理。

（2）事前沟通

大多数外地员工会考虑路程远近、车票问题、家庭情况、工作安排等，可以事先与领导沟通。领导在不影响工作进度的情况下，尽量满足员工的请假。

（3）岗位配置的合理安排

"计划往往赶不上变化"，所以 HR 平时要对岗位配置进行合理安排，同类岗位注意本地员工与外地员工的搭配。这类平时工作要做足，目的就是预防集体请假或者集体辞职等情况的发生，且一旦出现特殊情况，不至于对工作产生太大的影响。

通过以上可以看出，主管领导在这个时候是很重要的角色，对于请假是否批准、工作如何安排都有很直接的作用。当外地员工为数不多、岗位配置合理，节后推迟报到对工作的影响不是太大的时候，公司一般可以予以批准。这也是吸引人才、建立企业文化的一种手段。

【答疑解惑】

问1：员工主动加班，用人单位是否需支付加班费？

【解答】加班的前提是协商。一方面，用人单位不得强迫或变相强迫员工加班；另一方面，如果员工未经组织允许，未履行加班审批手续而自己主动加班，也不应判定为加班。但如果用人单位原本就没有加班相关的审批流程规定，把考勤作为计算加班费的依据，在一些司法实践中，这种情况也将视同员工加班，员工有权要求用人单位安排补休或支付加班费。

问2：员工出差途中若遇公休日或法定节假日是否算加班？

【解答】界定劳动者是否属于加班状态，主要看劳动者是否提供了本职工作范围内的劳动。员工出差途中如果遇到公休日或法定节假日，本次出差的目的是与本职工作范围内相关的劳动，应视为加班。比如，销售人员出差谈业务拜访客户、售后服务人员出差为客户解决产品问题、人力资源招聘专员的校园招聘等均应属于加班。

问3：员工加班、请假、旷工的奖罚与界定标准是什么？

【解答】考勤管理规定应明确员工加班、请假、旷工、迟到、早退的奖罚标准，以免在核算员工工资时产生不必要的纠纷，因为对员工来说，薪资是最敏感的东西。员工经公司审批的加班，应当按标准支付员工加班工资。

第二节　员工绩效考核管理

一、什么是绩效考核

绩效考核是指考核主体对照工作目标和绩效标准，采用科学的考核方式，评定员工的工作任务完成情况、员工的工作职责履行程度和员工的发展情况，并且将评定结果反馈给员工的过程。绩效考核是员工工作情况的直接表现，也是员工劳动价值的体现，是企业员工管理中的重要环节。

温馨提示

绩效考核到底考什么

（1）考业绩

员工对企业创造的价值，最直观的体现就是业绩，员工业绩的好坏关系到企业的生存与发展。这样看来，业绩当然是重要的考核项目。业绩考核是对员工行为的实际效果进行评估，考核的重点可能是工作内容和工作质量，也可能是工作方式和工作行为。

（2）考能力

一个销售部的两个员工，两人拥有共同的资源和条件，但员工A每月能产生20万元业绩，而员工B只能达到10万元业绩，老板不会听员工B业绩不佳的任何借口，他只会认为是员工B能力的问题。老板不会让能力有限的员工占据公司的资源，这就要求对员工的能力进行考核。一个人的能力如何是比较难衡量的，因为能力是内在的，但工作能力与工作业绩有紧密联系。企业通常会根据职位对能力的要求对员工进行能力考核。

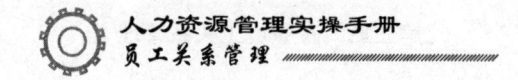

（3）考态度

员工能力越强，业绩就越好，但这并不是绝对的，因为态度也会影响业绩。你可能会问："考核态度，真的合适吗？"态度没有绝对值，只有相对值，不能拿来丈量，但并非无法评价，多人打分、调查问卷等方式都可以作为考核方法。

从人力资源管理专业角度来说，绩效考核的目标如图 3-1 所示。

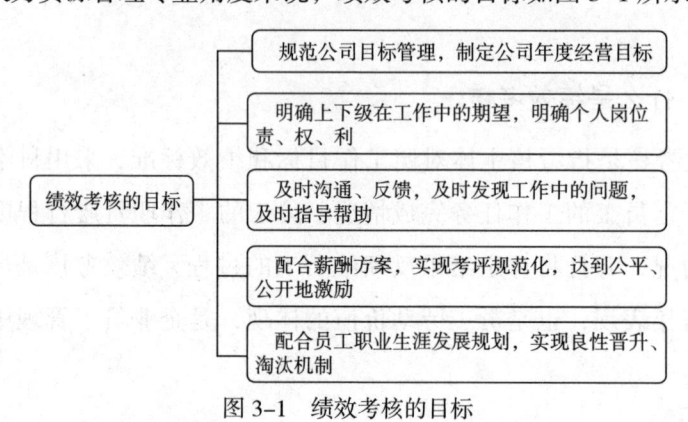

绩效考核的目标：
- 规范公司目标管理，制定公司年度经营目标
- 明确上下级在工作中的期望，明确个人岗位责、权、利
- 及时沟通、反馈，及时发现工作中的问题，及时指导帮助
- 配合薪酬方案，实现考评规范化，达到公平、公开地激励
- 配合员工职业生涯发展规划，实现良性晋升、淘汰机制

图 3-1　绩效考核的目标

二、绩效考核实施流程

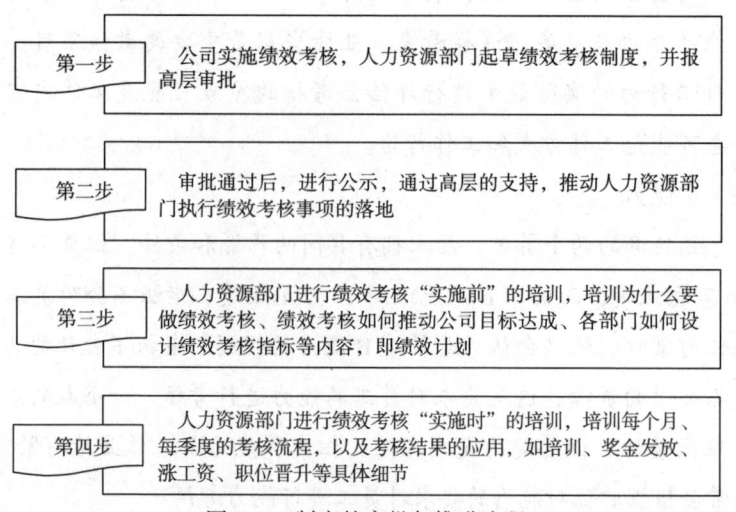

1. 制度的审批与推进

制度的审批与推进流程如图 3-2 所示。

- 第一步：公司实施绩效考核，人力资源部门起草绩效考核制度，并报高层审批
- 第二步：审批通过后，进行公示，通过高层的支持，推动人力资源部门执行绩效考核事项的落地
- 第三步：人力资源部门进行绩效考核"实施前"的培训，培训为什么要做绩效考核、绩效考核如何推动公司目标达成、各部门如何设计绩效考核指标等内容，即绩效计划
- 第四步：人力资源部门进行绩效考核"实施时"的培训，培训每月、每季度的考核流程，以及考核结果的应用，如培训、奖金发放、涨工资、职位晋升等具体细节

图 3-2　制度的审批与推进流程

2. 方案及制定过程

（1）选择一个合理的绩效考核方式

①目标管理法：该方法是一种以目标的设置和分解、目标的实施及完成情况的检查、奖惩为手段，通过员工的自我管理来达到企业经营目的的管理方法。操作流程如图 3-3 所示。

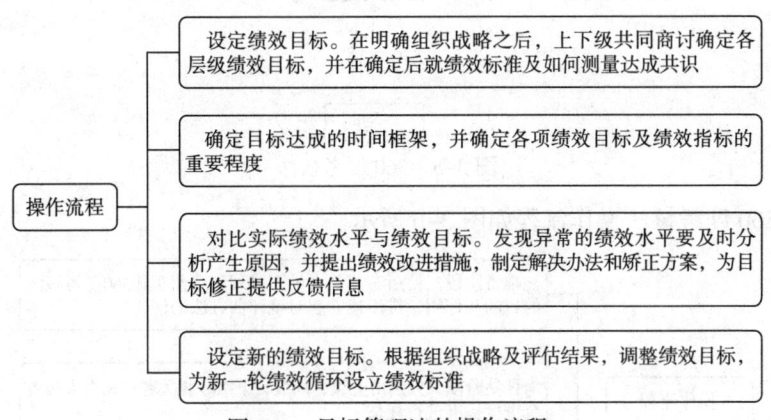

操作流程：
- 设定绩效目标。在明确组织战略之后，上下级共同商讨确定各层级绩效目标，并在确定后就绩效标准及如何测量达成共识
- 确定目标达成的时间框架，并确定各项绩效目标及绩效指标的重要程度
- 对比实际绩效水平与绩效目标。发现异常的绩效水平要及时分析产生原因，并提出绩效改进措施，制定解决办法和矫正方案，为目标修正提供反馈信息
- 设定新的绩效目标。根据组织战略及评估结果，调整绩效目标，为新一轮绩效循环设立绩效标准

图 3-3　目标管理法的操作流程

② KPI 考核法：KPI 考核法（关键绩效指标考核法）即把将宏观战略目标进行层层分解之后提出的具有可操作性的战术目标转化为若干个考核指标，然后借用这些指标，从多个维度，对组织或员工个人的绩效进行考核的一种方法。

KPI 是用来衡量某一职位工作人员工作绩效表现的量化指标，它来自对企业总体战略目标的分解，反映最能有效影响企业价值创造的关键驱动因素。基于这样的关键绩效指标对员工的绩效进行评价，可以保证真正对组织有贡献的行为受到鼓励。操作流程如图 3-4 所示。

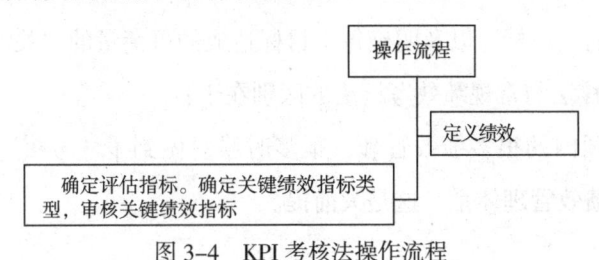

操作流程：
- 定义绩效
- 确定评估指标。确定关键绩效指标类型，审核关键绩效指标

图 3-4　KPI 考核法操作流程

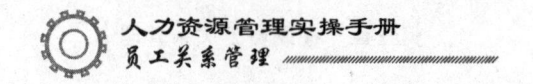

③360度考核法：360度考核法又称为全视角考评方法，如图3-5所示。

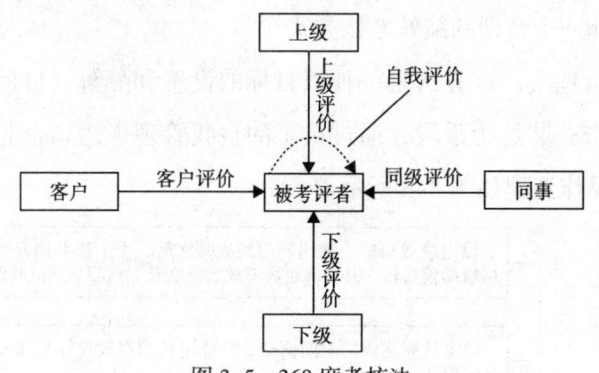

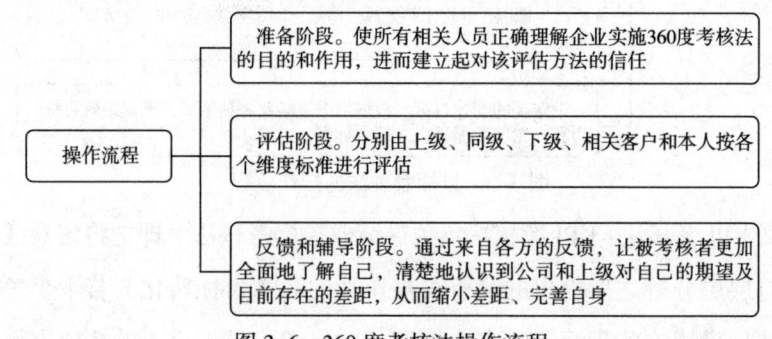

图3-5　360度考核法

360度考核法操作流程如图3-6所示。

操作流程：
- 准备阶段。使所有相关人员正确理解企业实施360度考核法的目的和作用，进而建立起对该评估方法的信任
- 评估阶段。分别由上级、同级、下级、相关客户和本人按各个维度标准进行评估
- 反馈和辅导阶段。通过来自各方的反馈，让被考核者更加全面地了解自己，清楚地认识到公司和上级对自己的期望及目前存在的差距，从而缩小差距、完善自身

图3-6　360度考核法操作流程

④BSC考核法：BSC即平衡计分卡，是从财务、客户、内部运营、学习与成长四个角度，将组织的战略落实为可操作的衡量指标和目标值的一种绩效管理体系。操作流程如图3-7所示。

⑤OKR考核法：OKR考核法即目标与关键成果法，是一套明确和跟踪目标及其完成情况的绩效管理工具和方法。OKR考核法的主要目标是明确公司和团队的"目标"以及明确每个目标达成的可衡量的"关键结果"。

OKR考核法与常规绩效考核法的区别在于：

第一，国内的很多绩效管理，很多时候只做到了"考核"这一步，并不是完整的绩效管理体系，这是大前提。

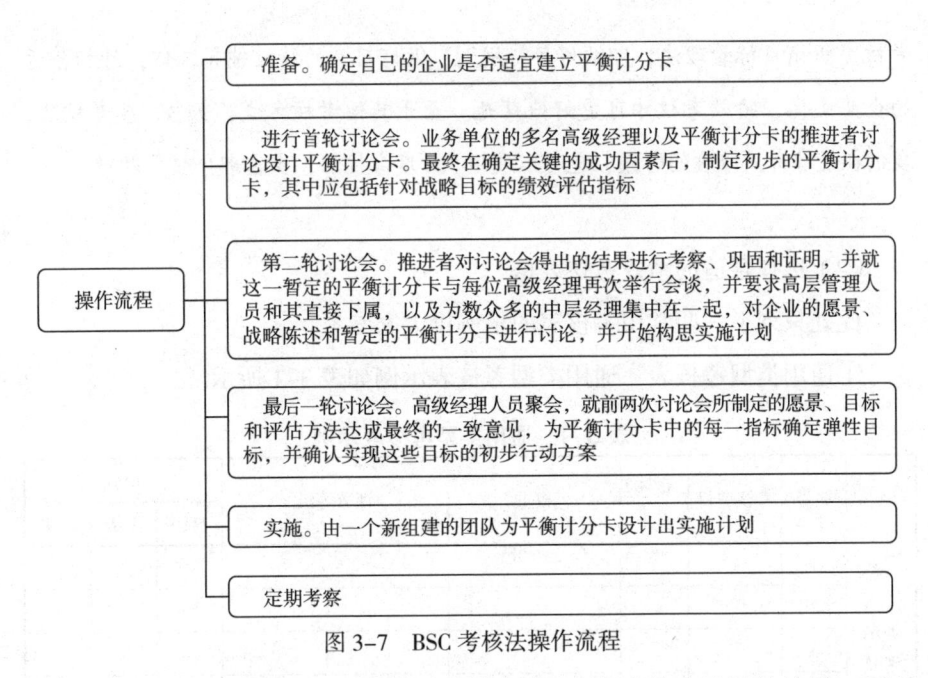

```
操作流程
├─ 准备。确定自己的企业是否适宜建立平衡计分卡
├─ 进行首轮讨论会。业务单位的多名高级经理以及平衡计分卡的推进者讨论设计平衡计分卡。最终在确定关键的成功因素后，制定初步的平衡计分卡，其中应包括针对战略目标的绩效评估指标
├─ 第二轮讨论会。推进者对讨论会得出的结果进行考察、巩固和证明，并就这一暂定的平衡计分卡与每位高级经理再次举行会谈，并要求高层管理人员和其直接下属，以及为数众多的中层经理集中在一起，对企业的愿景、战略陈述和暂定的平衡计分卡进行讨论，并开始构思实施计划
├─ 最后一轮讨论会。高级经理人员聚会，就前两次讨论会所制定的愿景、目标和评估方法达成最终的一致意见，为平衡计分卡中的每一指标确定弹性目标，并确认实现这些目标的初步行动方案
├─ 实施。由一个新组建的团队为平衡计分卡设计出实施计划
└─ 定期考察
```

图 3-7　BSC 考核法操作流程

第二，OKR 考核法的思路是先制定目标，然后明确目标的结果，再对结果进行量化，最后考核完成情况。其本质上和其他绩效管理思路没有太大的不同。但 OKR 考核法实行的前提是员工具有主观能动性、创造性，并且具有较高的职业道德素养和突出的专业技术能力。OKR 体系下的目标，是由个人提出，然后由组织确定，这点与常规的 KPI 自上而下的方式不同。因此，OKR 考核法对员工和企业的要求比较高。

温馨提示

企业选择哪种绩效考核方式更为合适呢？

绩效管理是指管理者与员工双方就目标及如何实现目标达成共识，并协助员工成功达成目标的管理方法。现实操作中，因为工作太忙，大多公司流于填表，真正有用的是员工犯错时及时纠正与沟通，即绩效辅导，大家可以理解成过程管理。现有企业比较有效的绩效考核方式为 KPI+目标管理法，实施的时候采取 KPI 方式即可，设计好考核指标，并进行过程管理，使大家有偏向于达成目标的态度。KPI 也属于目标管理，只不过提取了关键目标进行

考核。所谓目标管理法，即做好目标规划，做好日常的绩效辅导工作，外加合适的企业文化，绩效考核才可更好地落地。至于其他考核方式，如360度考核法，我们在设计考核维度的时候，也可以使用360度考核法，少占部分权重即可。

（2）选择合适的绩效考核表格

此处只列举一些常用考核表的示例供大家参考。

①通用类型考核表：通用类型考核表示例如表3-1所示。

表3-1　通用类型考核表示例

	序号	考核项目	指标要求	权重	评分等级	得分		
						自评	上级	结果
业绩考核	1							
	2							
	3							
	4							
	5							
	6							
	加权合计							

②360度考核表：员工360度绩效考核表示例如表3-2所示。

表3-2　员工360度绩效考核表示例

被评价者姓名：		部门：	职务：				
评价者姓名：		部门：	职务：				
评价区间：		年　月——　　年　月					
评价尺度及分数							
杰出（4分）　优秀（3分）　良好（2分）　一般（1分）　较差（0分）　极差（-1分）							
评价项目		评价得分					
|| 上级评价	同级评价	下级评价	自我评价	权重/%	备注	
个人素质（　分）	品德修养						
	个人仪表仪容						
	坚持真理、实事求是						
	意志坚定、不骄不躁						
	谦虚谨慎、勤奋好学						

③目标管理及 OKR 考核表：目标管理及 OKR 考核表示例如表 3-3 所示。

表 3-3　目标管理及 OKR 考核表示例

姓名		部门		考核期限		年　月　日至　年　月　日	
员工目标完成情况							
序号	目标（O）	关键成果支撑（KRs）（任务细化，请同时注明该任务的时间、质量、数量的要求）	KR 权重（由下级提出，上级进行调整），保证权重和为 100%	目标完成情况	分值（自评）	分值（上级评）	
1							
2							
3							
4							
5							

（3）设计绩效考核指标、权重

这一步是比较核心的步骤，也是保证组织绩效达成的关键。这一步侧重思考以下几个问题：

①绩效考核指标的选择来源是什么？

②绩效考核指标是由谁制定的？

③从哪些维度进行考核？

④如何设计考核指标的评价标准？

第一个问题，指标提取的依据主要有三个来源：企业发展战略以及相应的战略目标、工作分析、企业业务流程，如图 3-8 所示。

第二个问题，绩效考核指标是由谁制定的？绩效考核指标不是人力资源部制定的，因为谁带的兵，谁肯定是最清楚的，人力资源部门能写出技术部门，甚至所有部门的考核指标，这种情况是比较少见的，除非是公司的元老级人物，上过一线，且每个部门都轮岗过。

第三个问题，从哪些维度进行考核？一般会从业绩指标、行为素质指标两个维度进行。在实际操作中，可以根据不同的组织、不同的部门进行

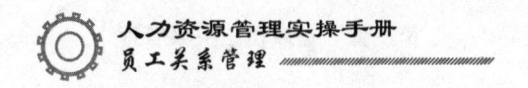

组合考核。

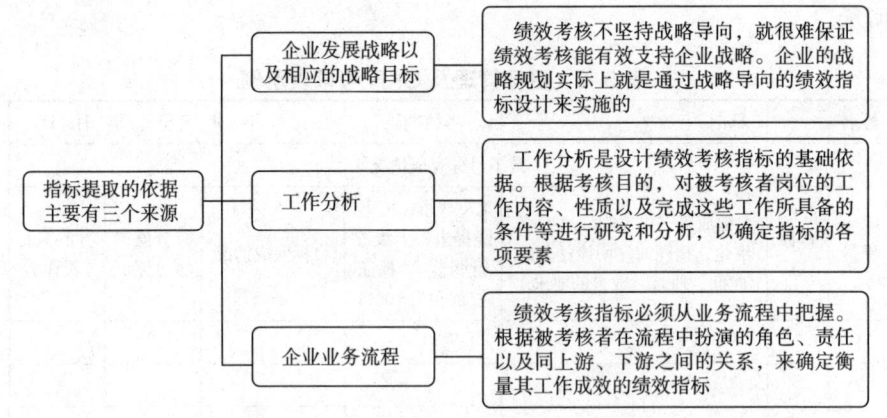

```
                          ┌─ 企业发展战略以    绩效考核不坚持战略导向，就很难保证
                          │  及相应的战略目标   绩效考核能有效支持企业战略。企业的战
                          │                   略规划实际上就是通过战略导向的绩效指
                          │                   标设计来实施的
                          │
  指标提取的依据           │                   工作分析是设计绩效考核指标的基础依
  主要有三个来源 ─────────┼─ 工作分析         据。根据考核目的，对被考核者岗位的工
                          │                   作内容、性质以及完成这些工作所具备的
                          │                   条件等进行研究和分析，以确定指标的各
                          │                   项要素
                          │
                          │                   绩效考核指标必须从业务流程中把握。
                          └─ 企业业务流程      根据被考核者在流程中扮演的角色、责任
                                              以及同上游、下游之间的关系，来确定衡
                                              量其工作成效的绩效指标
```

图 3-8　指标提取的依据主要有三个来源

组合 1：纯业绩指标。

组合 2：业绩指标 + 行为指标。

组合 3：业绩指标 + 行为指标 + 奖惩类指标。

第四个问题，如何设计考核指标的评价标准？有很多种设计方法，企业可以根据自身的实际情况具体考量。

3.实施绩效考核

真正实施起来，有一个难点，就是数据的监控与获取，许多公司提倡"量化、量化、再量化"，那么这么多量化的数据，以及职能部门的量化考核，谁来监控？如何做到公平？这要根据企业的实际情况具体考量。

4.绩效考核的结果应用

绩效考核结果主要应用于薪酬方面，可以与任何奖金的发放挂钩，如月度绩效工资、季度奖金、目标达成奖、年终奖、分红、项目奖金，并且可以根据公司目标达成的情况、企业的格局及文化设定不同的奖励系数。

案例3-5　绩效考核达不到激励员工的目的，反而增加成本，怎么办？

T公司是一家生产医疗设备的企业，生产部有员工20人。该部门的氛围一向比较懒散，定好了设备交付时间却经常延期。为了改变这种现状，

人力资源部门从今年下半年开始,在生产部门实行绩效考核。HR和生产部主管设计了一系列的扣分指标,员工们只有按时、保质保量完成任务,才能拿到项目奖金。结果一试行,问题就产生了:生产主管为了笼络自己的员工,都不扣分,有时候还会加分,原本并不是每人都能拿到全额奖金,现在大家都以高分拿到全额奖金。更让人头疼的是,实际的设备延期等一系列问题并未得到解决,老板为此感到十分焦虑。面对这种绩效考核造成的反效果,HR应该怎么办呢?

【解析】面对案例所述情况,可借鉴以下思路:

(1)懒散不用绩效考核也可以解决

解决这种懒散的方法很少会用绩效考核,懒散是"人"的问题,无法是前面的奖励措施不好,还是后面的处罚力度不够,抑或中间的人性化管理过头等,短期用人治、中期用法制、长期用文化。对于小单位有魄力的主管,用个人魅力即可以号召员工干事,无须绩效考核。

(2)绩效考核需要支撑基础

案例中说设计了一系列扣分指标,只有按时、保质保量完成任务,才能拿到项目奖金,道出了:方案中扣多奖少,目标较高、难以企及的问题。还说主管为笼络员工,不但不扣分,甚至会加分,大家都高分拿全额奖金,又道出了:没有约束评分者,如何评分全由主管说了算的问题。绩效考核至少需要以下基础:考核目标适中、能提供准确的被考核者各项目标的统计数据、以奖为主以罚为辅、评分者多为第三方、对整个过程有监察和奖罚。

(3)收集意见,亡羊补牢

召集主管和所有被考核者了解情况,如为什么仍然不见勤快?为什么不扣分反加分?为什么设备交付还是延期?HR只需做问题的发布者和提问的引诱者,并承诺"言者无罪,闻者足戒",只要激发大家的积极性,不愁找不到真正的原因和解决办法。

真诚地讲出公司的实际困难,以情动人来引导大家想办法,不但能够找到好办法,而且可以让大家主动建议奖勤罚懒的办法,让混日子的员工难有生存空间。

(4) 设超产奖很适用

对制造设备的生产部,包括主管在内的所有员工,比较适用的激励方法还是超产奖,当然,必须以保证质量(品质检查为准)、不浪费(标准工时、标准用件、标准用水电气等)、安全生产(不出工伤、设备损害)为前提,从提前完成既定数量、固定时间超额完成既定数量两个方面来设置奖励。

奖励应当实行累进制,比如,超额1~5台,每台奖N元;超额6~10台,每台奖N+M元等,以此类推,同样,提前完成在时间上的奖励也应采用累进制。当然,作为管理层,要控制好一个度,不能让员工将力气一次性用完,要考虑持久性、长期性、耐久性。所以,在现场要进行监督,不能疲劳、过度操作,必要时可以强行要求休息。如果经验比较丰富,对员工的能力和设备情况非常了解,也可以制订一个不能超过的数量和日期。

(5) 长期需要靠制度与绩效考核

解决"懒散",短期可以采取一些强制、临时、人性化等措施,但长期来看,还得靠适宜的制度和绩效考核来保证,而且制度和考核还要随客户的要求、员工合理的意见、公司发展来做相应调整,以变制变。

【答疑解惑】

问:不同层次员工的考核周期如何设计更合理?

【解答】不同层次员工的考核周期是不一样的。考核周期在各层级上的考量是,层级越高的领导其考核周期越长,而层级越低的员工其考核周期越短。一般来说,公司高管(总裁、副总等)的考核周期一般以年为单位比较适合,当然也可以结合半年考核进行阶段检验,这样效果会更好。公司中层(部门经理、副经理)的考核周期可以以半年为限,如果大家对绩效流程比较熟练,也比较认可绩效管理工作的话,可以缩短考核周期,进行季度考核。基层员工比较适合的考核周期是季度考核或者月度考核,刚开始实施绩效考核工作的企业可以采取季度考核方式,等大家对绩效比较认可以后，慢慢过渡到月度考核。

一般来说，月度考核是绩效考核周期的最小单位，尤其是对于月薪制员工来说，低于月度考核除增加考核成本之外，还会增加员工对绩效考核的抵触情绪，得不偿失。当然，对于个别特殊岗位，或者日薪制、周薪制员工来说，考核周期可以缩短到与薪酬计算周期相匹配的程度。

第三节　员工薪酬管理

员工到企业工作的最终目的就是获取薪酬，所以在企业员工管理中，薪酬管理无疑是最受员工关注的，HR应当给予高度重视。

一、什么是薪酬管理

薪酬管理是指根据企业总体发展战略的要求，通过管理制度的设计与完善、薪酬激励计划的编制与实施，最大限度地发挥各种薪酬形式如工资、奖金和福利等的激励作用，为企业创造更大的价值。薪酬管理的内容如表3-4所示。

表3-4　薪酬管理的内容

项目	内容
企业薪酬制度设计与完善	薪酬制度设计主要是指薪酬策略设计、薪酬体系设计、薪酬水平设计、薪酬结构设计等。薪酬制度设计是薪酬管理最基础的工作
薪酬日常管理	开展薪酬市场调查，统计分析调查结果，写出调查分析报告
	制订年度员工薪酬激励计划，对薪酬计划执行情况进行统计分析
	深度调查、了解各类员工的薪酬状况，进行必要的员工满意度调查
	对报告期内的人工成本进行核算，检查人工成本计划的执行情况
	根据公司薪酬制度的要求，结合各部门绩效目标的实现情况，对员工的薪酬进行必要调整

二、员工薪酬体系的设计

薪酬体系设计应根据企业的实际情况，紧密结合企业的战略和文化，系统、全面且科学地考虑各项因素，并及时根据实际情况进行参正和调整。遵循按劳分配、效率优先、兼顾公平及可持续发展的原则，充分发挥薪酬的激励和引导作用，能为企业的生存和发展起到重要的制度保障作用。

企业在设计薪酬体系之前需要明确员工的薪酬内容，包括内在薪酬和外在薪酬两类，其中，外在薪酬又分为直接薪酬、间接薪酬和非经济性薪酬，如图 3-9 所示。

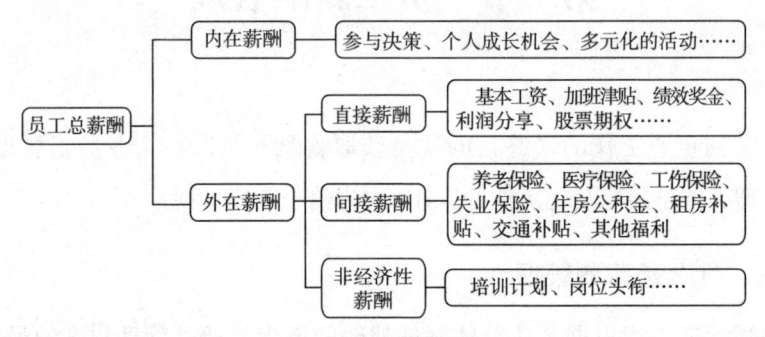

```
                ┌─ 内在薪酬 ── 参与决策、个人成长机会、多元化的活动……
员工总薪酬 ──┤              ┌─ 直接薪酬 ── 基本工资、加班津贴、绩效奖金、
                │              │            利润分享、股票期权……
                └─ 外在薪酬 ──┤─ 间接薪酬 ── 养老保险、医疗保险、工伤保险、
                               │            失业保险、住房公积金、租房补
                               │            贴、交通补贴、其他福利
                               └─ 非经济性薪酬 ── 培训计划、岗位头衔……
```

图 3-9　员工薪酬内容

薪酬体系的设计需要包括一系列细致的工作，才能使薪酬方案切合实际，具有广泛的接受程度以及良好的可操作性。

①做好薪酬调查工作。它是薪酬设计的重要组成部分，也是薪酬体系设计的基础，只有实事求是的薪酬调查，才能使薪酬设计做到有的放矢。通常薪酬调查需要调查三方面内容，如表 3-5 所示。

表 3-5　薪酬调查的内容

方面	内容
企业薪酬现状调查	通过科学的问卷设计，从薪酬水平的 3 个公平（内部公平、外部公平、自我公平）的角度了解现有薪酬体系中的主要问题及造成问题的原因
薪酬水平调查	主要收集行业和地区的薪资增长状况、不同薪酬结构对比、不同职位和不同级别的职位薪酬数据、奖金和福利状况、长期激励措施以及未来薪酬走势分析等信息
薪酬影响因素调查	综合考虑薪酬的外部影响因素，如国家的宏观经济、通货膨胀、行业特点和行业竞争、人才供应状况，和企业的内部影响因素，如盈利能力和支付能力、人员的素质要求及企业发展阶段、人才稀缺度、招聘难度

②制订薪酬策略。它包括对员工总体价值的评价、对管理人员以及高级人才的价值评估等价值观，以及由此产生的有关薪资分配的政策和策略。例如，不同层次、不同岗位人员的收入差距标准，薪酬的构成和各部分比例等。

③职位分析和工作评价。这是保证薪酬公平的关键一步，所以有必要做到准确分析评价，并且以具体的金额来表示每一个职务对企业的相对价值，此价值反映了企业对各工作承担者的要求。

④确定员工的薪酬类型。对不同类型的人员采取不同的薪酬类别。例如，企业高层管理者可以采用与年度经营业绩相关的年薪制，管理序列人员和技术序列人员可以采用岗位技能工资制。

⑤薪酬结构设计。薪酬的构成因素反映了企业关注的内容，因此采取不同的策略、关注不同的方面就会形成不同的薪酬构成。

需要注意的是，企业的薪酬体系设计没有任何标准，设计人员需要结合企业的实际情况和岗位划分标准来具体制订，这样建立的薪酬体系才真正适合企业。

案例 3-6　内部薪酬结构失衡怎么办？

S公司成立于2003年，属于光电行业。近两年来，由于人才极度匮乏，公司采取了广招人才的政策，虽然解决了用人问题，但给薪酬管理埋下了很大的隐患。实行一段时间之后，由于薪酬保密工作未做到位，薪酬矛盾日益突出，具体体现：同级同职的员工在薪酬上居然相差2000～3000元，研发部门的经理与主管之间相差却不到1000元。如此混乱的薪酬现状，使一些员工（特别是核心员工）心理失衡，整体士气低落，工作效率急剧下降。HR想把薪酬明显偏高的部分降下来，但担心员工不满，产生离职现象并带来劳动风险；但是如果总体涨薪，不仅起不到激励作用，也会造成公司人力成本过高。HR该如何解决这个问题呢？

【解析】出现上述所说薪酬差距的不多见，但既成事实和习惯，要改变是比较难的，特别是降低薪酬。HR可以按以下思路慢慢执行：

（1）微调薪资结构

光电行业的人才比较稀缺，人才也基本是在同行中进出，就看谁家更具竞争力和吸引力。根据案例中描述的问题，HR可以对各职位薪资结构进行微调，以体现内部相对公平性，否则，员工稳定性将成较大问题。

针对基层员工，可以采用底薪+计件形式，其中底薪应当考虑当地最低工作标准、学历工资、工龄工资、岗位补贴等；计件标准公开，这样人人都能看得见，即使有差距，也不会太多，而且公平性更强。针对管理人员，建议按照岗位说明书的要求设定各管理层级的条件标准，根据市场薪酬行情，实行谈判制。同时推行绩效管理，采用底薪+绩效的形式。针对业务人员，相对更简单，就按底薪+提成的形式，不论资格，在提成面前人人平等。在制度上体现出公平，公司内部管理就不会有问题，员工也不会有异议。

（2）提倡适当差距

即使是同级同职，如果薪酬完全一样，也不利于员工工作积极性的提高，毕竟人与人之间是存在差距的。即使是学历、经历、业绩完成相同，他们的工作过程、客户满意程度、工作效率等不能完全量化的方面也会有差距，要么定性，要么按关键事件，要么考虑周边同事看法或感受，总之，细节上一定要有差距。

基于此，员工薪酬就应当有差距，这个差距的确认和审批者就是直接上级，上级必须在绩效管理中占有一定权重的发言权，这个差距太大容易打击较低者，太小不利于有能力者积极表现。一般岗位差距在10%以内是比较好的，当然，业务人员和项目人员除外，毕竟有显性的业绩来证明，即使低薪者，也无话可说。

（3）福利项目补充

核心员工都表现出不满，这必须引起重视，对业绩较好的骨干员工可以在福利上进行倾斜，培训、旅游、参观、交流等都是较好的选择，当然，这必须用制度规定。

（4）成本总量控制

任何新措施实施后，如果带来的是人力成本增加较多，公司领导一般不会批准实施。当然，如果带来员工工作积极性和公司业绩较大提升，适当增加人力成本是可以接受的。所以，HR 部门提出任何新措施改革的建议，一定要向上级领导回答清楚 5W2H，而且在实施过程中严格控制，不得超预算。

案例 3-7　公司成本管控，核心技术人员如何调薪？

P 公司是初创期的高新技术企业，公司的工资向核心技术人员倾斜。尽管公司的成本管控的压力比较大，但是为了达到留住核心骨干技术员工的目的，每年 3 月都会进行核心员工的工资调整。技术人员的工资由基本工资、绩效工资、年终奖三部分组成。公司薪资调整的主要依据有两个方面：一是个人职位的调整（晋升/降职），技术人员到了管理岗位，薪资必然会提高。二是个人去年的绩效成绩等级，去年季度绩效考核成绩三个 A 以上，薪资必然会提高。公司每年度技术人员薪酬调整比例占全部技术人员的 10%。很多技术人员发现，即使自己很努力，也很难升职和调薪，所以，每年都有一部分技术骨干离职。请结合本案例分析，公司技术人员调薪的问题，有什么解决的办法。

【解析】分析公司调薪主要依据可以发现：技术人员成为管理人员，公司会调薪，这说明公司没有建立技术人员的发展通道。去年的季度绩效考核 3 个 A 以上，公司会调薪，这说明公司能调薪的比例也不大。最后导致很多员工发现很难升职和调薪，因而有一部分优秀的员工离职。基于以上情况分析，公司应该：

①设立不同的发展通道，确保大家都有提升空间和通道。同时需要保证技术人员在技术通道上发展也可以拿到和管理人员相同的工资。

②针对性设立研发技术类人员的项目奖金、产品奖金、创新奖金、专利奖金等专项奖金，即保证公司有专项的技术奖金，以鼓励员工创新、保持技术的领先性。

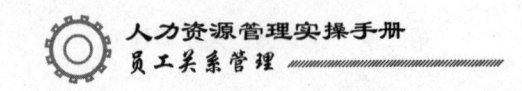

③由于公司是技术导向型企业，应加大调薪的人数比例和薪酬调整幅度，使更多人有调薪的机会和可能性。

案例3-8　如何处理相同岗位或相同级别的薪酬差异？

同样是技术研发岗位，小宋在企业做了10年，小曲刚来企业，结果两人的工资水平一样；同样是主管级别，小丛是拥有10年经验的技术研发主管，小曹是刚做了2年的人力资源主管，结果两人的工资水平一样。这显然不合理。那么，应该如何处理相同岗位或相同级别的薪酬差异？

【解析】相同的岗位或相同的级别，从企业层面的设计来看都一样。可是当具体的、不同的人来做同一工作的时候，对企业来说，他们的绩效和贡献度还会一样吗？答案显然是否定的，他们的绩效有高有低，贡献有大有小。如果他们拿的薪酬一样，高绩效、高贡献的人会心理失衡，这就是忽略了个体和岗位的价值。所以企业设计薪酬体系时，不能简单地基于岗位和等级，还要基于价值和贡献。

采取这种薪酬模式的企业往往没有考核，或者只是形式化的考核，并不会对收入产生实质性影响，每月的工资基本也是固定的。当旱涝保收、干好干坏一个样的时候，员工完全是靠自己的主观能动性在工作。

【答疑解惑】

问1：如何把握调薪的时机？

【解答】企业进行调薪时，可以参考以下几个因素：

（1）最低工资标准调整

企业必须根据当地的最低工资标准进行薪资调整，不能低于最低工资标准是法定的要求。

（2）薪资低于市场水平

当企业的薪酬水平明显低于市场或同行业平均薪酬水平时，应及时调整薪资，这样才能保持外部竞争力、防止员工流失、吸引优秀人才。

（3）物价上涨

当物价快速上涨时，员工生活水平明显下降，需要对薪资进行调整激励。

（4）员工绩效突出或表现十分优异

当员工的工作绩效十分突出或表现非常优异时，企业可以对其进行调薪，一是表达对员工为企业辛苦付出及工作能力的认可，二是奖励和激励员工做出更大的贡献。

（5）试用期转正

员工试用期满转正，应按照正式员工享受的薪资和福利进行调整。

（6）员工晋升

晋升应该从技术和管理双通道来看，不管是员工的技术级别提升还是管理职务的晋升，都应该适当调薪。

（7）薪酬结构不合理

公司内部薪酬结构不合理，导致公司薪酬体系或个别岗位缺乏公平性时，应当及时予以调整。

（8）挽留员工

企业为了挽留准备离职的员工，通常会给这个员工加薪。

问2：薪酬福利如何做到内部公平？

【解答】企业若想实现薪酬福利内部相对公平，可作如下处理：

①公司在薪酬福利的内部公平性，主要指根据职位、工作内容、职责、能力、经验、业绩等方面，按照公司的规定，在薪酬和福利方面，有层级的区别，而当这些情形相似时区别很少，此所谓相对公平性。比如，基本工资可以一致，在学历、工龄、岗位、绩效等方面的薪资是可以不同的，节日补贴、礼物、服装、食宿等方面可能相近。这样做的目的就是让员工感觉到公平，工作中不带情绪，对招聘和吸引人才都是有好处的。

②倒推中位数。新老员工薪酬福利支出的平均数可以算出来，人力资源部门的月报表应当有，或者可以从财务部中查找和计算出来。这个数各月可能不完全一致，但相对是稳定的，即使出现波动，也在不大的范围内，这应当是多数员工薪资福利集中聚集的区域，可以强制分布，这个区域的

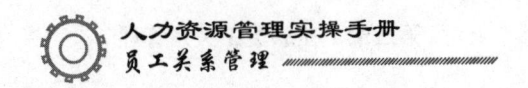

人数应当占员工总人数的60%左右。

③向上提报告。面对已然形成的两极分化和新老员工现状，调低老员工待遇、调高新员工薪资或者新老员工同职位一视同仁，都会打破现状。将影响哪些人的利益，可能产生什么后果，包括社保支出、劳动纠纷等，是分步走还是一步到位，可以形成报告，最好形成两至三套方案，呈报领导，让领导作决策。

④同工同酬。高福利不可能长期保持下去，更容易养懒人，不利于奖勤奖优，员工积极性得不到发挥，最终影响公司业绩。所以，企业应当实行同工同酬，这需要一个相对较长的过程，不可能盲目实施。可以采取以下做法：进行思想教育和宣传；制定和完善薪资制度；试点试行后推行；体现差异性。

第四节　员工升职与降职管理

一、员工升职

员工升职是对员工努力工作的肯定，也是员工自我价值的体现。

1. 员工升职需要具备的条件

员工升职需要具备的条件如图3-10所示。

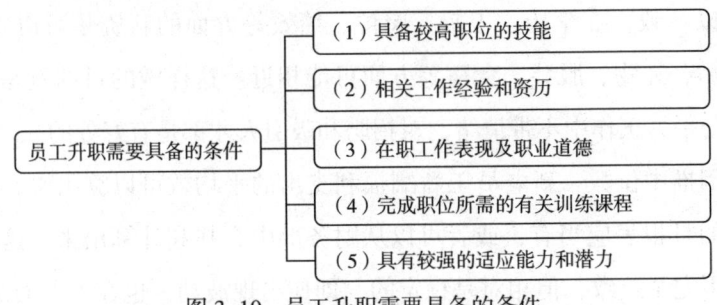

员工升职需要具备的条件：
- （1）具备较高职位的技能
- （2）相关工作经验和资历
- （3）在职工作表现及职业道德
- （4）完成职位所需的有关训练课程
- （5）具有较强的适应能力和潜力

图3-10　员工升职需要具备的条件

下面以某企业员工升职要求为例进行说明。

员工升职的基本要求如表3-6所示。

表3-6 员工升职的基本要求

序号	职务名称	学历要求	职称	工作经验
1	职能部门主管或助理	专科以上	初级	2年以上相关工作经验
2	技术部门主管或助理		中级	
3	职能部门经理或副经理	本科以上	中级	4年以上相关工作经验
4	技术部门经理或副经理		高级	
5	公司经理或副经理		中级	8年以上相关工作经验
6	高层		中级	10年以上相关工作经验

员工升职时，同时满足具备职务晋升资格的条件如图3-11所示。

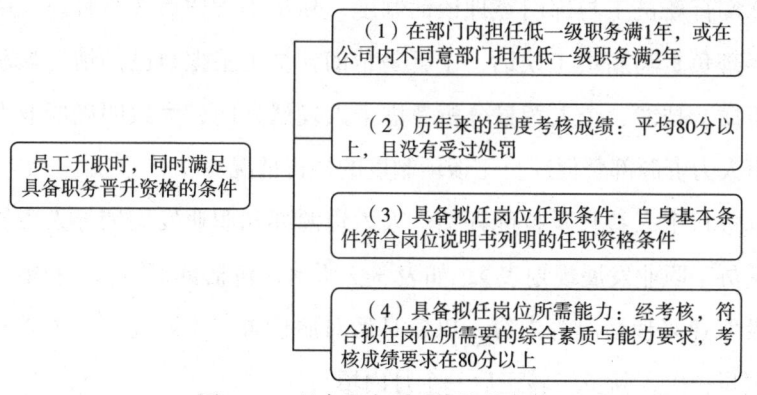

员工升职时，同时满足具备职务晋升资格的条件
- （1）在部门内担任低一级职务满1年，或在公司内不同意部门担任低一级职务满2年
- （2）历年来的年度考核成绩：平均80分以上，且没有受过处罚
- （3）具备拟任岗位任职条件：自身基本条件符合岗位说明书列明的任职资格条件
- （4）具备拟任岗位所需能力：经考核，符合拟任岗位所需要的综合素质与能力要求，考核成绩要求在80分以上

图3-11 具备职务晋升资格的条件

2. 升职核定权限

①高层由董事长提议，经董事会核定。

②副经理以上由董事长核定。

③各部门主管或助理，由公司总经理核定。

④各部门主管以下各级人员，由各级公司主管提议，呈总经理核定。

3. 员工职业发展通道设计

（1）纵向发展

部门普通员工—部门主管或助理—部门经理或副经理—公司经理或副

经理—高层—董事会—股东。

（2）横向发展

有时员工选择的工作不一定是最适合自己的，如果发现其另有所长，可以让其在公司内重新选择，如工程到预算，再晋升为某一系列岗位管理职位；或者是集团内各子公司之间各岗位的调整。

4. 员工职业发展管理

职业发展管理模式一般如下：

①人力资源部负责建立员工职业发展档案，并负责保管与及时更新，各部门经理为本部门员工职业发展辅导人，如果员工转换部门或工作岗位，则新部门经理为辅导人。

②实行新员工与部门经理谈话制度，新员工入职后3个月内，由所在部门经理负责与新员工谈话，主题是帮助新员工根据自己的情况如职业兴趣、资质、技能、个人背景分析考虑个人发展方向，大致明确职业发展意向。由人力资源部督促新员工谈话制度的执行情况。

③进行个人特长及技能评估。人力资源部和职业发展辅导人指导员工填写《员工职业发展规划表》，如表3-7所示，包括员工知识、技能、资格证书及职业兴趣情况等内容，以备日后对照检查，不断完善。该表一般每两年填写一次，新员工转正后一个月内填写。

④人力资源部组织员工培训需求调查，员工需根据目前岗位职责及任职资格要求和个人职业发展规划，结合自身实际情况填写调查问卷。人力资源部制订年度培训计划及科目时，从需求出发，参考员工培训需求确定培训内容。

⑤人力资源部对照《员工职业发展规划表》，了解公司在一年中有没有为员工提供学习培训、晋升机会，员工个人一年中考核情况及晋升情况，并提出员工下阶段发展建议。

⑥各部门经理在每年年底考核结果确定后，与本部门员工就个人工作表现与未来发展谈话，确定下一步的目标与方向。

表 3-7　员工职业发展规划表

姓名		年龄		部门		职位	
最高学历		毕业时间		毕业学校		专业	
学习培训情况							
技能/能力情况	技能/能力的类型			证书/简要介绍此技能			
工作经历	时间	工作单位			行业		职能
特长							
对目前的工作是否感兴趣，请详细说明原因							
职业发展方向（职业定位）							
长期、中期、短期的职业发展目标							
实现职业发展方向、职业发展目标的通道设计							

⑦员工根据个人发展的不同阶段及岗位变更情况选定不同的发展策略，

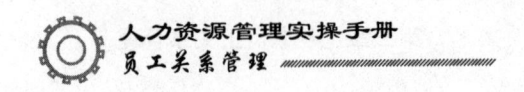

调整能力需求，以适应岗位工作及未来发展的需要。

⑧职业发展档案包括员工职业发展规划表、员工培训需求、每次的考核、培训记录等，可作为对职业生涯规划调整的依据。

5.员工升职的时机与程序

（1）升职时机

①根据公司经营需要及发展规划，为保证高效运作，同时充实内部人才储备，人力资源部每隔一段时间组织一次员工升职，具体时间间隔可根据公司具体情况来定。

②职务出现空缺时，若已有具备升职条件的适当人选，可随时依升职程序办理升职。

（2）升职程序

①确定拟提升职位：人力资源部根据公司战略规划及人员需求，定期发布拟新任领导者的职务类别、数量及具体要求。

②推荐合适人选。

③晋升考核：人力资源部根据职位要求，对所有人选的任职资格进行审查，对于审查符合条件的，组织用人部门及其他相关人员对其按照拟任职岗位要求进行考核。

④决定人选：人力资源部汇总考核结果，经会议讨论后决定最后人选，由最高核定人签发任命通知。

二、员工降职

1.什么是降职

降职即从原有职位降到较低的职位，降职的同时意味着削减或降低被降职人员的地位、权利、机会和薪金。所以，降职实际上是一种带有惩处性质的管理行为。

2.降职的原因

对员工进行降职处理的情形，如图3-12所示。

第三章 在职员工关系管理

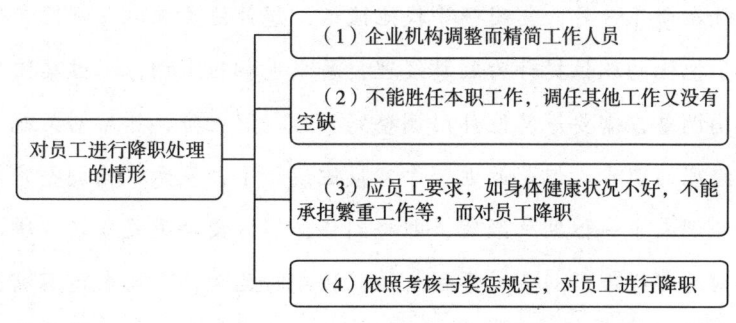

对员工进行降职处理的情形：
- （1）企业机构调整而精简工作人员
- （2）不能胜任本职工作，调任其他工作又没有空缺
- （3）应员工要求，如身体健康状况不好，不能承担繁重工作等，而对员工降职
- （4）依照考核与奖惩规定，对员工进行降职

图 3-12 对员工进行降职处理的情形

3. 降职的审核权限

依据企业人事管理规则，降职的审核权限一般如图 3-13 所示。

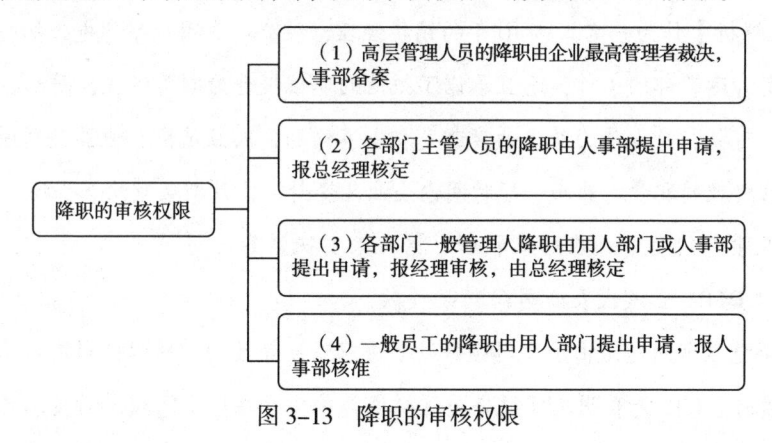

降职的审核权限：
- （1）高层管理人员的降职由企业最高管理者裁决，人事部备案
- （2）各部门主管人员的降职由人事部提出申请，报总经理核定
- （3）各部门一般管理人降职由用人部门或人事部提出申请，报经理审核，由总经理核定
- （4）一般员工的降职由用人部门提出申请，报人事部核准

图 3-13 降职的审核权限

4. 降职的程序

降职程序一般是由用人部门提出申请，报送人事部门，人事部门根据企业政策，对各部门主管提出的降职申请事宜予以调整，然后呈请主管人事的上级核定。凡已经核定的降职人员，人事部门应以人事变动发布通告，并以书面形式通知降职者本人。公司内务级员工收到降职通知后，应于指定日期内办理好移交手续，履任新职，不得借故推诿或拒绝交接。

案例 3-9　员工原定的升职取消，如何安抚？

Z 公司是 ×× 大型物流集团的下属公司，刘某是一名入职 10 年的销售经理，就在今年5月，集团领导找他谈话，想让他负责运营部门工作，而且承诺了把他的职位提升为副总经理，薪水也相应上调，不过集团目前正在做架构调整，需要等其他部门调整完毕后一同任命，然后刘某就一直承担运营经理的职责。但是最近领导又找他谈话了，表示架构调整完毕，总公司已经调来了一位副总经理，即将到任，不方便再设置一名，所以要将他调任网络部经理。刘某对于副总的职位期盼已久，当场表示不满，经过多次内部协商以后，刘某表示可以不上调职位，但之前承诺的涨薪必须兑现，不过集团领导又认为这破坏了整体的薪酬结构，双方未达成一致，现在刘某情绪很大。

请问：人事部门负责人现在应该采取什么措施来安抚刘某？

【解析】作为一名入职10年的销售经理，被公司集团领导预先告知公司想让他负责运营部门工作，而且承诺了把他的职位提升为副总经理，薪水也相应上调，可见，此人能力及忠诚度都是相当不错的，而且很快，他就顺利地承担了运营经理的职责。然而，短时间内企业又变卦了，让刘某空欢喜一场。

人事部门负责人应该采取如下措施来安抚刘某？

（1）HR应该代表公司向刘某致歉

毕竟这个问题是由于公司领导过早透露信息导致的，所以公司应该承担一定的责任。HR先表明态度说公司这样操作确实存在很多问题，对员工不太公平，从而获得刘某的情感接纳。只有达成情感上的共鸣，才能更好地沟通。

（2）HR应该就刘某对公司的长期贡献给予肯定及表扬

刘某在公司从业10年，为公司奉献了美好的青春，公司于情于理都要对他的坚持表示感谢。HR应该告知刘某公司对他的贡献非常清楚，也一直在给他搭建和寻找升职的途径和平台。即先获取共鸣，再层层递进肯定对方、表扬对方，使对方降低戒备心理和减少不满情绪。

（3）HR应该就此问题发生的背景和既定结果再次作出解释和说明

毕竟公司的本意也是想提升刘某担任副总经理，只是由于客观情况有变，不得已才违背了承诺。刘某已经工作10年，肯定对公司有很多感情，

HR可以从情感方面、公司和个人发展方面去安抚他。

（4）突发状况处理

这当然是HR单方面的想法，中间如果刘某有其他质疑，HR应继续说明，不能激化矛盾，要让刘某的情绪平静下来，只有在心平气和的情况下才能弱化矛盾、解决问题。如果话题偏离预期轨道，HR应该适时打断，将话题转移到有利于自己思路拓展的话术上，当然这对HR的控场能力以及谈判技巧要求非常高，这里只能说说理想中的状态，操作起来则是"仁者见仁，智者见智"。

（5）注意要点

HR在谈话中不管对方的态度和语言内容如何，一定要保持沉稳、不急不躁，"敌进我退、敌退我进"，要使谈话氛围融洽，不能激化矛盾，引出更多的问题。

【答疑解惑】

问：HR如何做好员工降职的善后工作？

【解答】降职意味着员工由原来的职位降到更低的职位，除了职务的降低，通常还伴随薪资的减少，所以对于任何员工而言，降职都是无法接受的事情。在员工关系管理中，员工的降职管理也是HR最为头疼的事务。

HR处理员工降职的善后问题，首先要明确员工为什么会被降职，从根源上掌握降职的问题，才能对症下药。员工降职通常包含5种情况，如图3-14所示。

◆在本岗位上能力有限，无法胜任该项工作
◆在本岗位上潜力有限，无法达到公司期望的目标绩效
◆违反公司规定或是犯了重大错误
◆工作态度存在问题
◆不可抗力的外部原因所致

图3-14 员工降职的5种情况

针对不同原因的降职，其处理方法也不同。

①对于能力不足的员工，要根据具体情况做出具体安排。如果是应急上岗的员工，通常时间仓促，缺乏经验，很难快速进入正常的工作状态，此时可以给予员工适当的培训机会和试用过程。如果经过一段时间的培训再上岗，仍然无法胜任，则说明员工不适合该项工作，则应予以降职处理。

②对于潜力有限的员工降职，通常是因为该项职务被企业寄予厚望，属于企业中的重要职务。此时要认真就此项职务的职责与员工诚恳交流，再降职。

③对于违反公司规定或是犯了重大错误的员工，需要使其深刻明白自己的错误，再对其做出惩罚性的降职处理。

④对于工作态度存在问题的员工，应该找到问题的原因，是员工本性懒惰，态度消极，还是因为对上级不满。如果是自身的态度问题，应及时批评、给予降职，或是解聘处理。如果对上级存在不满，应及时与员工及上级沟通，进行纾解。

第五节　员工人事档案管理

员工人事档案管理是员工的入职信息、员工简历以及劳动合同等资料管理的统称。档案管理是人力资源管理的重要组成部分。

1. 人事档案的作用

①人事档案是员工成长的断代史。

②人事档案是企业人力资源管理的信息基石。

③人事档案是解决劳动纠纷的有效工具。

④人事档案是企业选人用人时可靠的指南针。

综上所述，可用图3-15来表示。

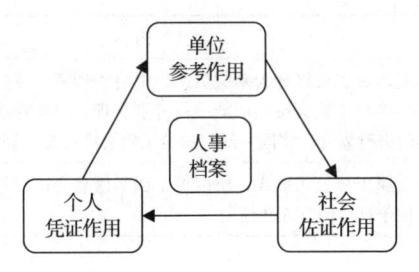

图 3-15 人事档案的作用

2. 公司员工人事档案的内容

①员工个人人事信息表（入职前及入职后的变更），包括姓名、生日、民族、婚否、联系方式（含紧急联络电话）、教育经历、工作经历及证明人和联系方式、家庭情况、资格证书、个人职业发展期望，并由员工本人签字确认提供的信息属实。

②员工入职审批材料，包括入职申请及审批单、试用期相关证明资料，包括以往是否有离职证明资料等。

③员工转正审批材料，包括个人申请及试用期总结、试用期业绩完成情况、引导人及部门的转正评估意见、转正后薪酬福利等。

④员工调岗、调薪、奖惩记录，审批后均由员工签字确认。

⑤员工培训记录、培训的成绩单、考试试卷以及考勤记录等。

⑥劳动合同及保密协议。

⑦学历证、身份证以及其他资格证书的复印件和本人照片。

3. 员工人事档案的分类

收集整理完员工的人事档案内容之后还要将人事档案按照功能、职能以及归属地进行有效划分，如表 3-8 所示。

表 3-8　人事档案的归类

划分	内容
按功能划分	将员工档案按照在职员工、离职员工和退休或返聘人员进行划分。在职员工通常被认为是企业花名册，离职员工其实也属于花名册员工，所以一般在提取花名册数据时，会特别强调是需要在职员工花名册还是花名册（此项应该包括离职员工）

续表

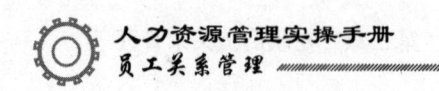

划分	内容
按职能划分	按照职能，员工可以分为基层员工、中层管理者、高层管理者。为了便于档案的管理，需要将员工档案按照职能进行分别管理、分别存放。也有的企业会按照员工的职能部门进行划分，将同一部门的员工档案进行统一管理
按归属地划分	有的企业属于分公司形式，所以员工档案信息会按照总部、当地以及全国各地进行划分，便于日后的管理和使用

案例 3-10　如何做好人事档案管理工作？

人事小杜刚入职 K 公司，在她入职前，公司是有人事档案的，她入职后查阅公司人事档案，发现人事档案中仅有员工的一些基本入职资料，如照片、身份证复印件、体检单，其他资料在档案中看不到，且众多员工档案被放在一个档案里，这一"惊喜"让她不禁害怕。

【解析】现在公司的人事档案中应包含：员工证件照片、个人身份证复印件、员工个人银行卡号、个人体检单、个人培训记录单（内、外训）、员工奖罚单、个人劳动合同、劳保用品领用记录单等。

公司人事档案管理由 HR 负责，有专门的地方放人事档案，浏览人事档案的人员仅限于公司组长以上人员（HR 除外），想要浏览人事档案的人员，需经过申请，经主管核准后经 HR 将需要查看人员的档案取出，登记后让其查看，查看结束由 HR 放回原处。

在查看公司人事档案时，始终保持让 HR 以外的人员尽少地接触到人事档案，防止有人对其拍照。因公司需要，HR 查看人事档案也要按流程登记。

人事档案的健全和管理体现在一些细节之上，HR 平时需要做好员工的管理和记录。

【答疑解惑】

问：如何使用人事档案管理降低劳动关系风险？

【解答】人事档案的风险，在于能不能为办理日常工作带来便利，是不是提供留底的证明文件以避免劳动纠纷和公司赔偿。一个齐全的人事档案应当有这两个方面的作用，并防范这两个方面带来的风险。

人事档案管理工作风险在日常工作中的主要表现，如图 3-16 所示。

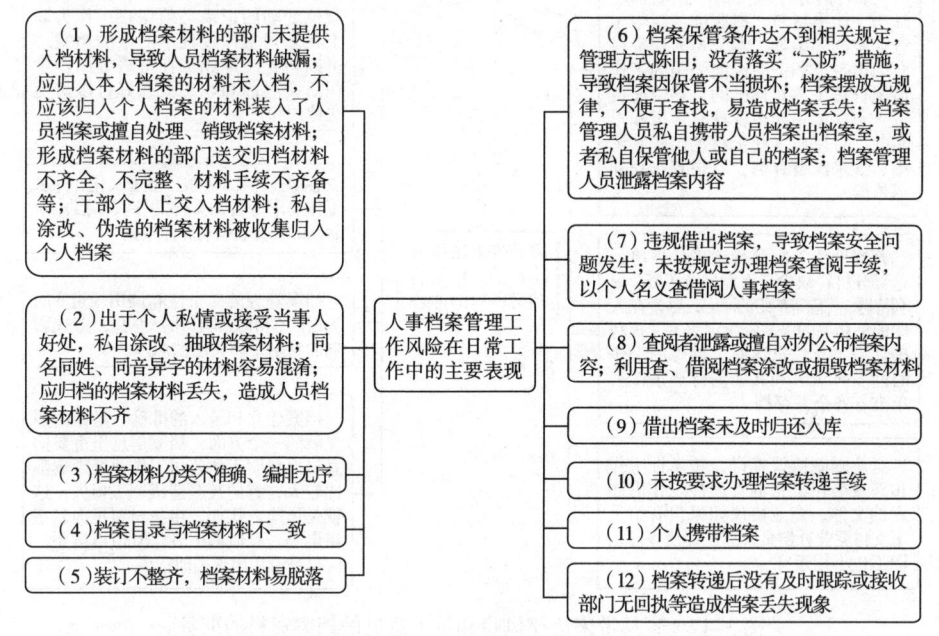

```
人事档案管理工作风险在日常工作中的主要表现
├─（1）形成档案材料的部门未提供入档材料，导致人员档案材料缺漏；应归入本人档案的材料未入档，不应该归入个人档案的材料装入了人员档案或擅自处理、销毁档案材料；形成档案材料的部门送交归档材料不齐全、不完整、材料手续不齐备等；干部个人上交入档材料；私自涂改、伪造的档案材料被收集归入个人档案
├─（2）出于个人私情或接受当事人好处，私自涂改、抽取档案材料；同名同姓、同音异字的材料容易混淆；应归档的档案材料丢失，造成人员档案材料不齐
├─（3）档案材料分类不准确、编排无序
├─（4）档案目录与档案材料不一致
├─（5）装订不整齐，档案材料易脱落
├─（6）档案保管条件达不到相关规定，管理方式陈旧；没有落实"六防"措施，导致档案因保管不当损坏；档案摆放无规律，不便于查找，易造成档案丢失；档案管理人员私自携带人员档案出档案室，或者私自保管他人或自己的档案；档案管理人员泄露档案内容
├─（7）违规借出档案，导致档案安全问题发生；未按规定办理档案查阅手续，以个人名义查借阅人事档案
├─（8）查阅泄露或擅自对外公布档案内容；利用查、借阅档案涂改或损毁档案材料
├─（9）借出档案未及时归还入库
├─（10）未按要求办理档案转递手续
├─（11）个人携带档案
└─（12）档案转递后没有及时跟踪或接收部门无回执等造成档案丢失现象
```

图 3-16　人事档案管理工作风险在日常工作中的主要表现

上述任何一个风险点都可能给用人单位在劳动关系方面造成不可估量的损失，严重的还将导致法律诉讼并追究相关人员的法律责任。

那么，怎样才能防范风险呢？可以从以下几个方面入手。

①针对日常工作带来便利须注意的档案风险回避：档案资料必须尽量收集齐全，特别是重要资料。档案缺失特别是重要资料缺失可能导致工作无法开展，如社会保险投保、工伤申报和结案、特殊保险的相关证件、职工晋升资质考察、职工身体健康和其他硬件条件的审查工作需要等。

②容易带来法律风险和员工意见的档案资料的准备，如图 3-17 所示。

```
┌─────────────────────────────┐
│ 入职资格资料的存档，工作经验、    │
│ 学历、体检材料、离职证明附带无   │
│ 竞业限制等条款。本公司入职资料   │
│ 必须附带离职证明或前公司的工作   │
│ 情况自述（需对自己的自述情况负   │
│ 责），在试用期内发现有虚报和不   │
│ 实的，可以按这些资料提出解除试   │
│ 用；如果没有存档，就很难找到辞   │
│ 退依据                          │
└─────────────────────────────┘
```

图 3-17　容易带来法律风险和员工意见的档案资料的准备

（中间节点）容易带来法律风险和员工意见的档案资料的准备

- 入职资格资料的存档，工作经验、学历、体检材料、离职证明附带无竞业限制等条款。本公司入职资料必须附带离职证明或前公司的工作情况自述（需对自己的自述情况负责），在试用期内发现有虚报和不实的，可以按这些资料提出解除试用；如果没有存档，就很难找到辞退依据

- 薪资确认、福利待遇确认表单：这部分材料缺少是引发后续工资、福利待遇、保险等纠纷的原因，尽量在入职前把相关的《薪资核定表》《福利确认表（含休息休假、特殊的工作时间安排）》和其他的待遇条件表单准备齐全并存档

- 竞业限制协议签订，技术性工作和涉及公司机密的管理性工作需注意的文件，竞业协议如果没有给员工支付竞业补偿金，那么即使签订，职工也不用遵守

- 职工每个月的考勤、薪资调整和职位变动的记录必须保存。作为职工在公司工作过程中产生的档案，可以防止后期职工在待遇方面产生纠纷（提前和职工沟通好可以避免法律纠纷）

- 各项公司规章制度、企业文化、特殊工作要求等告知文件的签收存档，为后期的处分、调动保留根据

- 档案管理的保密性和调用须遵守的流程；不得泄露职工私人信息，造成影响的将附带相关赔偿风险

- 档案建立和录入的准确性是最需要保障的一个方面，档案信息里重要信息错误对职工和公司工作开展影响都比较大，有的甚至造成职工损失，这就是风险。比如，申报材料里面名字错误等，看似是小事，但相当重要，应尽量避免出现类似错误

图 3-17　容易带来法律风险和员工意见的档案资料的准备

第四章
离职员工关系管理

第一节　如何看待员工离职

一、员工离职的原因

员工离职的原因是多方面的。由于市场经济体制的完善，宏观择业环境或政策的改变，员工流动观念的更新，社会就业模式的转变，以及新兴职业的出现，人们有了更多的择业范围和择业自由。由于各种主、客观环境的改变，员工在进入企业之后，可能因各种问题而离开企业，离职问题会自然发生。事实上，导致员工离职的原因很多，分析起来也比较复杂，全球著名的人力资源咨询公司翰威特（HEWITT）调查发现导致员工离职的关键要素集中体现在7个方面，如图4-1所示。

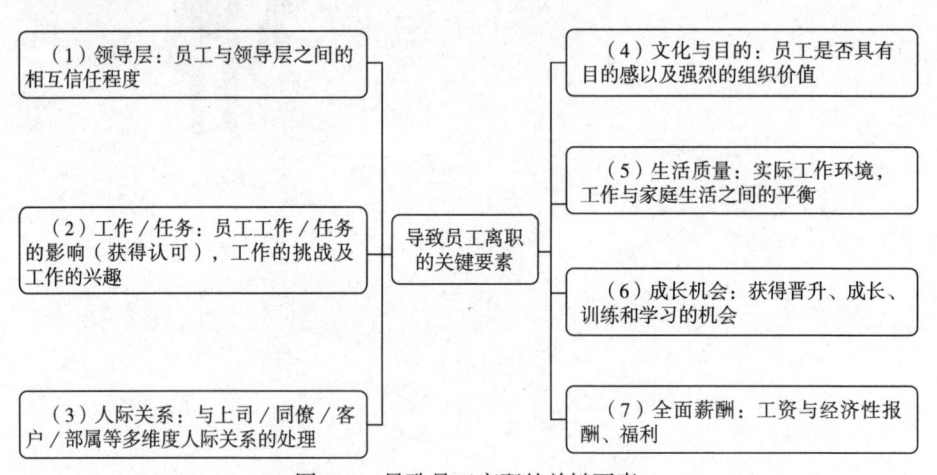

```
                                    （4）文化与目的：员工是否具有
（1）领导层：员工与领导层之间的         目的感以及强烈的组织价值
相互信任程度
                                    （5）生活质量：实际工作环境，
                                    工作与家庭生活之间的平衡
（2）工作/任务：员工工作/任务    导致员工离职
的影响（获得认可），工作的挑战及  的关键要素    （6）成长机会：获得晋升、成长、
工作的兴趣                          训练和学习的机会

（3）人际关系：与上司/同僚/客        （7）全面薪酬：工资与经济性报
户/部属等多维度人际关系的处理         酬、福利
```

图 4-1　导致员工离职的关键要素

二、员工离职的分类

员工离职的类型可分为三种，如图4-2所示。

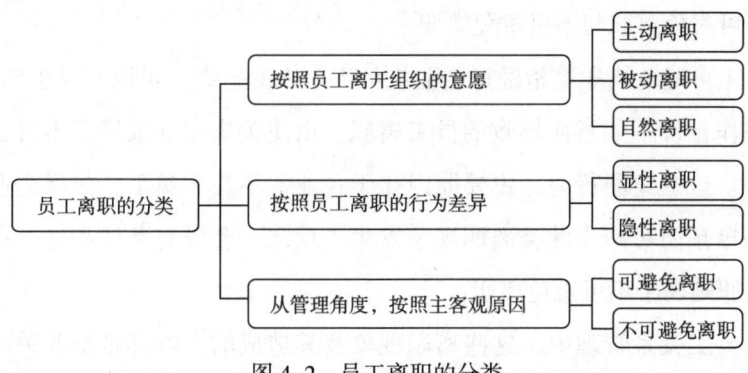

图 4-2 员工离职的分类

1. 主动离职、被动离职与自然离职

（1）主动离职

员工主动离职也称辞职，是指由员工做出最终离职决定的离职行为。主动离职可分为功能性离职与非功能性离职两种。功能性离职，是指员工个人想离开企业，而企业也不刻意挽留的离职行为；非功能性离职也称功能不良性离职，是指员工个人想离开企业，但企业希望阻止的离职行为。

（2）被动离职与自然离职

员工被动离职是指离职的决策由企业或管理者做出，员工是在非自愿情况下离开工作岗位，即由解雇、开除、辞退、裁员、病残等原因造成的离职。

员工自然离职一般是指由于企业的雇佣合同到期、到达退休年龄或病残死亡等自然原因引起的员工离职行为。员工自然离职区别于员工主动离职，也非企业强制性要求的离职行为。

2. 显性离职与隐性离职

员工的显性离职与隐性离职如图 4-3 所示。

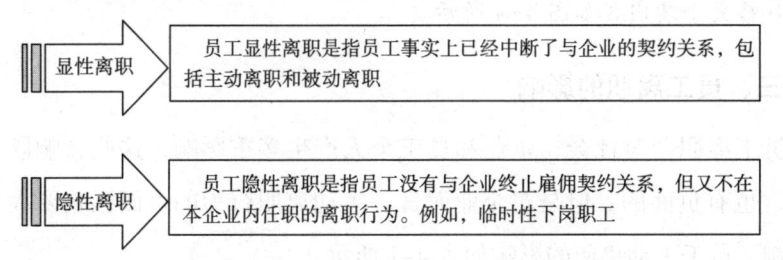

显性离职　员工显性离职是指员工事实上已经中断了与企业的契约关系，包括主动离职和被动离职

隐性离职　员工隐性离职是指员工没有与企业终止雇佣契约关系，但又不在本企业内任职的离职行为。例如，临时性下岗职工

图 4-3 员工的显性离职与隐性离职

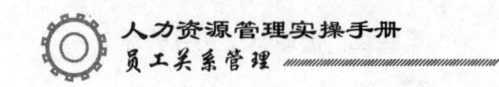

3. 可避免离职与不可避免离职

员工可避免离职是指经过企业或员工个人的努力，可以不发生的离职，如由工作条件不如意而导致的员工离职，由决策失误导致经营不善引发的裁员等。这些离职行为，主要原因在于企业，不在于员工，如果企业采取措施积极预防可减少此类离职现象发生。反之，若没有条件和途径可以避免的离职则属于不可避免离职。

在员工关系管理中，这些离职现象及其造成的影响都是企业关注的重点，企业尤其应关注由企业原因引起的离职及可避免的离职现象与行为。

温馨提示

离职应注意事项

①辞职报告必须由本人亲笔签字提交给部门负责人，部门负责人必须妥善保管好。

②离职申请表必须本人填写，按规定逐级审批。

③离职涉及经济补偿的，应该签订一份离职协议，注明经济补偿、劳动关系解除和有无纠纷等说明。

④离职时需要进行竞业限制的，必须签订竞业协议书，竞业协议及竞业补偿金最好在入职时就洽谈并签好协议。

⑤离职办理最好由人力资源部实行"一站式"管理，不要由离职人员自行办理，高级管理人员和关键人员的离职手续由人力资源部指定专人亲自办理。

⑥移交手续内容如图4-4所示。

三、员工离职的影响

员工离职会对社会、企业和员工个人产生多重影响，这些影响既有正面的，也有负面的。但是对企业而言，主动离职行为的负面影响要大于正面影响。员工主动离职的影响如表4-1所示。

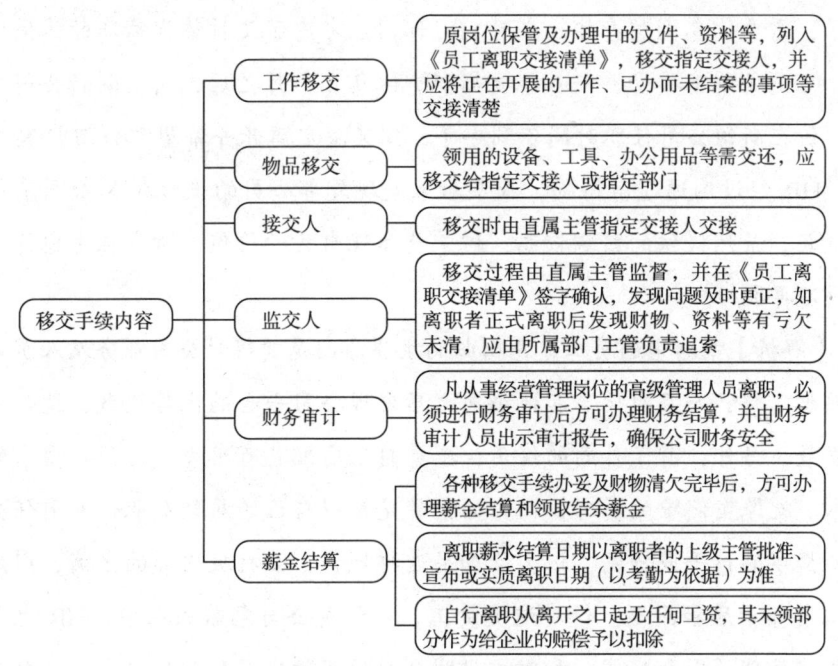

图 4-4 移交手续内容

移交手续内容：

- **工作移交**：原岗位保管及办理中的文件、资料等，列入《员工离职交接清单》，移交指定交接人，并应将正在开展的工作、已办而未结案的事项等交接清楚
- **物品移交**：领用的设备、工具、办公用品等需交还，应移交给指定交接人或指定部门
- **接交人**：移交时由直属主管指定交接人交接
- **监交人**：移交过程由直属主管监督，并在《员工离职交接清单》签字确认，发现问题及时更正，如离职者正式离职后发现财物、资料等有亏欠未清，应由所属部门主管负责追索
- **财务审计**：凡从事经营管理岗位的高级管理人员离职，必须进行财务审计后方可办理财务结算，并由财务审计人员出示审计报告，确保公司财务安全
- **薪金结算**：
  - 各种移交手续办妥及财物清欠完毕后，方可办理薪金结算和领取结余薪金
  - 离职薪水结算日期以离职者的上级主管批准、宣布或实质离职日期（以考勤为依据）为准
  - 自行离职从离开之日起无任何工资，其未领部分作为给企业的赔偿予以扣除

图 4-4 移交手续内容

表 4-1 员工主动离职的影响

类型	正面影响	负面影响
社会	促进人才流动	影响劳动力市场秩序
	增进知识、技能的交流与扩散	影响社会稳定
企业	有利于员工竞争	造成人才短缺
	促进人—职匹配	核心人力资源流失
	提高员工素质和能力	人力成本损失
	提高人力资源配置效率	对未离职员工造成负面影响
员工	寻找新的发展机会	增加流动成本
	实现个人职业生涯目标	增加心理压力
	满足员工个性化需求	增加流动风险

案例 4-1 离职员工，后会有期还是无期？

周某离职一年后想重新回归 X 公司，但期望薪酬及职位和前任公司所提供的持平或提高。周某以前任职期间在各方面都表现出色，所有领导对其评价都很高。但是就在公司刚刚提升她之后，她提出了离职。原因是太累了，需要休息调整身体。当时 HR 部门也考虑了几种替代离职的休假方案，可是她都不接受，一心想要离职。休息几个月之后，周某到新公司工作。但在新的公司任职时间不到半年，周某决定离开并希望重新回归 X 公司。HR 经过沟通了解得知，周某后来发现外部公司的平台和 X 公司有很大差距，虽然提供的薪酬较高，但未能体现自己的价值。所以在考虑许久后决定再次回归。

【解析】案例中的员工愿意回归的主要原因是觉得对公司业务及人员比较熟悉了解，而且对比了其他公司之后发现公司平台的优势较多，适合长期发展。另外，有了外面的经历，感觉自己已经具有对原公司提出要求的资本。就像案例中的员工，回归的条件是期望自己的薪酬及职位和前任公司所提供的持平或提高。但实际如果这样操作，会打破内部的平衡，引发员工内部矛盾和问题。针对这类员工，即使是公司急需的人才，HR 也要把握好处理原则和底线，和对方讲明公司的实际情况和制度要求，让员工考虑。

其实优秀员工愿意回归是一种好现象，至少说明公司有吸引员工的核心竞争力。但如果离职员工可以任意回归，会给公司的管理造成一定的问题和困难。

对于离职员工想重新回归公司的情况，HR 应该如何应对呢？

首先，对于可以回归的优秀员工需要制定相应的标准。例如，在离职时间上规定，员工在离职半年或一年后方可提出申请；在绩效排名上规定，员工离职前一年的绩效排名为前 30%；在日常行为上规定，离职员工在曾任职期间无违规、无职业操守问题发生等。员工回归后，其职位和薪酬需要严格按照公司既有的制度和流程执行。

其次，需要细致了解员工想回归的原因和动机，比如最想做什么、发展规划是什么。当然，还需要向回归员工的上任公司了解员工任职期间的工作情况及日常表现。

最后，HR 还需要和员工沟通了解当时决定离职是如何考虑的，离职后做了些什么,是否和当时离职时考虑的一致等。了解这些情况一定不要怕麻烦,要善于深入和员工沟通,需要下功夫、花时间和想回归的员工进行深入沟通和面谈,了解清楚对方的具体想法。千万不要不好意思沟通。因为细致了解是对员工和公司负责。在和员工沟通的过程中,HR还需要主动介绍公司的发展状况、岗位内容发生的变化,同时告诉对方如果回归可能会遇到的问题和状况,要其做好心理准备。

员工愿意选择回归,说明公司有吸引力和魅力。企业在欢迎优秀员工回归的过程中要多给予细心、耐心、引导、帮助,让员工顺利回归。

案例 4-2　如何防止员工自行离职?

L公司最近接连出现几起员工自行离职事件,对企业的运作产生很大影响。A员工提出离职后,HR与她沟通,安排她月底办理离职手续,但最终她还是选择自行离职,理由是家里人给她安排了更好的工作;B员工,HR也向她详细说明:公司的离职制度不允许即刻离职,已经告诉她在哪个时段才可以办理正式手续,结果她也是未交接工作就自行离职,理由是找到新的公司工作,亟须上岗;C员工更过分,提出离职之后,第二天就不来上班了,打电话不接,发信息不回,还带走了公司的手机。HR面对这样的问题该如何处理?

【解析】自行离职,是指员工未按照公司离职流程办结清楚手续就离开公司的现象,自行离职会引发一些劳动纠纷、用人紧张、工作连续等方面的问题,应当将应急处理流程和善后方法制度化。

在处理员工自行离职之前,HR应对员工自行离职有初步的了解和认识。

①自行离职类别举例。按是否办理离职手续划分,有不办手续自行离职和只办部分手续自行离职;按公司是否知悉员工将离职划分,有不知晓离职的自行离职和知晓离职的自行离职(此案例中三位员工均属后者);按员工入职时间长短划分,有试用期内自行离职和转正后自行离职;按自行

离职员工重要性划分，有一般员工自行离职和关键岗位员工自行离职；按自行离职原因来划分，有公司原因、个人原因、其他原因等。

②自行离职实际结果。从此案例中三位自行离职员工的理由来看，其实员工在自行离职前都给公司或其他人员提出了离职，只是因为个人原因没有办离职手续就离开了公司。此案例虽然没有说明三位自行离职员工是否回来找公司申请发工资等，但在现有公司里面，绝大多数员工自行离职后，没有回公司或电话给公司申请发工资，其原因不外乎工资不多无所谓、要工资还要办理复杂的离职手续、找到更高收入的工作等。

③自行离职潜在风险。对公司而言，员工自行离职存在如下风险，如图4-5所示。

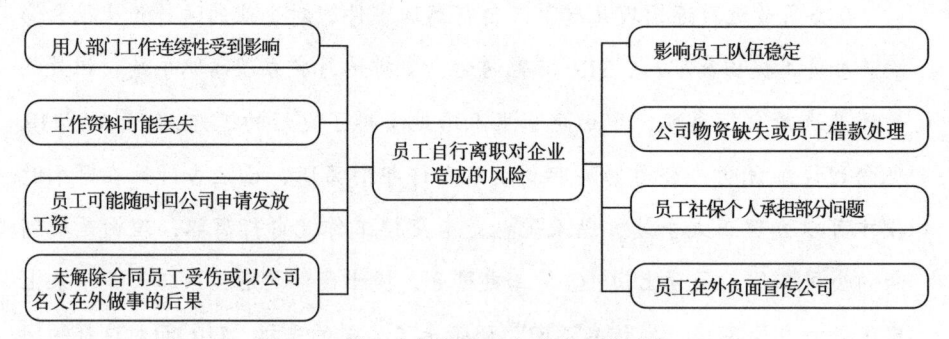

员工自行离职对企业造成的风险：
- 用人部门工作连续性受到影响
- 工作资料可能丢失
- 员工可能随时回公司申请发放工资
- 未解除合同员工受伤或以公司名义在外做事的后果
- 影响员工队伍稳定
- 公司物资缺失或员工借款处理
- 员工社保个人承担部分问题
- 员工在外负面宣传公司

图4-5 员工自行离职对企业造成的风险

HR可以从以下方面入手来应对员工的自行离职：

①制度培训到人。公司对自行离职现象是如何规定的，包括工资发放、旷工计算、解除合同通知、物资缺失或借款追偿等，其中存在的法律现象和结果都要给每位员工培训并让其签名。当然，部门负责人更要清楚这些规定，必要时，应当拿起法律武器维护公司权益。

②完善内部管理。此案例看似是员工找到更好的工作而自行离职，其实是因为本公司在薪资、福利、发展空间甚至企业文化等方面对员工吸引力不大，所以，提高产品或服务技术含量、拓展市场、加强内部管理、开源节流、人性化管理势在必行，只有这样，才能从根本上提高公司对员工的吸引力。

③简化离职流程。自行离职的员工大多数是普通员工，他们年轻，喜欢直接、简单，不喜欢啰唆、复杂，再看不少单位的离职流程，比入职流程复杂得多，其实大可不必。如果对离职员工给予关心、培训、教导，上班是上下级、下班多联络等，也许会减少自行离职现象的出现，至少这样的感情建立后，员工有什么想法更容易找上级沟通交流，部门或公司就有时间做出相应的对策。

④开展定期交流。HR 要定期或不定期地与员工进行交流，包括思想、工作、人际关系、困惑等，从交流中可以发现员工的变化和动向，也可以从其他员工口中了解同事的一些变化。

案例 4-3　员工突然离职，公司是否可以索要赔偿？

T 公司员工小曲，在公司工作已近 1 年（还在合同期），小曲于 2015 年 3 月 25 日突然提出离职申请，并于当天辞职。公司规定每月 15 日发放上月工资，按公司规定，正式员工离职必须提前一个月提交书面申请，否则扣押剩余工资，作为公司的补偿，但员工小曲要求公司发放其剩余工资。请问此种情况公司 HR 如何处理？

【解析】首先，员工手册规定扣押剩余工资的做法不合法，剩余工资应当依法支付。

其次，公司 HR 应当先与离职员工和具体的用人部门进行沟通交流，了解员工离职的真实原因，以及这名员工是否做好离职交接，是否因紧急离职给公司造成损失。确定上述原因及情况下，再制定具体的应对策略。

最后，公司 HR 可向待离职员工提出两种方案。一是员工选择按照员工手册的规定提前一个月提出书面申请，并在尽快做好工作交接后，公司可提前办理离职手续，并在离职时支付剩余工资。二是员工选择违法解除劳动合同强行立即走人，公司按照规定支付剩余工资，但在离职后公司可提起劳动仲裁，要求员工赔偿给公司造成的各项经济损失。

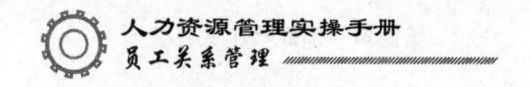

【答疑解惑】

问1：如何劝退不合格的员工？

【解答】劝退不合格的员工是企业降低用人成本、提高用工效率的必要方式。虽然企业需要严格遵守劳动法律法规，不得随意辞掉员工，但也不能使管理流于形式，任由不合格的员工在企业工作。

在劝退不合格的员工之前，企业首先需要确认该员工不合格。如果员工在某一岗位达不到岗位要求，企业需要提供必要的培训；如果该员工还是不能达到岗位要求，可以调岗或继续培训，若仍不合格，再进行劝退。

劝退不合格员工的核心目的，并不是企业免于支付经济补偿金，而是让员工了解自身能力与公司岗位要求之间的差异，减少员工对劝退的抵触心理，保留公司的社会声誉。如果员工意识到这一点后自愿提出离职，也能为企业降低成本。

在劝退不合格员工前，企业要了解相关的法律规定，要提前经过工会的同意，面谈者要分析该员工的性格特点，了解他的上下级关系，了解大家对他的评价以及必要的数据资料或文档等证明材料，要提前预测面谈过程中可能会出现的情况。

面谈的内容应以事实为主，简单的寒暄之后，可以直奔主题，围绕员工不合格的原因，展开对事实的讨论。如果员工接受，则可以适当提出建议；如果员工不接受，可以提出反对的原因和证据。

为了稳定离职员工的情绪，人力资源管理人员需告知员工能够享受的权利。人力资源管理人员可以为员工提出职业发展的建议，有条件的公司可以为员工职业生涯发展提供培训。确认员工离职后，要启动员工离职程序，做好工作交接。

问2：预防员工扎堆离职的措施有哪些？

【解答】预防员工扎堆离职的措施主要有：

（1）招聘时注意平衡员工

HR在招聘之初就需要平衡员工，包括年龄、学历、性别等方面的平衡，即在招聘时不要过于一致。例如年龄，在招聘时如果员工都是24～28岁，那么这一阶段的员工很有可能会出现前后辞职、结婚、生育的情况。但如果在招聘时，可以适当平衡有20岁阶段、30岁阶段、40岁阶段的员工，这样可以很大程度保证员工工作状态的稳定性。

（2）注意突发性事件的缓解

通常，员工扎堆离职不是对公司制度或工作存在不满，而是对一些突发性事件不满，从而引发员工大规模辞职。突发性事件可能是制度更改、薪酬制度变更或者企业结构变化等。不管是何种突发事件，HR要注意在突发事件发生后及时对员工的情绪和心理进行疏导，了解员工的真实想法，并起到同上级沟通、向员工解释的桥梁作用。

（3）分发年终奖避免年后辞职

春节历来是员工离职的高发期，很多员工会在年前或年后做出离职的决定，离职原因如图4-6所示。为了避免年后员工扎堆离职的现象，可以采用分发年终奖的方式，例如，年前派发30%或40%，到年后员工正常上班进入稳定期再派发余下的年终奖金。

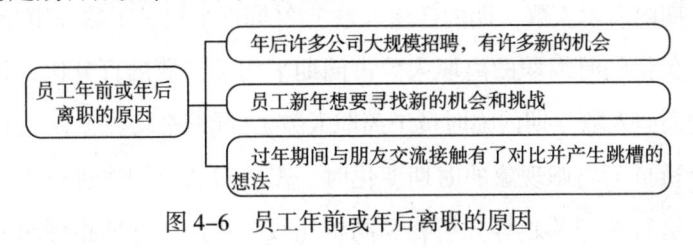

```
                    ┌─ 年后许多公司大规模招聘，有许多新的机会
员工年前或年后 ─────┼─ 员工新年想要寻找新的机会和挑战
离职的原因          └─ 过年期间与朋友交流接触有了对比并产生跳槽的想法
```

图4-6　员工年前或年后离职的原因

第二节　员工离职成本管理

员工无论是非自愿离职还是自愿离职，即辞退或辞职行为，都会产生各种直接和间接成本，并构成员工的总离职成本。在离职管理中，离职成

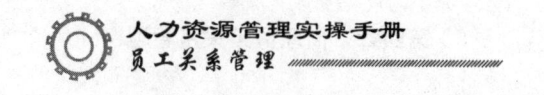

本是企业需要控制和掌握的重要指标之一。

一、员工离职费用的测定

1. 员工离职率

员工离职率一般用某一特殊时期的离职百分比来表示。员工离职率的种类很多，每一种离职率往往代表不同的离职类型，采用适当的员工离职率进行纵向跟踪或横向比较分析，对有效管理员工的离职问题非常重要。常用的员工离职率衡量指标如下。

（1）总离职率

总离职率的测量包括：

①期内离职人数占同期平均员工数的百分比，计算方法为期内离职数/同期平均员工数 ×100%。

②期内任用人数占同期平均员工数的百分比，计算方法为期内任用人数/同期平均员工数 ×100%。

③期内离职人数与任用人数平均数占同期平均员工数的百分比，计算方法为（期内离职人数+期内任用人数）/2/同期平均员工数 ×100%。

④不包括临时离职的离职人数占同期平均员工数的百分比，计算方法为（期内离职人数–期内临时员工离职人数）/同期平均员工数 ×100%。

在分析员工离职现象的时期变化时，需要对总离职率进行跟踪和定期测量，并进行长期的趋势分析并和同行比较。在使用这些指标时应注意排除季节性及其他临时性变动因素的影响。

（2）主动离职率

主动离职率是某一特定时期内员工主动离职发生频率的计算指标，计算公式为：

主动离职率=期内主动辞职人数/同期平均员工数×100%

（3）辞退率

辞退率为某一特定时期内企业辞退员工的发生频率，计算公式为：

辞退率=期内被辞退人数/同期平均员工数×100%

（4）可避免离职率

可避免离职率是指企业通过管理行为可以避免的主动离职率的计算指标，计算公式为：

可避免离职率=期内可避免的离职人数/同期平均员工数×100%

以上离职指标可以观测员工离职，特别是主动离职的发生强度和发生频率，为企业有效控制人员的流失提供依据。

2.员工留存率及损失率

员工留存率及损失率是从保留员工的角度对员工流动测量的指标。在设计指标时，采用了人口学中同批人或同队列人的统计方法，便于对在特定企业内一定时期内发生同样行为的同批人进行跟踪研究。这一统计分析思路被借用到对流失员工特征的分析中，包括：

（1）同批员工留存率

该指标是指在一定的服务期内同批留下的员工比例，其计算公式为：

同批员工留存率=同批进入员工留存人数/同批进入初始时员工数×100%

（2）同批员工损失率

该指标是指在同一企业内发生同样行为（如同时进入该企业）的员工的损失比例，其计算公式为：

同批员工损失率=同批进入员工流失人数/同批进入初始时员工数×100%

两个指标之间的关系为：

员工留存率=1-累计员工损失率

二、员工离职成本构成

离职成本主要构成如图4-7所示。

不同类别的员工离职对应不同的离职成本。通常而言，违约赔偿金属于企业收益，但离职前的低效成本、空职成本是员工主动离职经常涉及的企业成本项目；而离职补偿金（或赔偿金）、解雇安置费、离职前的低效或

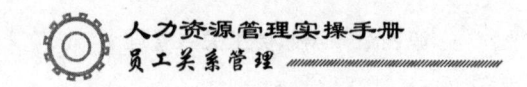

空职成本是员工被动离职经常涉及的企业成本项目。

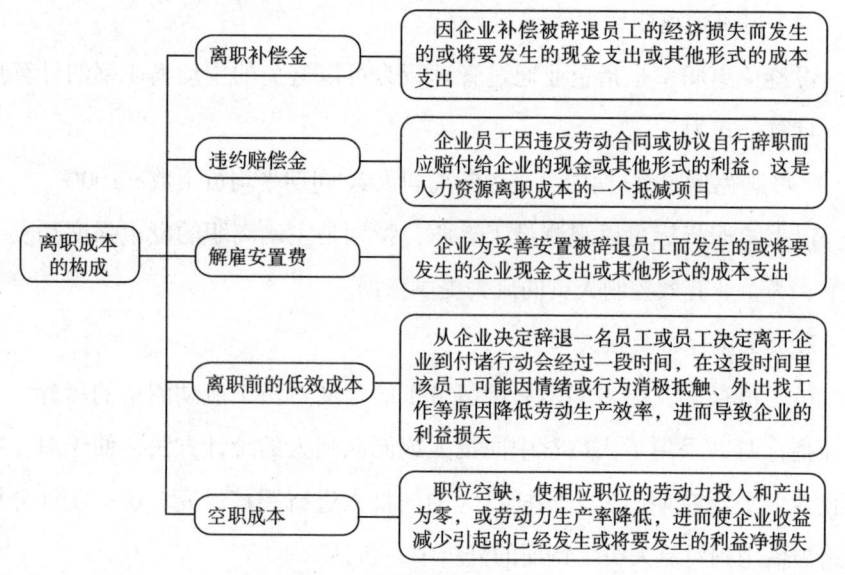

```
                    ┌─ 离职补偿金 ──── 因企业补偿被辞退员工的经济损失而发生
                    │                 的或将要发生的现金支出或其他形式的成本
                    │                 支出
                    │
                    ├─ 违约赔偿金 ──── 企业员工因违反劳动合同或协议自行辞职而
                    │                 应赔付给企业的现金或其他形式的利益。这是
                    │                 人力资源离职成本的一个抵减项目
    离职成本        │
    的构成    ──────┼─ 解雇安置费 ──── 企业为妥善安置被辞退员工而发生的或将要
                    │                 发生的企业现金支出或其他形式的成本支出
                    │
                    │                 从企业决定辞退一名员工或员工决定离开企
                    ├─ 离职前的低效成本 业到付诸行动会经过一段时间，在这段时间里
                    │                 该员工可能因情绪或行为消极抵触、外出找工
                    │                 作等原因降低劳动生产效率，进而导致企业的
                    │                 利益损失
                    │
                    └─ 空职成本 ────── 职位空缺，使相应职位的劳动力投入和产出
                                      为零，或劳动生产率降低，进而使企业收益
                                      减少引起的已经发生或将要发生的利益净损失
```

图 4-7　离职成本的构成

三、员工离职费用的管理

企业在测定了标准离职费用之后，应将对费用的管理应用于离职管理中，协助订立各职位及各部门的正常离职费用，同时每月应扼要说明控制离职的情形，并将其资料予以归档，以备不时之需。离职费用管理的功能如图 4-8 所示。

```
    ┌─────────────┐
    │ 明确责任归属 │
    └──────┬──────┘
           │  ┌─────────────┐
           └──│  细化预算   │
              └──────┬──────┘
                     │  ┌─────────────┐
                     └──│  监督管理   │
                        └─────────────┘
```

图 4-8　离职费用管理的功能

1. 明确责任归属

离职资料的控制，可使有关管理者了解与离职有关的费用项目，并促使其认识降低此项费用的必要性。在离职费用的管理上，最重要的是责任划分，尤其是设定分权组织，将整体预算划分为几个次级部门预算，各部门均须建立本身的预算以控制部门费用，即将组织责任进行分摊，将组织

的费用控制在总预算范围内，这样，与特定部门有直接关联的费用将产生直接压力，促使其谋求善策。

2. 细化预算

企业在最初设定离职预算时，往往无法达到既合理又切合实际的境界，加之外部环境与组织的不断变化，预算的订立必须依赖于相应反馈机制以及相关资料的补充。

3. 监督管理

企业每月应记录离职的人数和理由，并计算相关实际费用，比较预算与实际花费，采取持续的降低措施，直到离职费用控制在适当水平。

离职费用管理的目标，在于充分接纳真正具有技术、才能和创造力的新员工，将离职费用维持在适当水平，使所获效益等于投入控制所需要的成本。

案例 4-4　试用期辞职是否要赔偿培训费？

小张为某酒店试用员工，被派往乙酒店接受培训，培训费5000元，没想到试用期未满小张便提出辞职，酒店要求其赔偿培训费。

请问，小张应该赔偿培训费吗？

【解析】在试用期内离职的，劳动者一般不需要支付培训费用，但合同有特别约定的除外。所以，为控制成本，一般在合同上附加相关约定，或待其转正后再外派培训。

【答疑解惑】

问：HR有必要在意单个员工的离职成本吗？

【解析】面对单个员工离职，企业有两个问题需要思考，第一，企业需要保持合理的流动性。也就是说，有些离职成本是必须要付的。第二，招聘、培训等人员的工资难道因为员工不离职就不用付了吗？照常要付，所以这部分成本其实和离职与否关联并不大。单个员工离职成本高与低并不重要，控制好公司整体的离职成本才是最重要的。

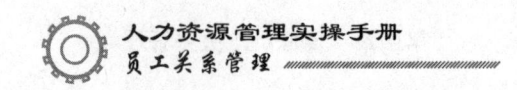

再从减少离职成本的角度考虑，现阶段社会发展快速，岗位流动频繁，一个员工离职会对企业造成很大影响吗？这倒未必，新员工可能带来很多新东西，效率反而比老员工高。

所以，HR只需要关注核心人员的离职成本以及企业整体的离职成本即可，单个员工离职成本不要在意。

第三节 员工离职的管理对策

一、主动离职的管理对策

从企业的维持和发展来看，企业应尽可能抑制自动离职，即尽可能抑制因对企业的报酬、福利、工作时间及其他工作条件等不满而产生的可避免的离职，以确保组织核心的人力资源。

那么，员工为什么会自动离开企业呢？一般而言，工作满意与离职率成反比，即工作满意度高的员工离职的可能性较低。当然，这一关系的强度也可能由于企业和时间的不同而改变，即使对某一工作极为不满的人，但由于工作性质所限，或经济不景气、失业率增高，或年纪偏大等因素，也可能不会离职。一般来说，对工作满意的人留在企业中，对工作不满的人离开企业。工作越能满足员工需求，员工的满意度越高，也越愿意留下，反之，员工对工作越不满，流出动机就越强。因而，如果企业不能调和工作与员工对工作的期待，离职率自然会升高，这就涉及对工作、薪酬、激励机制和工作环境方面的设计，以及对员工期望的管理。

企业之所以非常重视自动离职，是因为它不仅影响企业形象，还可以反映企业的状态。针对引发自动离职的因素，企业应采取如下3条管理对策。

1. 建立和完善制度性管理策略

建立企业内部申诉制度及人事咨询制度，改善各种人际关系以解决员工的不满与苦闷。重视辞职、离职事件，处理好人才的内部提拔和外部引进问题，处理好人才的跳槽问题。建立有效的绩效考核制度，采取多种激励措施稳定人才，如通过升迁、增加薪酬和提高福利等方式来满足员工个人需求，当然这些管理策略都应与组织目标相一致。

2. 建立有效的程序化沟通

留住高忠诚度的雇员群体，需要人力资源经理和直线经理在提升个人管理、领导力的同时，将更多时间和精力投入在员工身上，与员工保持良好的沟通习惯，建立彼此充分信任的关系，引导员工学习并不断地突破绩效极限，像对待产品开发一样对待员工。要用赞扬和精神奖励留住员工的心，强调企业的凝聚力，处理好员工的向心力、凝聚力的培养问题，尊重员工意见，以情感交流温暖员工的心。

当员工离职时，企业开诚布公地与离职员工进行沟通和访谈是十分必要的。离职面谈是企业员工关系管理的一项重要工作，面谈环节不仅为企业人力资源流动状况分析提供了基础工作记录，更为重要的是建立了企业沟通的有效渠道。比如，有些主动辞职的员工，其辞职是因为个人发展、学习及家庭等原因，表面看合情合理，但经过谈话会发现员工对部门经理的工作风格、团队氛围、绩效的评价状况、当前职位工作内容不满。所以，有效的面谈可以找到员工真正的离职原因，并从侧面了解到业务部门内部的管理情况。如果确实是公司方面的问题，通过离职面谈能够留下这些员工。人力资源部门在与员工进行沟通之前，要了解以下信息：部门经理的态度和要求、工作进展情况、员工的劳动合同状况和附属协议情况（如培训协议、保密协议、服务协议等）、财务借款情况、设备领用情况、工作中涉及的应收应付情况等，涉及违约的，还要熟悉相应的法律条款。

离职面谈的目的，主要是了解员工作出离职决定的原因和想法、员工对个人发展的考虑和设想，避免因沟通不足造成的误解。事实上，真正能够对公司内部管理程序、价值文化以及公司内部其他一些管理边角问题作出客观、公正、大胆评价的人往往是那些办理离职的人。深入了解员工离职原因有时可能会遭到离职者搪塞敷衍，因此离职面谈需要态度坦诚、目的明了。离职面谈需要了解的信息如图4-9所示。在面谈过程中，HR可以根据部门对员工辞职的态度（准予或不准予），代表企业向员工表示对于辞职的关注，并善意地与员工交流应注意到的违约责任和一些附属协议中的保密责任、知识产权等条款，防范员工损害企业的合法权益。

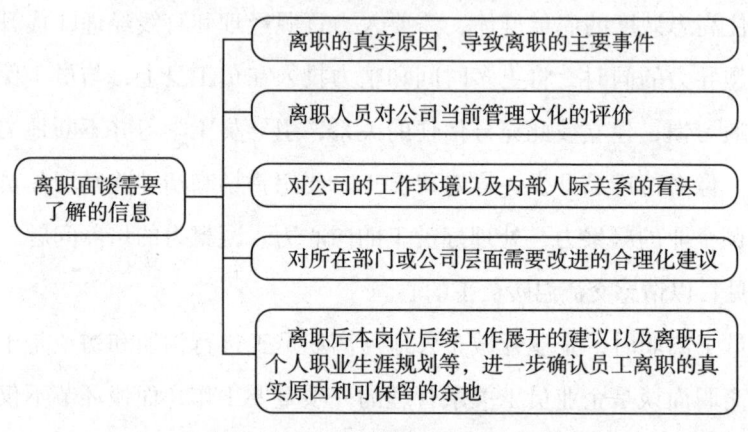

离职面谈需要了解的信息：
- 离职的真实原因，导致离职的主要事件
- 离职人员对公司当前管理文化的评价
- 对公司的工作环境以及内部人际关系的看法
- 对所在部门或公司层面需要改进的合理化建议
- 离职后本岗位后续工作展开的建议以及离职后个人职业生涯规划等，进一步确认员工离职的真实原因和可保留的余地

图4-9 离职面谈需要了解的信息

3. 工作再设计

员工的需求不同，对工作所尽的责任也会不同。如果员工对其成长需求很高，或想获得升迁、较高待遇，他会更愿意接受高技术性、挑战性及自主性的工作，以提高工作动机、工作满足以及工作绩效，进而达到成长的要求。一些学者指出，应当对员工习惯性、例行性工作进行工作再设计，注入一些挑战性、自主性及成就感，以避免员工对工作产生厌倦感，在工作过程中要赋予员工参与决策的权利，并使员工获得工作绩效的反馈。这就涉及工作再设计以及对员工期望的管理。企业要管理好员工期望，使期望与实际所得相匹配，了解员工期望的变化，使其处于一个企业能长久满足的水平。

二、非主动离职的管理对策

非主动离职的典型形态是解雇，解雇是离职方式中最强硬也是最痛苦的形式。从员工方面看，虽然某些员工可以轻松转换工作，但从企业立场看，即使解雇不满意的员工也是很困难的。因此，企业在甄选员工时应更加慎重，方可避免或减少双方的损失与伤害。

一般来说，解雇主要根据员工的绩效考核记录、矫正员工过失的指示记录、书面警告、法律法规规定以及企业的规章制度。企业为纠正员工不良行为所做的警告，虽然通常被认为是非效率措施，但是是维护企业整体纪律制度化的必要手段。非主动离职需要的技巧性更强，通常员工关注的内容是企业辞退的理由是什么，具体到他（她）个人为此需要承担什么责任、个人的损失和补偿是什么。员工产生抱怨情绪时，要为员工提供辩解倾诉的机会，引导员工化解心中的不悦。

当解雇被认为是解决问题的必要方法时，管理者应依法快速作出决定，以避免员工的不安及疑虑或处理上的困难。但一般而言，管理者应尽量避免使用解雇手段，而采用其他替代方案，如调换部门、减薪及降级。由于减薪、降级容易造成员工心理上的挫折感，对企业产生不同程度、不同层面的影响，因此人力资源部门使用时应预先充分考虑。

案例 4-5　如何减少和避免员工"无征兆离职"？

小李是 R 企业的一个技术部门经理，小李在这个公司已经有四年了，一直对公司忠心耿耿，业务也做得很不错。随着小李在业内知名度的提升，竞争对手开始频繁约小李见面。公司知道后，让 HR 经理跟小李谈了谈，想了解一下他有没有什么要求，但是几次谈话下来小李都没说什么，只说看公司安排。公司没有给他调整薪酬，只是承诺不会亏待他。公司关注小李部门的工作，发现小李工作还是很出色的。然而，突然有一天，小李递交了一份离职报告。HR 经理当场就傻眼了，从未想过的事情就这样发生了。于是就找小李谈了一下，问他为什么想走？小李说了一些理由，但是

HR经理觉得不充分。HR经理很困惑，为什么小李的离职一点儿征兆都没有：请结合本案例分析，如何减少或避免员工的这种"无征兆离职"？

【解析】离职管理的核心是工作交接、离职面谈、关键员工的竞业禁止。通过离职面谈可以了解员工离职的真实想法，收集员工意见和想法，改进公司的不足。同时，人力资源部可以对核心员工进行挽留。

减少或避免员工的"无征兆离职"，首先应做好预防并及时处理。本案例中，小李的离职表面上没有征兆，实际上是情有可原的。一方面，小李技术提高，在业内有了一定的知名度，竞争对手想挖他；另一方面，公司并没有对小李的实际需求进行深入的挖掘。小李虽然没有要求什么，只是看公司安排。事实上，小李还是希望公司对他有实质性的认可。公司虽然表态不会亏待他，但实际上没有任何行动。所以最后小李无征兆地提出离职。从本案例可以看出，减少或避免员工无征兆离职，要做好以下几个方面工作：

①事前预防，发现核心员工有离职倾向时，应做好沟通，了解其真实想法。

②提供实质性的激励，包括：岗位晋升、工资调整、培训机会等。

③结合员工的个人需求进行承诺，并约定兑现的条件和时间。

案例4-6 核心员工离职，离职管理怎么做？

赵方是公司主要项目负责人，因公司发展空间有限，向主管申请离职，并填写了《离职申请表》。主管张经理认为赵方是部门的核心员工，现在人手紧张，短期内很难找到合适的人替代他。张经理希望赵方能够慎重考虑，并承诺在合适的时间给赵方加工资。过了一个月，赵方工资没有上调。赵方再次提出离职，张经理以公司已经开始讨论他的需求为由继续拖延。赵方正式发出邮件，提出15天后将正式办理离职手续，希望公司找到合适的人，并安排工作交接。请结合本案例分析，核心员工离职，离职管理怎么做？

【解析】从员工的角度而言，正式员工应提前一个月申请，获批准后，按公司的离职管理办法进行离职交接。从公司的角度而言，要做好人员的招聘和工作交接，确保接替人员到位及工作和文件资料的交接。另外，如果是核心骨干员工，应考虑先沟通挽留，了解员工的真实意图和想法。离职管理，主要包括离职面谈、人员招聘、离职交接。

本案例中，赵方提前1个月提出正式申请，并填写提交了《离职申请表》，1个月的时间内，公司既没有妥善的留人措施，也没有合理的说法，这样的处理是不合适的。另外，主管经理承诺了却不兑现也是很不合适的。考虑到赵方是公司的主要项目负责人，人力资源部应该先做好离职人员的面谈，了解赵方的真实想法和意图，如果可以满足应尽可能挽留。如果赵方坚持要离职，或者公司无法满足其要求，尽快启动招聘措施，用人部门应该评估招聘进度，安排工作交接事宜。如果确实没有招到合适人选，可以安排现有人员先完成交接手续，同时公司应和赵方协商，适当延长交接时间，确保工作的交接。

【答疑解惑】

问：如何应对试用期频繁离职？

【解答】当企业出现员工在试用期频繁离职的情况时，可以审视如下环节。

（1）入职管理环节

有时候员工在试用期离职，是因为员工发现企业的实际情况和自己的预期有较大差异。这种差异，常常是招聘或入职培训过程中，人力资源管理人员提供了不客观的信息，使员工对新的工作岗位产生了某种预期。上岗后发现想象与现实差距较大，就选择了离职。

这里的预期不只是薪酬方面，还包括岗位的工作环境、劳动强度、工作氛围等方面。企业可以审视入职管理流程，从员工的入职通知、新人报到、入职培训、手续办理、部门交接等各个环节入手，查找是否存在提供不客观信息的情况，以及企业在员工入职环节是否充分考虑了新人的感受和需求，在整个入职过程中是否存在对新人不尊重的情况。

（2）工作内容本身

员工在试用期离职，可能是工作岗位的设置、岗位职责、任职要求、人才能力判断等方面出了问题。企业要审视：在招聘之前，是否设置了清晰的岗位职责，是否以人岗匹配为前提进行招聘，对新人能力与岗位契合度的判断是否准确，新人所处的环境、氛围、权限、汇报关系等是否令其难以正常开展工作。

（3）团队氛围

员工的试用期比较考验管理者的领导力。如果发现某团队新员工集中在试用期离职，企业不仅要关注该团队的直属上级是否很好地包容、接纳、关注新员工，还要关注团队内部成员对新员工的接纳态度。

企业应关注新员工的直属上级是否在安排工作时发挥了新员工的优势，利用新员工的优势为企业创造价值，而不是只盯着新员工的缺点。企业要关注新员工的直属上级是否激发出新员工的潜能，是否注重对新员工的培养，有没有让新员工感受到团队积极的氛围。

（4）企业文化匹配

员工试用期离职，可能是因为员工感到个人的价值观与企业的价值观不一致；也可能是因为员工不适应企业文化，不能很好地融入企业文化氛围。企业应审视企业文化和价值观是否过于强势，同时应审视招聘过程中是否介绍过企业文化，是否考虑过员工个人价值观与企业价值观的一致性。

第四节　员工解聘与裁员管理

一、员工解聘管理

1. 什么是解聘

解聘是指企业对违纪员工、试用期不合格员工、经济性裁员等员工的辞退行为，即由企业或用人单位主动提出的与员工解除劳动契约的行为。

对员工的解聘管理是员工关系管理中十分敏感和棘手的工作，在处理过程中一定要以相关法律、企业的规章制度和客观事实为依据，避免管理不善给企业带来不必要的麻烦，甚至引起法律纠纷。

2. 解聘管理流程

当企业需要解聘员工时，可能会解聘正常员工，也可能会解聘那些在正常工作情况下表现不太好、绩效不佳的员工。这种情况下，企业要本着遵守规范和风险防范的原则制定解聘员工的工作流程，如图4-10所示。

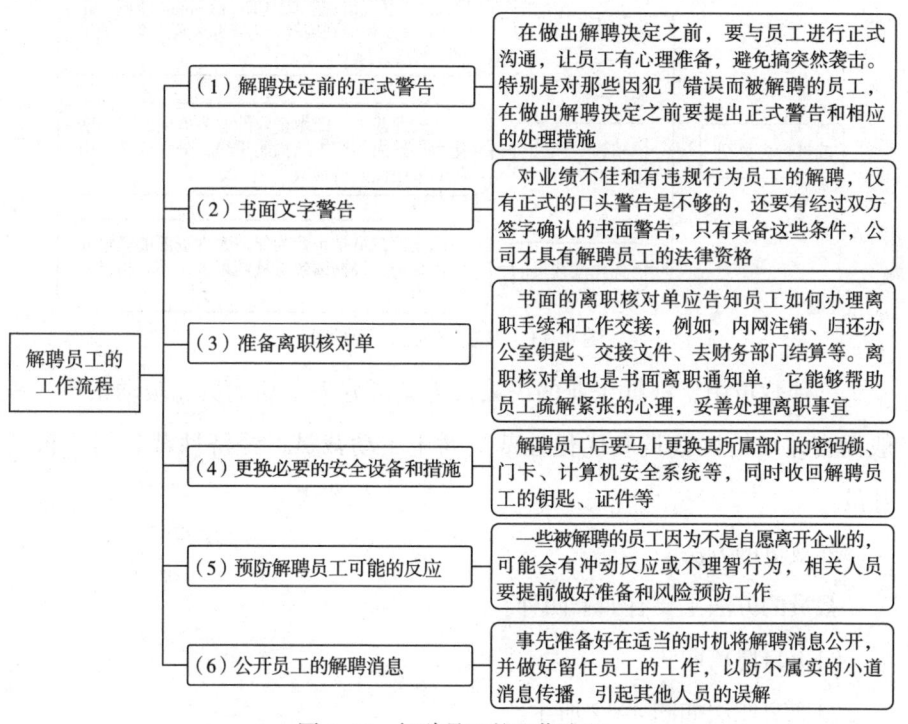

解聘员工的工作流程	说明
（1）解聘决定前的正式警告	在做出解聘决定之前，要与员工进行正式沟通，让员工有心理准备，避免搞突然袭击。特别是对那些因犯了错误而被解聘的员工，在做出解聘决定之前要提出正式警告和相应的处理措施
（2）书面文字警告	对业绩不佳和有违规行为员工的解聘，仅有正式的口头警告是不够的，还要有经过双方签字确认的书面警告，只有具备这些条件，公司才具有解聘员工的法律资格
（3）准备离职核对单	书面的离职核对单应告知员工如何办理离职手续和工作交接，例如，内网注销、归还办公室钥匙、交接文件、去财务部门结算等。离职核对单也是书面离职通知，它能够帮助员工疏解紧张的心理，妥善处理离职事宜
（4）更换必要的安全设备和措施	解聘员工后要马上更换其所属部门的密码锁、门卡、计算机安全系统等，同时收回解聘员工的钥匙、证件等
（5）预防解聘员工可能的反应	一些被解聘的员工因为不是自愿离开企业的，可能会有冲动反应或不理智行为，相关人员要提前做好准备和风险预防工作
（6）公开员工的解聘消息	事先准备好在适当的时机将解聘消息公开，并做好留任员工的工作，以防不属实的小道消息传播，引起其他人员的误解

图4-10 解聘员工的工作流程

二、员工裁员管理

1. 什么是裁员

（1）裁员的概念

裁员是指企业基于自身的人力资源需求，以非员工意愿单方面解除聘用合同的方式，裁掉不适应企业发展或相对冗余的员工，终止与其的雇佣关系的行为。裁员是一种"理性的人力资源缩减或退出行为",是企业为了保持自身的持续成长和发展所采取的措施之一。裁员的主要目的是缩减人员规模、降低人工成本、提高效率、改善企业绩效。

(2)裁员的类别

裁员根据动机可以划分为经济性裁员、结构性裁员和优化性裁员三种类型,如图4-11所示。

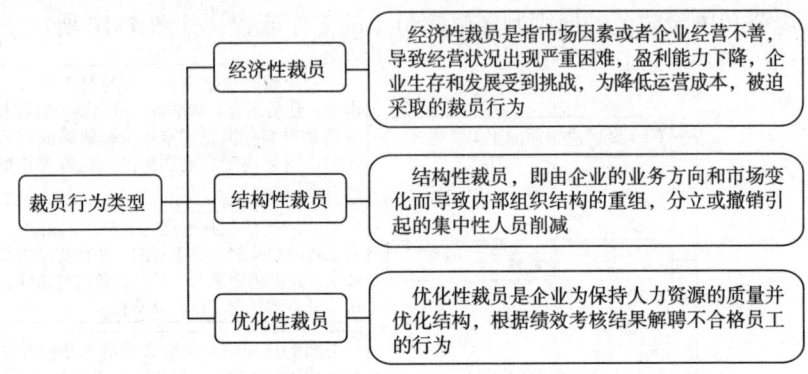

```
                    ┌─ 经济性裁员 ── 经济性裁员是指市场因素或者企业经营不善,
                    │               导致经营状况出现严重困难,盈利能力下降,企
                    │               业生存和发展受到挑战,为降低运营成本,被迫
                    │               采取的裁员行为
                    │
    裁员行为类型 ───┼─ 结构性裁员 ── 结构性裁员,即由企业的业务方向和市场变
                    │               化而导致内部组织结构的重组,分立或撤销引
                    │               起的集中性人员削减
                    │
                    └─ 优化性裁员 ── 优化性裁员是企业为保持人力资源的质量并
                                    优化结构,根据绩效考核结果解聘不合格员工
                                    的行为
```

图4-11 裁员行为的三种类型

三种裁员中,根据企业的决策行为又可分为主动裁员和被动裁员。一般而言,结构性裁员和优化性裁员属于主动裁员,经济性裁员属于被动裁员。

2.裁员的方法

裁员的方法主要有如下四种。

(1)自愿离职法

自愿离职法如图4-12所示。

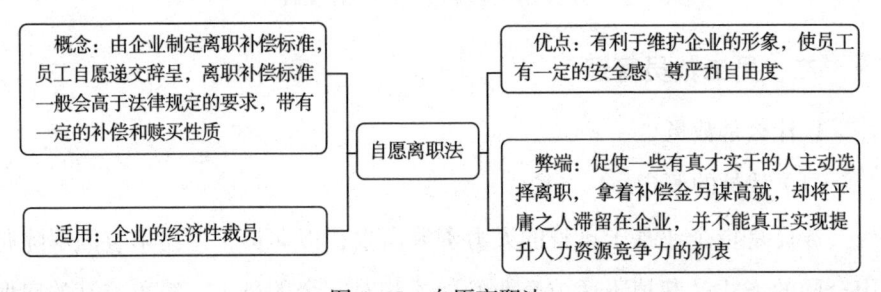

```
  ┌─概念:由企业制定离职补偿标准,                    ┌─优点:有利于维护企业的形象,使员工
  │     员工自愿递交辞呈,离职补偿标准               │     有一定的安全感、尊严和自由度
  │     一般会高于法律规定的要求,带有   自愿离职法 ─┤
  │     一定的补偿和赎买性质                         │ 弊端:促使一些有真才实干的人主动选
  │                                                  │     择离职,拿着补偿金另谋高就,却将平
  │                                                  └     庸之人滞留在企业,并不能真正实现提
  │                                                       升人力资源竞争力的初衷
  └─适用:企业的经济性裁员
```

图4-12 自愿离职法

（2）提前退休法

提前退休法如图 4-13 所示。

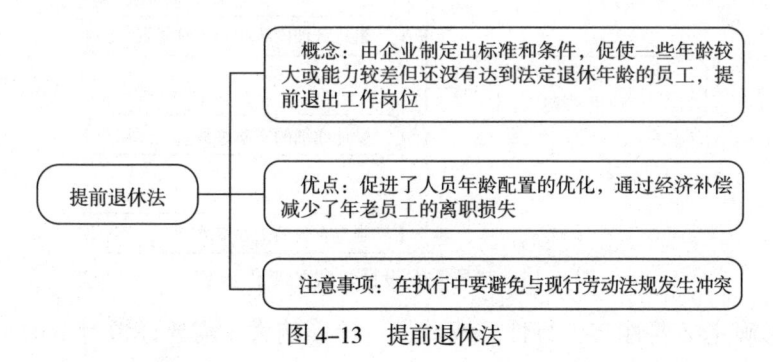

```
提前退休法 ─┬─ 概念：由企业制定出标准和条件，促使一些年龄较大或能力较差但还没有达到法定退休年龄的员工，提前退出工作岗位
           ├─ 优点：促进了人员年龄配置的优化，通过经济补偿减少了年老员工的离职损失
           └─ 注意事项：在执行中要避免与现行劳动法规发生冲突
```

图 4-13　提前退休法

（3）弹性裁员法

弹性裁员法如图 4-14 所示。

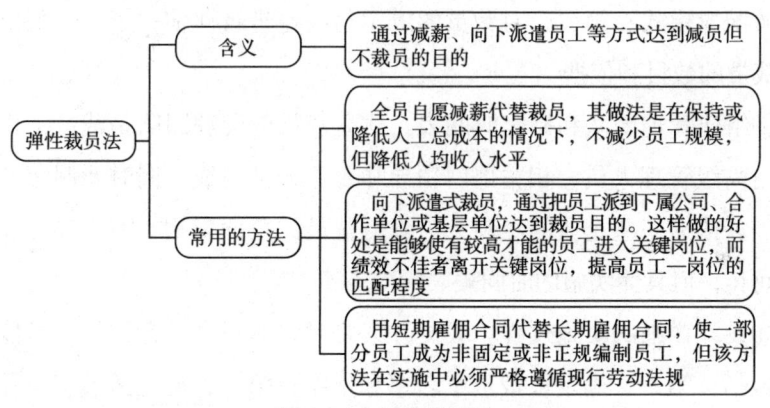

```
弹性裁员法 ─┬─ 含义 ── 通过减薪、向下派遣员工等方式达到减员但不裁员的目的
            └─ 常用的方法 ─┬─ 全员自愿减薪代替裁员，其做法是在保持或降低人工总成本的情况下，不减少员工规模，但降低人均收入水平
                            ├─ 向下派遣式裁员，通过把员工派到下属公司、合作单位或基层单位达到裁员目的。这样做的好处是能够使有较高才能的员工进入关键岗位，而绩效不佳者离开关键岗位，提高员工—岗位的匹配程度
                            └─ 用短期雇佣合同代替长期雇佣合同，使一部分员工成为非固定或非正规编制员工，但该方法在实施中必须严格遵循现行劳动法规
```

图 4-14　弹性裁员法

3．裁员的实施计划

尽管企业的任何裁员行为都需要依据法律规范进行，但也应该针对企业实际，制定科学、合法和有效的实施方案，使裁员过程中企业和员工双方的损失降到最低。典型的裁员包括四个阶段：裁员方案设计阶段、选择/保留阶段、实施阶段、沟通阶段。

（1）裁员方案设计阶段

该阶段的工作是评估裁员的必要性以及制定裁员的总体规划，该阶段工作步骤如图 4-15 所示。

```
                        ┌─ 确定必要性与可行性
                        │
                        ├─ 组建管理团队和制定时间表
 裁员方案设计阶段的 ─────┤
      工作步骤          ├─ 设计详细的实施过程
                        │
                        └─ 制定有效的沟通策略
```

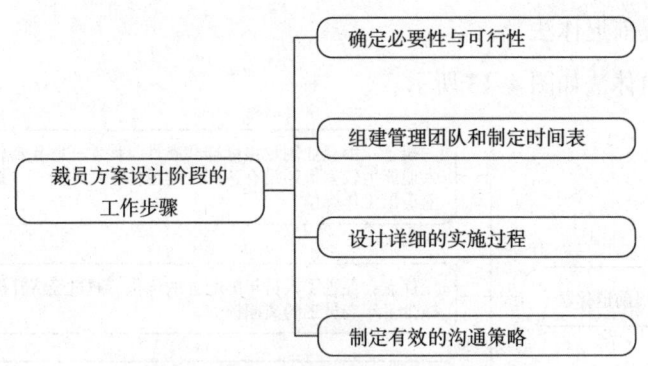

图 4-15　裁员方案设计阶段的工作步骤

①确定必要性与可行性。裁员是一项影响大、需要谨慎行事的工作。在实施前，一定要明确企业战略及目标，确定裁员的必要性和可行性。具体包括：第一，审核企业的业务战略与愿景目标，确定新的企业构架和人力资源配置模式；第二，对裁员的成本与收益进行评估；第三，列出具体岗位裁员的数目和依据。

②组建管理团队和制定时间表。建立裁员的管理团队是裁员工作的保障，由高级管理人员、相关部门领导和专业人员组成；同时要制定详细的时间表。依据一些企业的经验，为降低裁员的负面影响，方案设计和准备的时间长，但具体实施的时间短、行动迅速。

③设计详细的实施过程。裁员方案要对整体裁员进行详尽和具体的设计，包括：第一，确定被裁员工名单和依据；第二，确定遣散费、补偿费的数量及法律依据；第三，制定保留/重新雇佣战略等。

④制定有效的沟通策略。为确保平稳裁员，要由专业人员制定有效的沟通策略。沟通内容包括公司战略、裁员原因介绍、裁员标准和裁员过程说明等；沟通方式包括员工会议、通知、信函和内部刊物等；沟通时机的选择要恰当，不要过度拖延，不宜在年终奖发放之前进行等。

（2）选择/保留阶段

该阶段的主要工作是对裁员对象进行筛选确认，工作步骤如图 4-16 所示。

第四章 离职员工关系管理

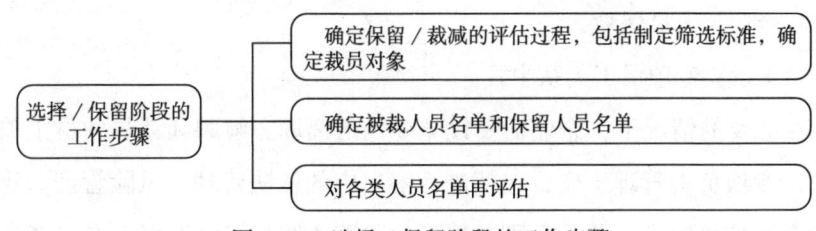

图 4-16 选择/保留阶段的工作步骤

（3）实施阶段

实施阶段包括解聘人员的遣散工作和保留人员的再聘任工作，如图 4-17 所示，需要确定裁员的费用计划以及再招聘计划，包括遣散费、补偿费、额外工资的发放以及员工的轮岗和再招聘等问题。

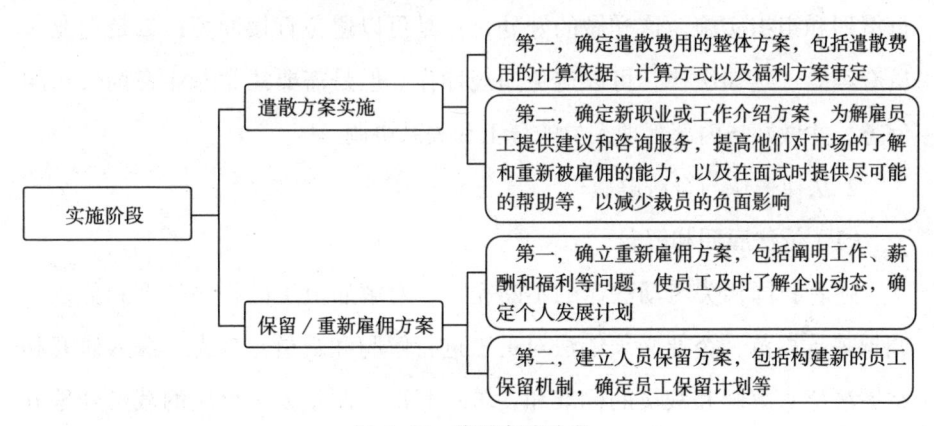

图 4-17 裁员实施阶段

（4）沟通阶段

该阶段的工作目的是尽最大努力做好留任员工和被裁员工的沟通工作，以防发生意外事件。

三、员工解聘和裁员过程中的员工关系处理

在员工解聘和裁员中，企业要更加重视对员工关系的管理。因为这些不是单纯的终止雇佣合同行为，还涉及企业与员工之间的关系处理，以及企业声誉及形象的维护等。为简便起见，这里将两类被动离职（解聘和裁员）结合在一起，统称为解雇过程中的员工关系处理。

101

1. 企业与人员保障

（1）设立专项员工关系主管

在必要的情况下，企业需要设立专门的离职、解聘和裁员的员工关系主管，专项负责管理工作，包括进行解雇中的依法管理、风险管理、建立和动态维护离职员工关系管理数据库、跟踪离职员工情况以及在可能的情况下召回离职员工等。

（2）利用第三方进行解雇处理

为了减少被动离职过程中的矛盾，特别是对较大规模的裁员行动来说，除需要由企业高层决策和多部门的参与之外，还可以聘请专业咨询公司进行策划和组织实施。这样做的好处，一是可以避免直接冲突；二是专业人员有经验、熟知法律，可以避免违规操作。但是需要注意专业咨询公司的信誉，并做好与内部管理人员的分工和关系协调。

2. 法律遵从与合法解雇

（1）依法雇佣和解雇

随着我国相关劳动法律的不断完善，对解雇员工的程序处理和关系协调越来越规范，企业必须依法对员工进行解聘和裁员：首先，深入研究和掌握法律对解聘和裁员的标准和要求；其次，制定公平合法的裁员处理方案和程序；再次，在处理过程中，尽可能地规避劳动争议和冲突，特别是针对敏感人员和敏感事件要制定具体可行的防范对策；最后，在整个用工管理过程中遵循公平、公正和公开的原则。

（2）防范法律风险

企业严格按照法律，特别是《劳动合同法》进行解聘和裁员，有利于避免法律风险；否则有可能引发劳资争议，甚至受到法律规制。风险防范的措施：一是自劳资双方缔结劳动合同之时，就依法行事；二是在解除合同时以法律为准绳。管理者切忌抱有侥幸心理，不要认为在企业强势的情况下就可以无视和规避法律。对员工也要进行相关的法律教育，避免在解雇过程中发生极端和恶性事件。

3. 重视解雇面谈

员工解雇面谈与主动辞职不一样，企业在信息掌握方面占有主动地位，员工处于相对被动地位，其中最为关键的面谈目标是达成对离职方案的一致意见。因此，员工被动离职面谈更复杂、更敏感，需要人力资源管理者综合运用相关学科的知识和方法。解雇面谈内容如图4-18所示。

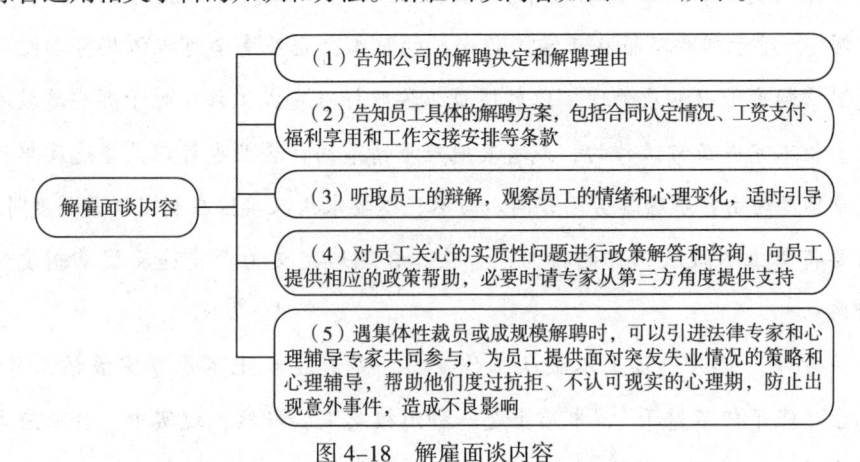

解雇面谈内容：

（1）告知公司的解聘决定和解聘理由

（2）告知员工具体的解聘方案，包括合同认定情况、工资支付、福利享用和工作交接安排等条款

（3）听取员工的辩解，观察员工的情绪和心理变化，适时引导

（4）对员工关心的实质性问题进行政策解答和咨询，向员工提供相应的政策帮助，必要时请专家从第三方角度提供支持

（5）遇集体性裁员或成规模解聘时，可以引进法律专家和心理辅导专家共同参与，为员工提供面对突发失业情况的策略和心理辅导，帮助他们度过抗拒、不认可现实的心理期，防止出现意外事件，造成不良影响

图4-18　解雇面谈内容

4. 妥善安置被解聘员工

除在解聘和裁员中按照法律行事之外，企业也应该给予员工更多的人文关怀，特别是对于那些由于企业方原因被解除雇佣关系的员工，除法律规定的条款外，还应给予如下帮助：寻找新的工作机会，将解雇员工安置在新企业或介绍到其他企业，采用临时雇佣的形式安置一些员工，以及和职业中介建立联系，进行转岗培训和介绍工作等。对于因企业效益不好而裁减的员工，也应该承诺，当企业效益好转或人员扩充时，优先考虑重新招募这些被裁人员等。

案例4-7　员工不服从工作安排，公司如何解除劳动合同？

上海一家物流公司，规定员工在每日正常工作结束后，需要填写工作记录、日志等报表，一些员工认为工作已经完成了，就是不愿意填写这类文件。公司也多次要求员工改正，但员工就是不理会。对于这样的员工，公司可以解除劳动合同吗？

【解析】企业录用员工，其目的是期望正常获取员工的劳动力，以完成企业生产经营工作需要，同时企业需要支付员工相应的对价，即劳动报酬。工作安排与内容是劳动关系存续的核心，员工接受工作安排并按照标准完成工作交付是基本义务。员工作为劳动合同的一方当事人，服从并完成用人单位正常的岗位工作安排和要求，是其应尽职责。正所谓"没有规矩，不成方圆"，对于那些不服从正常工作安排的员工，企业完全可以依据劳动纪律或规章制度予以相应处理，以敦促员工按照标准完成工作。对于那些屡教不改，拒不完成正常工作的，或有其他严重情节的，企业也可以严重违反单位规章制度为由，解除其劳动合同。当然，这要求用人单位在制定规章制度时，需要将员工不服从工作的行为，合法、合理地定义为严重违反规章制度的情形。

另外，案例中员工不服从工作安排，是其主观上不愿意完成该工作，属于"能干但不愿干"，本质上是一种消极怠工。当然，现实中，企业应当探究员工不服从工作安排的心理动因，是其主观上拒绝完成可以完成的工作，还是客观上不能胜任工作在心理层面出现了抵触情绪的外观表现。在弄清问题根源后，再予以相应的处理。

【答疑解惑】

问：如何避免违法辞退员工的现象？

【解答】辞退员工最容易引发劳动争议，原因在于许多企业在辞退员工的操作中存在不规范辞退以及违法辞退的情况，这些常常是企业在劳动争议诉讼中败诉的原因。所以，企业要重视辞退员工的合法性，掌握正确辞退员工的方法。

企业要明白，违法辞退员工主要有3种情形，如图4-19所示。

违法辞退员工的主要情形
- 企业辞退员工的事实不充分
- 企业辞退员工的法律依据不准确
- 企业辞退员工的操作程序不合法

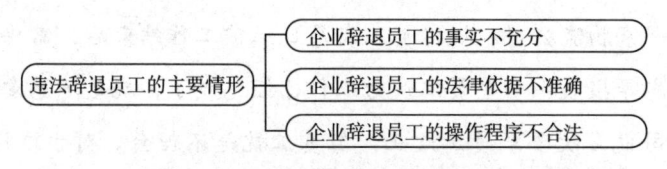

图4-19 违法辞退员工的主要情形

企业正确辞退员工，具体做法有以下4种，如图4-20所示。

```
                           ┌─ 辞退过错员工时要有具体的事实依据和
                           │   制度依据
                           ├─ 辞退无过错员工时要提前通知并支付经济
正确辞退员工的具体做法 ─────┤   赔偿金
                           ├─ 多做法律咨询，了解相关法律法规
                           └─ 辞退员工注意程序问题
```

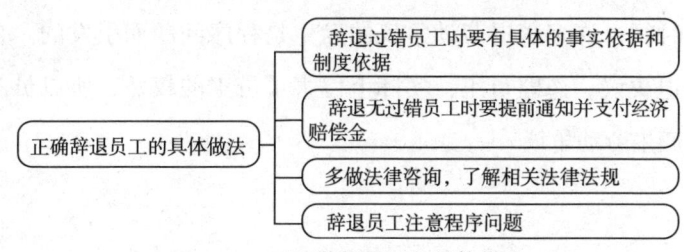

图4-20　正确辞退员工的具体做法

（1）辞退过错员工时要有具体的事实依据和制度依据

对于违纪的过错员工企业不能一概辞退，需要根据员工过错的大小，适当地进行责罚。对于严重违纪的员工，企业可以做出辞退决定。但是企业需在规章制度中明确"严重违纪"的具体内容，并保留员工严重违纪的事实依据。

法律规定辞退员工的举证责任完全在企业方，所以证据是企业合法辞退员工的基础，企业要针对员工的违纪事项收集大量的证据，避免日后可能出现的劳动争议。

另外，对于触碰刑法、被追究刑事责任的员工，企业可以随时将其辞退。

（2）辞退无过错员工时要提前通知并支付经济赔偿金

对于一些没有出现过错，但因为身体或经济性原因而裁掉的员工，企业需要提前告知对方，让对方做好心理准备，提前找新的工作，做好新的打算。另外，企业还要主动、及时向对方支付经济赔偿金以弥补其经济损失。

（3）多做法律咨询，了解相关法律法规

在辞退员工之前，企业需要了解相关的法律法规，或者积极寻求一些法律咨询服务，确保辞退员工能够合法合规，避免出现违法辞退的情况。有法务部的企业，可以直接向法务部进行咨询了解；没有法务部的中小型企业可以直接登录一些法律专业网寻找法律在线咨询服务。

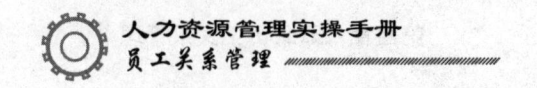

(4) 辞退员工注意程序问题

很多时候，许多辞退劳动争议的发生是程序问题而引发的。企业单方面做出辞退决议，忽略员工，实际上侵害了员工的权益，所以员工拒绝服从，从而产生劳动争议。

第五章
员工劳动合同管理

第一节　认识劳动合同

一、劳动合同的特征

劳动合同也称劳动契约，是劳动者和用人单位确立劳动关系、明确双方权利和义务的协议。员工进入企业工作，企业应根据《劳动法》《劳动合同法》等劳动法律法规，依法订立劳动合同，从而对员工和企业双方当事人产生约束力；如果发生劳动争议，劳动合同是员工关系管理者处理劳动争议的直接证据和依据。除合同文本外，企业和员工双方还可以协商制定劳动合同的附件，进一步明确双方的权利、义务的具体内容，附件和合同文本具有同样的法律效力。

劳动合同是合同的一种，它具有合同的一般特征，即同时约束双方的法律行为而不是单方的法律行为；合同是当事人之间的协议，只有当事人在平等自愿、协商的基础上达成一致，合同才成立；合同是合法行为，不能是违法行为；合同一经签订，就具有法律约束力；等等。劳动合同除具有这些一般特征外，还有其自身的基本特征：

①劳动合同的主体是特定的。主体一方必须是具有法人资格的用人单位或能独立承担民事责任的经济组织和个人（雇主）；另一方是具有劳动权利能力和劳动行为能力的劳动者（员工）。

②劳动者和用人单位在履行劳动合同过程中，存在管理中的依从和隶属关系，即劳动者一方必须加入用人单位一方中，成为该单位的一名员工，接受用人单位的管理并取得劳动报酬。这体现了劳动合同的身份性质。一般而言，劳动者在同一时期只能与一个用人单位签订劳动合同，如果和另

外的用人单位签订劳动合同，必须先和原单位解除劳动关系（非全日制劳动者的劳动关系除外）。

③劳动合同的性质决定了劳动合同的内容以法定为主，以商定为辅，即劳动合同的许多内容必须遵守国家的法律规定，如工资、保险、劳动保护、安全生产等，而当事人之间对合同内容的协商余地较小。

④在特定条件下，劳动合同往往涉及第三者的物质利益，即劳动合同内容享受的物质帮助权，如劳动者死亡后遗属待遇等。

二、劳动合同的种类

劳动合同有多种划分方法，如图 5-1 所示。

劳动合同的类别
- 根据订立合同的具体目的不同，可分为录用合同、聘用合同、借调合同、内部上岗合同、培训合同等
- 根据在同一份劳动合同上签约的劳动者人数不同，可分为个体劳动合同和集体劳动合同
- 根据劳动合同的期限不同，可分为固定期限劳动合同、无固定期限劳动合同和以完成一定工作任务为期限的劳动合同

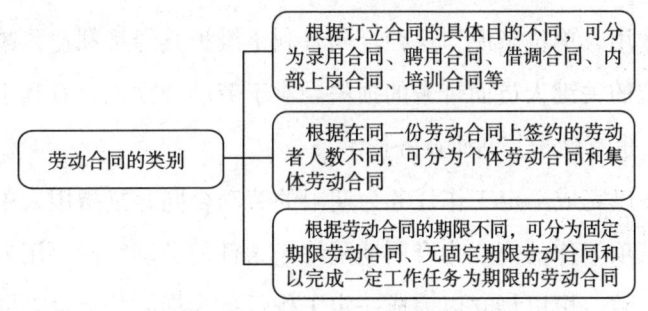

图 5-1　劳动合同的类别划分

第一，固定期限劳动合同，是指用人单位与劳动者约定合同终止时间的劳动合同；具体指劳动合同双方当事人在劳动合同中明确规定了合同效力的起始和终止时间。劳动合同期限届满，劳动关系即终止。如果双方协商一致，还可以续订劳动合同，延长期限。固定期限劳动合同可以是较短时间的，如半年、一年、两年，也可以是较长时间的，如五年。不管时间长短，劳动合同的起始和终止日期都是固定的。具体期限由当事人双方根据工作需要和实际情况确定。

固定期限劳动合同的特点为：适用范围广，应变能力强，既能保持企业与员工劳动关系的相对稳定，又能促进人力资源的合理流动，使资源配置合理化、效益化，是实践中运用较多的一种劳动合同。对于常

年性的工作、要求保持连续性及稳定性的工作、技术性强的工作，适宜签订较长期的固定期限劳动合同。对于一般性、季节性、临时性、用工灵活、职业病危害较大的工作岗位，适宜签订相对短期的固定期限劳动合同。

第二，无固定期限劳动合同，是指用人单位与劳动者约定无确定终止时间的劳动合同。无确定终止时间，是指劳动合同没有一个确切的终止时间，劳动合同的期限长短不能确定，但并不是没有终止时间。只要没有出现法律规定的条件或者双方约定的条件，双方当事人就要继续履行劳动合同规定的义务。一旦出现了法律规定的情形，无固定期限劳动合同同样能够解除。这种合同适用于工作保密性强、技术复杂、需要保持人员稳定的岗位。对于用人单位来说，这种合同有利于维护其经济利益，减少频繁更换关键岗位的关键人员而带来的损失。对于劳动者来说，有利于实现长期稳定就业，也有助于其钻研业务技术。

第三，以完成一定工作任务为期限的劳动合同，是指用人单位与劳动者约定以某项工作的完成为合同期限终止条件的劳动合同。用人单位与劳动者协商一致，可以订立以完成一定工作任务为期限的劳动合同。一项工作或工程开始之日即为合同开始之时，此项工作或工程完毕，合同即终止。例如以完成某项科研任务为期限的劳动合同，以及带有临时性、季节性的劳动合同。合同双方当事人在合同存续期间建立的是劳动关系，劳动者要加入用人单位集体，参加用人单位工会，遵守用人单位内部规章制度，享受工资福利、社会保险等待遇。这种劳动合同实际上属于固定期限的劳动合同，只不过表现形式不同而已。

三、劳动合同的内容

劳动合同的内容是指以契约形式对劳动关系双方的权利和义务的界定。由于权利和义务是相互对应的，一方的权利即为另一方的义务，因此劳动合同往往在义务方面表示双方的权利义务关系。

1. 劳动合同内容界定的主要义务

（1）劳动者的主要义务

第一，劳动给付的义务。包括劳动给付的范围、时间和地点。劳动者必须按照合同约定的时间、地点亲自提供劳动，有权拒绝做约定范围以外的工作。

第二，忠诚的义务。包括保守用人单位在技术、经营、管理、工艺等方面的秘密；在合同规定的时间和地点，服从用人单位及代理人的指挥和安排；爱护所使用的原材料和机器设备。

第三，附随的义务。劳动者因怠工或个人责任，使劳动合同义务不能履行或不能完全履行时，应负赔偿责任。

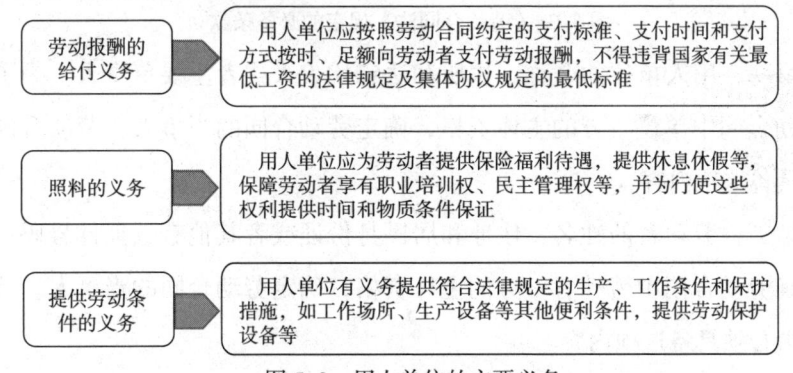

（2）用人单位的主要义务

用人单位的主要义务如图5-2所示。

劳动报酬的给付义务	用人单位应按照劳动合同约定的支付标准、支付时间和支付方式按时、足额向劳动者支付劳动报酬，不得违背国家有关最低工资的法律规定及集体协议规定的最低标准
照料的义务	用人单位应为劳动者提供保险福利待遇，提供休息休假等，保障劳动者享有职业培训权、民主管理权等，并为行使这些权利提供时间和物质条件保证
提供劳动条件的义务	用人单位有义务提供符合法律规定的生产、工作条件和保护措施，如工作场所、生产设备等其他便利条件，提供劳动保护设备等

图5-2 用人单位的主要义务

在上述义务中，给付劳动和支付劳动报酬是劳动合同的主要义务，忠诚义务和照料义务则是次要义务。除本职工作外，在可期望的范围内，劳动者还必须照顾和维护雇主利益，负有不得扰乱企业安宁和严守企业秘密等义务。员工的忠诚义务和雇主的照料义务一样，都表明劳动关系并不局限于以劳动换取报酬，而是一个集诸多权利和义务于一体的法律关系，因这种法律关系，双方当事人都负有尽可能维护另一方利益的义务。

2. 劳动合同的条款

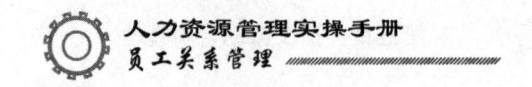

劳动合同的内容具体表现为劳动合同的条款。劳动合同的条款可分为必备条款和约定条款（即可备条款）。

（1）劳动合同的必备条款

劳动合同的必备条款是指法律规定的劳动合同必须具备的内容。在法律规定了必备条款的情况下，如果劳动合同缺少此类条款，劳动合同就不能成立。《劳动合同法》规定的必备条款，如图5-3所示。

```
用人单位的名称、住所和法定代表人或者主要负责人
劳动者的姓名、住址和居民身份证或者其他有效证件号码              工作时间和休息休假
劳动合同期限              《劳动合同法》              劳动报酬
工作内容和工作地点        规定的必备条款              社会保险
                                                    劳动保护、劳动条件和职业危害防护
                                                    法律、法规规定应纳入劳动合同的其他事项
```

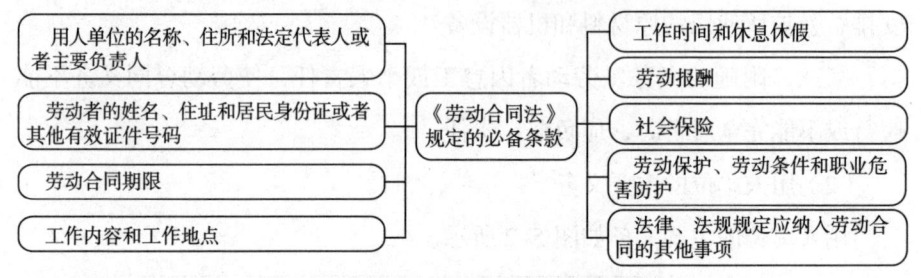

图5-3 《劳动合同法》规定的必备条款

第一，用人单位的名称、住所和法定代表人或者主要负责人。为了明确劳动合同中单位一方的主体资格，确定劳动合同的当事人，劳动合同中必须具备这项内容。

第二，劳动者的姓名、住址和居民身份证或者其他有效证件号码。为了明确劳动合同中劳动者一方的主体资格，确定劳动合同的当事人，劳动合同中必须具备这项内容。

第三，劳动合同期限。劳动合同期限是双方当事人相互享有权利、履行义务的时间界限，即劳动合同的有效期限。劳动合同期限可分为固定期限、无固定期限和以完成一定工作任务为期限。劳动合同期限与劳动者的工作岗位、内容、劳动报酬等都有密切关系，更与劳动关系的稳定紧密相关。合同期限不明确则无法确定合同何时终止，如何给付劳动报酬、经济补偿等，会引发争议。因此，企业一定要在劳动合同中明确双方签订的是何种期限的劳动合同。

第四，工作内容和工作地点。工作内容是指劳动法律关系所指向的对

象，即劳动者具体从事什么种类或者内容的劳动，这里的工作内容是指工作岗位和工作任务或职责。这一条款是劳动合同的核心条款之一，是建立劳动关系极为重要的因素。它是用人单位使用劳动者的目的，也是劳动者通过自己的劳动取得劳动报酬的缘由。劳动合同中的工作内容条款应当规定得明确具体，便于遵照执行。如果劳动合同没有约定工作内容或约定的工作内容不明确，用人单位将可以自由支配劳动者，随意调整劳动者的工作岗位，难以发挥劳动者所长，也很难确定劳动者的劳动报酬，造成劳动关系极不稳定。因此，工作内容是劳动合同中必不可少的。工作地点是劳动合同的履行地，是劳动者从事劳动合同中所规定的工作内容的地点，它关系到劳动者的工作环境、生活环境以及就业选择，劳动者有权在与用人单位建立劳动关系时知悉自己的工作地点，所以工作地点也是劳动合同中必不可少的内容。

第五，工作时间和休息休假。工作时间是指劳动时间，即在企业等用人单位中，必须用来完成其所担负的工作任务的时间。一般由法律规定劳动者在一定时间内（工作日、工作周）应该完成的工作任务，以保证最有效地利用工作时间，不断提高工作效率。合同中规定的工作时间条款包括工作时间的长短、工作时间方式的确定，如是 8 小时工作制还是 6 小时工作制，是日班还是夜班，是实行正常工时制还是不定时工作制，或者综合计算工时制。工作时间上的不同安排，对劳动者的就业选择、劳动报酬等均有影响，因此是劳动合同中不可缺少的内容。

休息休假是指企业等用人单位的劳动者按规定不必进行工作，可自行支配的时间。休息休假是每个国家公民都应享受的权利。休息休假的具体时间根据劳动者的工作地点、工作种类、工作性质、工龄长短等各有不同，用人单位与劳动者在约定休息休假事项时应当遵守《劳动法》及相关法律法规的规定。

第六，劳动报酬。劳动合同中的劳动报酬，是指劳动者与用人单位确定劳动关系后，因提供了劳动而取得的报酬。劳动报酬是满足劳动者及其家庭成员物质文化生活需要的主要来源，也是劳动者付出劳动后应该得到的回报。因此，劳动报酬是劳动合同中必不可少的内容。劳动报酬主要内容如图5-4所示。

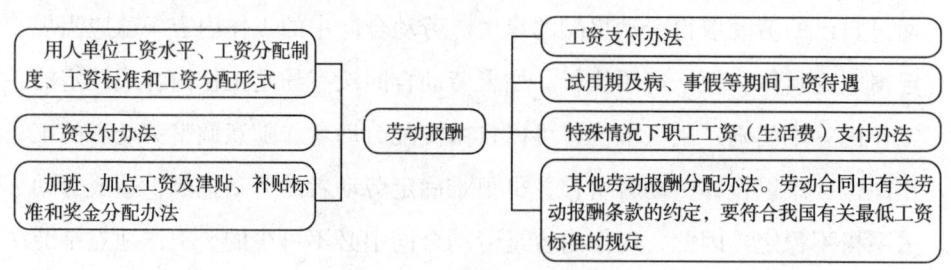

```
┌─────────────────────────────┐                    ┌─────────────────────────────┐
│ 用人单位工资水平、工资分配制 │                    │ 工资支付办法                │
│ 度、工资标准和工资分配形式   │                    ├─────────────────────────────┤
├─────────────────────────────┤      ┌──────┐     │ 试用期及病、事假等期间工资待遇│
│ 工资支付办法                │──────│劳动报酬│─────├─────────────────────────────┤
├─────────────────────────────┤      └──────┘     │ 特殊情况下职工工资（生活费）支付办法│
│ 加班、加点工资及津贴、补贴标 │                    ├─────────────────────────────┤
│ 准和奖金分配办法             │                    │ 其他劳动报酬分配办法。劳动合同中有关劳│
└─────────────────────────────┘                    │ 动报酬条款的约定，要符合我国有关最低工资│
                                                   │ 标准的规定                  │
                                                   └─────────────────────────────┘
```

图5-4　劳动报酬主要内容

第七，社会保险。社会保险是政府通过立法强制实施，由劳动者、劳动者所在的工作单位或社区以及国家三方面共同筹资，帮助劳动者及其亲属在遭遇年老、疾病、工伤、生育、失业等风险时，防止收入的中断、减少和丧失，以保障其基本生活需求的社会保障制度。社会保险由国家强制实施，因此是劳动合同中不可缺少的内容。

第八，劳动保护、劳动条件和职业危害防护。劳动保护是指用人单位为了防止劳动过程中的安全事故，采取各种措施来保障劳动者的生命安全和健康。国家为了保障劳动者的身体安全和生命健康，通过制定相应的法律和行政法规、规章，规定劳动保护，用人单位也应根据自身的具体情况，规定相应的劳动保护规则，以保证劳动者的健康和安全。

劳动条件主要指用人单位为使劳动者顺利完成劳动合同约定的工作任务，为劳动者提供必要的物质和技术条件，如必要的劳动工具、机械设备、工作场地、劳动经费、辅助人员、技术资料、工具书以及其他必不可少的工作条件。

职业危害是指用人单位的劳动者在职业活动中，因接触职业性有害因素如粉尘、放射性物质和其他有毒、有害物质等而对生命健康所产生的危害。根据《中华人民共和国职业病防治法》（以下简称《职业病防治法》）第三十三条的规定，用人单位与劳动者订立劳动合同时，应当将工作过程中可能产生的职业病危害及其后果、职业病防护措施和待遇等如实告知劳动者，并在劳动合同中写明，不得隐瞒或者欺骗。

（2）劳动合同的约定条款

所谓劳动合同的约定条款，是指对于某些事项，法律不做强制性规定，可由当事人根据意愿选择是否在合同中约定的条款，劳动合同缺乏这种条款不影响其效力。劳动合同可以将这种条款作为可备条款。劳动合同的某些重要内容关系到劳动者的切身利益，但这些条款不是在每个劳动合同中都应当具备的，所以法律不能把其作为必备条款，只能在法律中予以特别提示。劳动合同除规定的必备条款外，用人单位与劳动者可以协商约定试用期、培训、保守商业秘密、补充保险和福利待遇等其他事项。试用期、培训、保守商业秘密、补充保险和福利待遇都属于法定可备条款。

第一，试用期。试用期是指对新录用的劳动者进行试用的期限。用人单位与劳动者可以在劳动合同中就试用期的期限和试用期期间的工资待遇等事项做出约定，但不得违反法律有关试用期的规定。

第二，培训。培训是按照职业或者工作岗位对劳动者提出的要求，以开发和提高劳动者的职业技能为目的的教育和训练过程。企业应建立健全职工培训的规章制度，根据本单位的实际对职工进行在岗、转岗、晋升、转业培训，对新录用人员进行上岗前的培训，并保证培训经费和其他培训条件。职工应按照国家规定和企业安排参加培训，自觉遵守培训的各项规章制度，并履行培训合同规定的各项义务，服从单位工作安排，做好本职工作。

第三，保守商业秘密。商业秘密是不为大众所知悉，能为权利人带来经济利益，具有实用性并经权利人采取保密措施的技术信息和经营信息。在市场经济条件下，企业用人和劳动者选择职业都有自主权，有的劳动者因工作需要，了解或掌握了所在企业的技术信息或经营信息等资料，用人单位可以在合同中就保守商业秘密的具体内容、方式、时间等，与劳动者约定，防止自己的商业秘密被侵占或泄露。在合同中可以具体订立保守商业秘密的条款和竞业限制的条款。

第四，补充保险。补充保险是指除国家基本保险外，用人单位根据自己的实际情况为劳动者投保的一种保险，它用来满足劳动者高于基本保险需求的愿望，包括补充医疗保险、补充养老保险等。补充保险的投保依用人单位的经济承受能力而定，由用人单位自愿实行，国家不做强制的统一规定，只要求用人单位内部统一。用人单位必须在参加基本保险并按时足额缴纳基本保险费的前提下，才能实行补充保险。因此，补充保险的事项不作为合同的必备条款，由用人单位与劳动者自行约定。

第五，福利待遇。福利待遇包括住房补贴、通信补贴、交通补贴、子女教育补贴等。不同的用人单位，其福利待遇也不同，福利待遇已成为劳动者就业选择的一个重要因素。

鉴于劳动合同种类和当事人的情况非常复杂，法律只能对劳动合同的条款进行概括，无法穷尽劳动合同的所有内容，因此，当事人可以根据需要在法律规定的必备条款之外对有关条款做新的补充性约定。

案例 5-1　员工未签订劳动合同公司需双倍赔偿，公司人事经理有责任吗？

朱女士于 2015 年 9 月进入某公司担任人事经理，在公司工作不到四个月，公司为应付社保年检，总经理授权朱女士在与员工签订劳动合同时工资标准按"社平最低基数＋绩效工资"签订，此标准远远低于员工实际工资标准，故许多员工不愿意签。后来，公司有四名高管因各种情况离职（其中有三名员工进入公司比朱女士早，一名员工是朱女士进入公司半个月后招进来的），要求公司因未签劳动合同支付双倍工资，合计金额 18 万元，并向法院起诉，最终此四人获得胜诉。后来，公司起诉朱女士失职，不跟大家签订劳动合同，要求朱女士给予相应经济赔偿，请问，朱女士作为人事经理，是否要因此事而赔偿？

【解析】员工与企业签订劳动合同、产生劳动关系，这是企业的责任，无论哪一个员工或是高管都不需要承担个人责任。如果公司其他员工都签订这样的合同，就足以证明这是公司的决定，这四名员工中有三名是在朱女士之前进入公司的，若因朱女士个人原因不给员工签订劳动合同，员工有权直接找总经理提出要求，由公司直接与员工签订劳动合同。按理说，员工没有签订劳动合同，是公司的职责，人事经理只是按公司的意愿履行工作职责；况且此案例中，朱女士的做法是经过总经理授权的，非本人疏忽或本人故意不与员工签订劳动合同。因此，本案例中朱女士无须承担经济损失。

通过此案例，HR要学会两点：

①人事经理进入一个新公司，第一要务是检查公司是否与员工签订了劳动合同，如果没有，应第一时间向公司领导请示与公司全体员工签订劳动合同；如有部分员工不愿意与公司签订劳动合同，可视情况劝退或考虑其他措施，降低风险。

②人事经理在与员工签订劳动合同时，一定要征得公司法人或最高领导人的授权，合同栏上工资项怎么填写？社会保险以什么比例缴纳？员工福利项如何填写？员工保密条例包括哪些？诸如此类，人事经理都应向领导请示，因为人事经理在与员工签订劳动合同时，代表公司而非个人。

案例5-2　考察期较长的岗位如何签订劳动合同？

F公司为汽车制造企业，有些技术工种的岗位要求比较高，在一个月内无法判断员工是否能胜任，所以在实际操作中，有些车间就将此类员工的劳动合同延后，直到能判断这个员工是否适合这个岗位再签合同，这样就超出了《劳动合同法》规定的新员工入职一个月内签定劳动合同的期限，将会面临二倍工资的风险，这种情况如何处理比较妥当？

【解答】考察期与试用期，签合同与不签合同，劳动关系建立与否，单位承担责任与否，作为用人部门的管理人员，可能不知道其中道理或造成的后果，就会以"技术工种，延长考察期，决定是否适合岗位"等理由来要求延长签合同的时间，但对于懂得法律规定的人事经理来说，切勿犯这种低级错误，要将"是否适合岗位"与"法定试用期"区分来看，要妥善处理考察是否适合岗位的期限。

（1）入职一个月内签订劳动合同是不能逾越的红线

《劳动合同法》第十条明确规定"应当自用工之日起一个月内订立书面劳动合同"，同时第八十二条规定"用人单位自用工之日起超过一个月不满一年未与劳动者订立书面劳动合同的，应当向劳动者每月支付二倍的工资"，这种铁律的规定，用人单位或人事部门不要去触碰，同时要给各用人部门管理人员解释清楚，配合HR部门做好及时签订劳动合同的工作。

（2）能否胜任岗位与签订劳动合同有关系吗

人事部门管理人员都应当清楚，员工是否胜任岗位应当具备几个要件：一是岗位职责界定工作范围清楚；二是形成了胜任该岗位的各项指标、目标、期限、胜任标准等；三是工作结果有具体的事实证据或能够量化；四是员工认可自己的工作结果。这样一比较，胜任与否十分清楚。

由于工作岗位不同，员工表现出来的能力、考察期限也有所不同，但这与签订劳动合同没有关系，也就是说，即使签订了劳动合同，若在试用期内（试用期最长可以达到6个月），如果有充分的事实论据证明员工是不胜任的，单位是可以解除劳动合同的。如果转正后转岗或培训，仍然不胜任则可以解除劳动合同，这些情况在《劳动合同法》中都进行了明确规定，单位完全可以运用。

（3）是否胜任的事实依据才是最需要注意的

用人部门延长签订劳动合同的时间，主要原因在于：一是担心签了劳动合同把单位绑牢而不敢解除与员工的劳动合同；二是手里根本就没有充分证明员工不能胜任岗位的事实依据。第一项通过解释很容易让大家明白，但第二项才是一般单位或用人部门需要特别重视的。

HR部门或用人部门一定要按照上述几个要件对员工进行约束、考察和试用。当然，工作目标、指标不能定得过高、要求不能过严，否则员工不签字认可也无济于事，所以，员工胜任与否取决于人事部门平时的积累，这是人事部门的一项基础工作。

（4）考察应在员工入职前进行

招聘、面试需要对应聘者进行背景调查、面谈、测试等，从而全方位考察应聘者的体质、心态、稳定性、技能等，符合条件者才能进入公司，否则既给他人公司"不正规"的感觉，又容易给公司后续管理带来隐患。所以，人事部门、用人部门一定要对应聘者多考察，不要将考察的全部希望放在入职后，特别是技术、管理、销售、财务等重要岗位，尤其要在招聘面试环节加强考察。

【答疑解惑】

问：如何安排有不良记录的员工？

【解答】员工上岗后，企业可能会无意中发现个别员工曾有不良记录。这里的不良记录可能是犯罪记录，也可能是企业对员工进行背景调查之后发现员工在之前企业的不良记录。

对于有不良记录的员工，企业首先要做到一视同仁，不能有任何用工歧视。如果有不良记录的员工态度差、能力差、绩效差，那么企业可以辞退他；反之，企业可以既往不咎。

第二节　劳动合同的订立与续订

一、劳动合同的订立原则

劳动合同的订立原则如图 5-5 所示。

1. 合法原则

合法是劳动合同有效的前提条件。所谓合法，就是劳动合同的形式和内容必须符合现行法律法规的规定。首先，劳动合同的形式要合法，如除一些非全日制用工外，劳动合同需要以书面形式订立。如果是口头合同，

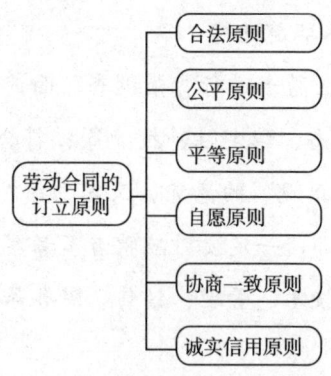

```
                    ┌─ 合法原则
                    │
                    ├─ 公平原则
                    │
        劳动合同的   ├─ 平等原则
        订立原则    │
                    ├─ 自愿原则
                    │
                    ├─ 协商一致原则
                    │
                    └─ 诚实信用原则
```

图 5-5　劳动合同的订立原则

当双方发生争议，法律不承认其效力时，用人单位要承担不订立书面合同的法律后果。其次，劳动合同的内容要合法。如果劳动合同的内容违法，劳动合同不仅不受法律保护，当事人还要承担相应的法律责任。

2. 公平原则

公平原则是指劳动合同的内容应当公平、合理。在符合法律规定的前提下，劳动合同双方公正、合理地确立双方的权利和义务。有些合同内容，相关劳动法律法规往往只规定了一个最低标准，在此基础上双方自愿达成协议，就是合法的，但有时合法的未必公平、合理。还应注意的是用人单位不能滥用优势地位，迫使劳动者订立不公平的合同或接受一些霸王条款。

3. 平等原则

平等原则就是劳动者和用人单位在订立劳动合同时在法律地位上是平等的，没有高低、从属之分，不存在命令和服从、管理和被管理关系。只有地位平等，双方才能自由表达真实的意思。当然，在订立劳动合同后，劳动者成为用人单位的一员，受用人单位的管理，处于被管理者的地位。这里讲的平等，是法律上的平等或形式上的平等。在劳动力供大于求的形势下，多数劳动者和用人单位的地位实际上做不到平等，这就要求用人单位要坚持依法和自律的原则，在订立劳动合同时不附加不平等的条件。

4. 自愿原则

自愿原则是指订立的劳动合同完全是出于劳动者和用人单位双方的真实意

志，是双方协商一致达成的，任何一方不得把自己的意志强加给另一方。自愿原则包括是否订立合同、与谁订立合同以及合同的内容都要本着双方自愿约定等原则。根据自愿原则，任何单位和个人不得强迫劳动者订立劳动合同。

5. 协商一致原则

协商一致原则就是用人单位和劳动者要对合同的内容达成一致意见，一方不能凌驾于另一方之上，不得把自己的意志强加给对方，也不能强令、胁迫对方订立劳动合同。在订立劳动合同时，用人单位和劳动者要仔细研究合同的每项内容，进行充分的沟通和协商，解决分歧，达成一致意见。只有劳动合同体现双方的真实意志，双方才能忠实地按照约定履行合同。现实中劳动合同往往由用人单位提供格式合同文本，劳动者只需签字就可以。格式合同文本对用人单位的权利规定得较多，比较清楚，对劳动者的权利规定得较少，有些模糊。因此，在使用格式合同时，劳动者要认真研究合同条文，并就某些约定条款与用人单位具体磋商。

6. 诚实信用原则

在订立劳动合同时要诚实、讲信用，双方都不得隐瞒真实情况，更不容许有欺诈行为。用人单位招用劳动者时，应当如实告知劳动者工作内容、工作条件、工作地点、职业病危害、安全生产状况、劳动报酬以及劳动者要求了解的其他情况；用人单位有权了解劳动者与劳动合同直接相关的基本情况，劳动者应当如实说明。

温馨提示

签订劳动合同的注意事项

（1）用法律保护自己

劳动合同是约束劳动者与用人单位行为以及处理今后纠纷的重要法律依据，合同中的每一条内容双方都需要仔细查看，避免产生歧义。在签订之前企业和劳动者都需要认真了解相关法律知识。

（2）合同的形式、内容要合法

一份具有法律效应的劳动合同，合同的内容和形式都必须是合法的，即双方都需要以书面的形式签订劳动关系合同，并且在合同中明确说明劳动者的职务、职责、薪酬以及福利待遇等，还要在合同中说明企业方的权利与义务，双方违约后的结果等。最后，劳动者还要确定企业的合法性，即该企业是否具备相关聘请资质，是否能依法支付工资、缴纳社会保险，并提供劳动保护条件等。

（3）合同中的细节要仔细审查

劳动合同中的细节内容要仔细查看，即合同的时间期限、工作内容、劳动保护等；另外，除了合同内包含的条款内容，劳动合同附带的相关文件也要仔细地查阅，例如岗位工作说明书、绩效考核制度、工资支付规定以及员工晋升制度等。

二、劳动合同的订立程序

劳动合同订立程序和其他合同订立程序的主要区别在于，劳动合同的被要约方在开始时是不确定的，需要首先确定被要约方，即确定与用人单位签订劳动合同的劳动者才能完成要约承诺的全过程。订立劳动合同的程序如图5-6所示。

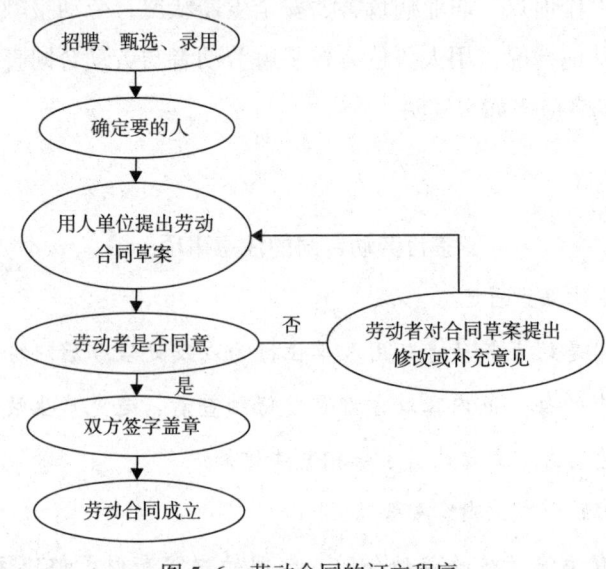

图5-6 劳动合同的订立程序

劳动合同签订的一般规则是，用人单位提出劳动合同草案，劳动者如果完全同意，即视为承诺；如果劳动者对劳动合同草案提出修改或补充意见，双方要经过新的要约——再要约，就劳动合同的内容反复协商，直至最终达成一致协议。经协商，就劳动合同的内容取得一致意见后，双方签名、盖章，劳动合同成立。

三、劳动合同的续订

1. 续订条件

劳动合同期满，如果双方协商一致，可以续订劳动合同。续订劳动合同，双方可以就劳动合同的具体内容和条款重新协商，也可以在不改变上期劳动合同内容的情况下进行续订。续订劳动合同不得约定试用期。

2. 续订程序

一般的劳动合同续订程序如图 5-7 所示。

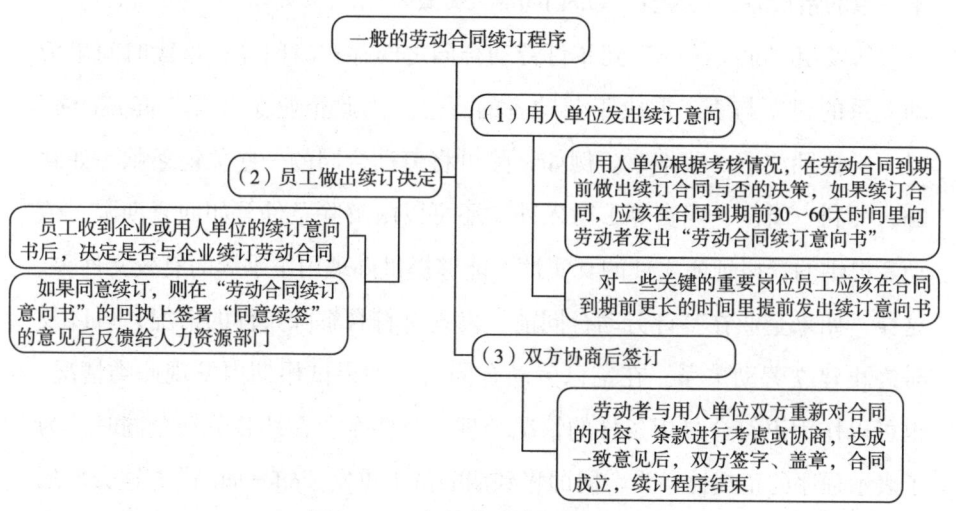

```
一般的劳动合同续订程序
├─ (1) 用人单位发出续订意向
│     ├─ 用人单位根据考核情况，在劳动合同到期前做出续订合同与否的决策，如果续订合同，应该在合同到期前30～60天时间里向劳动者发出"劳动合同续订意向书"
│     └─ 对一些关键的重要岗位员工应该在合同到期前更长的时间里提前发出续订意向书
├─ (2) 员工做出续订决定
│     ├─ 员工收到企业或用人单位的续订意向书后，决定是否与企业续订劳动合同
│     └─ 如果同意续订，则在"劳动合同续订意向书"的回执上签署"同意续签"的意见后反馈给人力资源部门
└─ (3) 双方协商后签订
      └─ 劳动者与用人单位双方重新对合同的内容、条款进行考虑或协商，达成一致意见后，双方签字、盖章，合同成立，续订程序结束
```

图 5-7　一般的劳动合同续订程序

四、劳动合同与录用程序中其他相关文本文件的区别

在企业人力资源录用实践中，有时会用到"offer letter"、就业协议书、员工手册等文本文件，这些文件和劳动合同有密切关系，但是并不能替代

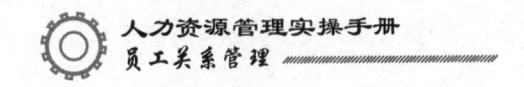

劳动合同。

1. 录用通知与劳动合同

很多用人单位在录用员工的实践中使用"offer letter"。所谓"offer letter",目前还没有统一的名称,可称为"录用通知""录用信""邀请函""录用意向书"等,在法律用语中,"offer"的含义是"要约"——希望与他人订立合同。因此,"offer letter"一旦发出,就对用人单位产生法律约束。

但是"offer letter"不等同于劳动合同,不能替代劳动合同。在劳动者没有选择接受之前,它对用人单位构成单方约束力,而劳动合同是用人单位和劳动者的双方协议。"offer letter"包含了劳动合同的部分内容,双方应当按照"offer letter"的内容签订劳动合同,但也可以在协商一致的基础上修改或变更。在劳动合同签订后,用人单位可以选择使"offer letter"失效,或将其作为劳动合同的附件,继续有效。但当"offer letter"和劳动合同有不一致的情形时,必须使"offer letter"失效。

从发出"offer letter"到签订劳动合同之间存在时间差,这段时间里劳动关系的建立与否,取决于劳动者的意志。因此企业在书写"offer letter"时,应特别注意一些细节。例如,除可将劳动合同的一些关键条款(如薪酬、福利、岗位、职责等)写入外,还可以附解除条件,如回复期限、劳动者提供的资格证明文件的真实性、能够提供办理用工手续的有效文件等。这样,如果企业在签订劳动合同前,发现有符合解除条件的情况,可以及时终止建立劳动关系。在签订劳动合同后,如果试用期内发现此类情况,也可以作为不符合录用条件的情况处理。有些企业在续签劳动合同时,为了表示程序的正规性,为合同即将到期的员工重发"offer letter",这会增加续签合同流程的烦琐性,没有必要。

2. 就业协议书与劳动合同

就业协议书是针对应届毕业生初次就业的协议,是由学校作为见证,毕业生与用人单位签订的一份意向性协议。就业协议书与劳动合同在主体、内容、签订时间、目的、适用法律等方面不同,不能视为正式的劳动合同,如图 5-8 所示。

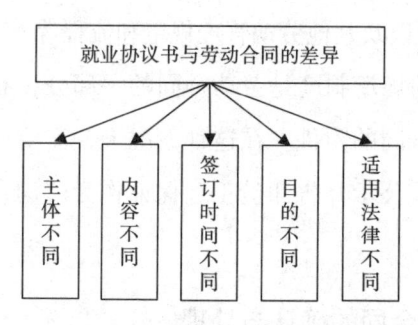

图 5-8　就业协议书与劳动合同的差异

①主体不同。就业协议适用于应届毕业生与用人单位、学校三方之间，学校是就业协议的见证方或签约方；而劳动合同只适用于劳动者（含应届毕业生）与用人单位之间，与学校无关。

②内容不同。毕业生就业协议的内容主要是毕业生如实介绍自身情况，并表示愿意到用人单位就业；用人单位表示愿意接受毕业生；学校同意推荐毕业生并列入就业方案，而不涉及毕业生到用人单位报到后应享有的权利义务。劳动合同的内容涉及劳动报酬、劳动保护、工作内容、劳动纪律等方面，劳动的权利义务规定具体、明确。

③签订时间不同。一般来说，就业协议在毕业生就业之前签订，而劳动合同往往在毕业生到用人单位报到后签订。

④目的不同。就业协议是毕业生和用人单位关于将来就业意向的初步约定，是对双方的基本条件以及即将签订的劳动合同的部分基本内容的大体认可，是高校编制毕业生就业方案和将来毕业生与用人单位双方订立劳动合同的依据。

⑤适用法律不同。若对就业协议发生争议，除根据协议本身内容外，主要依据现有的毕业生就业政策和法律对合同的一般规定加以解决；对劳动合同发生争议，应依据《劳动合同法》来处理。

3.员工手册与劳动合同

企业员工手册是用人单位向劳动者告知重要的规章制度的形式之一。

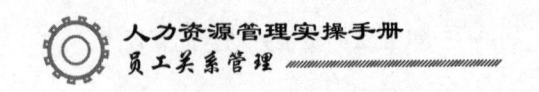

员工手册的内容一般包括劳动合同管理、工资管理、社会保险、福利待遇、工时休假、劳动纪律以及其他劳动管理规定和流程等。

因为公司重要的规章制度是劳动合同的一部分，有的用人单位把公司员工手册作为劳动合同的附件。在这种情况下，需要注意员工手册或规章制度如有修订，应该公示并告知员工，保证作为劳动合同附件的员工手册是修订后的有效版本。

五、无效劳动合同的确认与处理

1. 无效劳动合同的确认

无效的劳动合同是指由当事人签订成立而国家不予承认其法律效力的劳动合同。一般来说，合同一旦依法成立，就具有法律约束力；无效合同即使成立，也不具有法律约束力，不发生履行效力。导致劳动合同无效有以下原因：

（1）违法订立

劳动合同因违反国家法律、行政法规的强制性规定而无效。如图5-9所示。

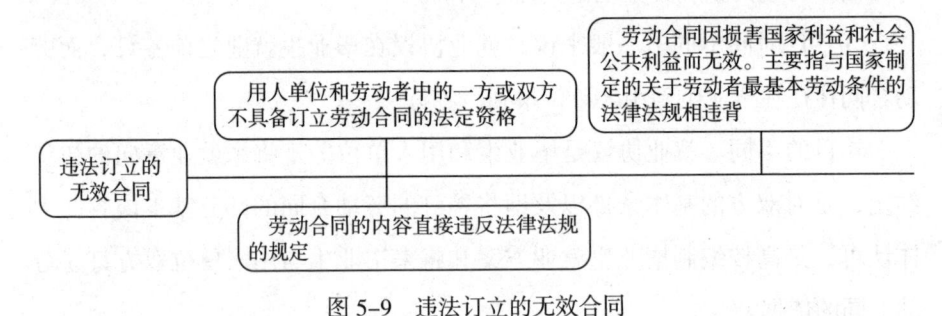

```
                    ┌─ 用人单位和劳动者中的一方或双方
                    │  不具备订立劳动合同的法定资格
                    │
                    │  劳动合同因损害国家利益和社会
违法订立的 ─────────┤  公共利益而无效。主要指与国家制
无效合同            │  定的关于劳动者最基本劳动条件的
                    │  法律法规相违背
                    │
                    └─ 劳动合同的内容直接违反法律法规
                       的规定
```

图5-9 违法订立的无效合同

（2）欺诈和威胁订立

订立的劳动合同因采取欺诈、威胁等手段而无效。欺诈是指当事人一方故意制造假象或隐瞒事情真相，欺骗对方，诱使对方形成错误认识而与之订立劳动合同。欺诈的种类很多，如图5-10所示。

威胁是指当事人以将要发生的损害或者以直接实施损害相威胁，一方迫使另一方处于恐怖或者其他被胁迫的状态而签订劳动合同，可能涉及对生命、身体、财产、名誉、自由及健康等方面的危害。

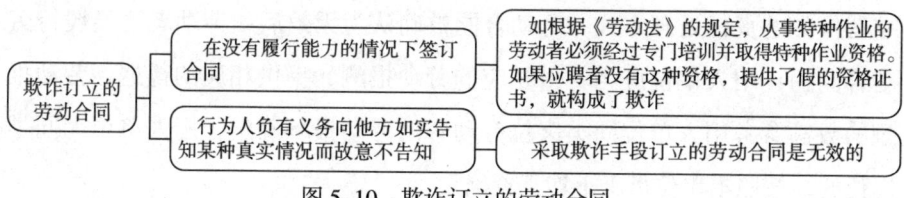

```
                  ┌─ 在没有履行能力的情况下签订      如根据《劳动法》的规定，从事特种作业的
欺诈订立的        │   合同                            劳动者必须经过专门培训并取得特种作业资
劳动合同  ────────┤                                   格。如果应聘者没有这种资格，提供了假的
                  │                                   资格证书，就构成了欺诈
                  └─ 行为人负有义务向他方如实告
                     知某种真实情况而故意不告知      采取欺诈手段订立的劳动合同是无效的
```

图 5-10 欺诈订立的劳动合同

（3）霸王条款式合同

用人单位免除自己的法定责任、排除劳动者权利的劳动合同无效。通常表现为，劳动合同简单化、法定条款缺失，或仅规定劳动者的义务，有的甚至规定"生老病死都与企业无关""用人单位有权根据生产经营变化及劳动者的工作情况调整其工作岗位，劳动者必须服从单位的安排"等霸王条款。

劳动合同是否有效，由劳动争议仲裁机构或者人民法院确认，其他任何部门或者个人都无权认定劳动合同无效。

2. 无效劳动合同的处理

无效劳动合同从订立的时候起就没有法律效力。确认劳动合同部分无效的，如果不影响其余部分的效力，其余部分仍然有效。劳动合同双方当事人，对劳动合同法律效力发生争议时，应由劳动争议仲裁委员会或人民法院确认。无效劳动合同的处理如图 5-11 所示。

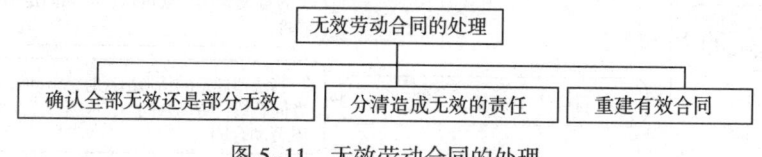

```
              ┌──────── 无效劳动合同的处理 ────────┐
              │                    │                │
      确认全部无效还是部分无效  分清造成无效的责任  重建有效合同
```

图 5-11 无效劳动合同的处理

（1）确认全部无效还是部分无效

对于全部无效的劳动合同，制作无效劳动合同确认书，终止仲裁审理程序；对于部分无效的劳动合同，以裁定方式终止仲裁程序，有效部分按仲裁程序审理。

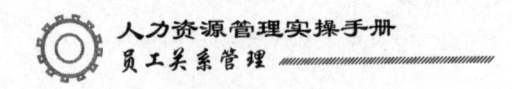

(2) 分清造成无效的责任

对无效劳动合同造成的损失，应分清责任轻重，分别采取返还财产、赔偿损失的责任处理方式。劳动合同被确认为无效后，劳动者已经履行劳动合同的，用人单位应当支付相应的劳动报酬，提供相应的待遇。劳动报酬的数额参考用人单位同类岗位劳动者的劳动报酬确定，用人单位无同类岗位的，按照本单位员工平均工资确定。

因用人单位的过错导致劳动合同无效的，不仅要求用人单位支付劳动报酬、社会保险、经济补偿以及其他劳动者应享受的待遇，还要对其给予相应的制裁。在合同被确认无效后，如果因为劳动者的过错导致劳动合同无效而给用人单位造成损失的，劳动者应当赔偿用人单位的财产损失。

(3) 重建有效合同

在法律允许和当事人愿意的情况下，双方可以重新建立合法有效的劳动合同关系。

六、无固定期限劳动合同的签订

1. 签订原则

签订无固定期限劳动合同的原则如图 5-12 所示。

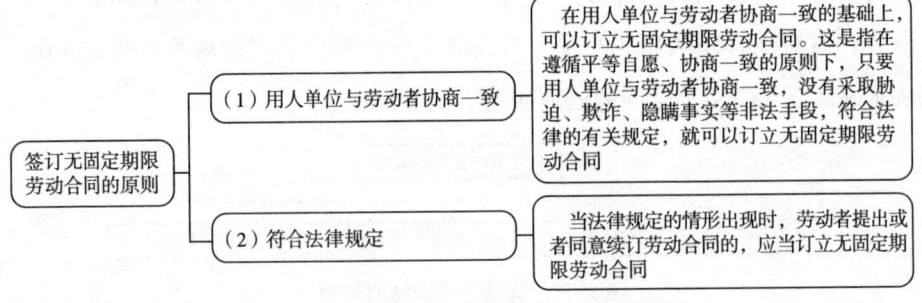

签订无固定期限劳动合同的原则：
- (1) 用人单位与劳动者协商一致：在用人单位与劳动者协商一致的基础上，可以订立无固定期限劳动合同。这是指在遵循平等自愿、协商一致的原则下，只要用人单位与劳动者协商一致，没有采取胁迫、欺诈、隐瞒事实等非法手段，符合法律的有关规定，就可以订立无固定期限劳动合同
- (2) 符合法律规定：当法律规定的情形出现时，劳动者提出或者同意续订劳动合同的，应当订立无固定期限劳动合同

图 5-12　签订无固定期限劳动合同的原则

2. 签订条件

按照我国《劳动合同法》，用人单位与劳动者协商一致，可以订立无固定期限劳动合同。有下列情况之一（如图 5-13 所示），劳动者提出或同意

续订劳动合同的，除劳动者提出订立固定期限劳动合同外，应当订立无固定期限劳动合同。

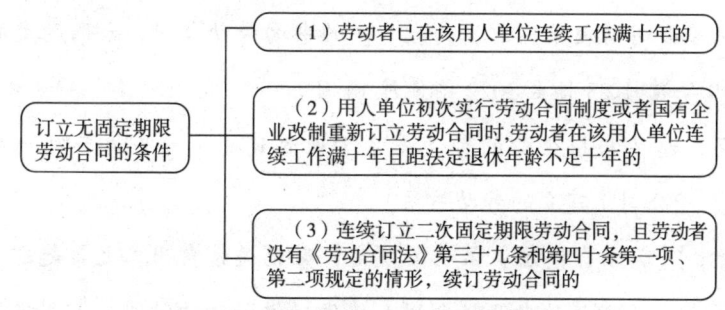

订立无固定期限劳动合同的条件
- （1）劳动者已在该用人单位连续工作满十年的
- （2）用人单位初次实行劳动合同制度或者国有企业改制重新订立劳动合同时，劳动者在该用人单位连续工作满十年且距法定退休年龄不足十年的
- （3）连续订立二次固定期限劳动合同，且劳动者没有《劳动合同法》第三十九条和第四十条第一项、第二项规定的情形，续订劳动合同的

图 5-13　订立无固定期限劳动合同的条件

除了以上情形，还有一种视为无固定期限劳动合同的情形，即用人单位自用工之日起满一年不与劳动者订立书面劳动合同的，视为用人单位与劳动者已订立无固定期限劳动合同。需要注意的是，虽然已经视为用人单位与劳动者签订了无固定期限劳动合同，但并不代表用人单位已经与劳动者签订了劳动合同。这是对用人单位怠于签订劳动合同的情况，《劳动合同法》对其做的处罚性规定。

劳动合同订立后，用人单位和劳动者应该全面履行劳动合同。用人单位变更名称、法定代表人、主要负责人或者投资人等事项，不影响劳动合同的效力，劳动合同应当继续履行。用人单位发生合并或者分立等情况，原劳动合同继续有效，劳动合同由承继其权利义务的用人单位继续履行。

案例 5-3　劳动关系何时建立？

2018 年 10 月 20 日，北京某跨国公司开始到全国各地高校进行校园招聘。3 天后，杭州某高校大四学生赵某与该公司签订了三方就业协议，该三方就业协议明确约定，该学生毕业后到该公司或其在南京的子公司工作，否则需要承担相应的违约金。2019 年 6 月 30 日，赵某毕业离校，该公司告知其到北京总公司报到，进行专业技术学习，1 个月后派往南京子公司正式上班。2019年7月5日，赵某抵达北京向该跨国公司报到，在结束1个月的专业技术学习后，于同年8月5日前往南京子公司上班。2019年8月25日，南京子公司与赵某签订了为期3年的书面劳动合同，合同约定的起始时为2019年8月25日至2022年8月14日。

请问，赵某与该企业的劳动关系于何时建立？赵某是与哪一家企业（总公司、子公司）建立的劳动关系？

【解析】《劳动合同法》第七条规定，劳动关系自用工之日起建立。用工之日，一般是指劳动者开始向用人单位提供劳动的时间。入职报到通常被认为是开始提供劳动的起点，也因而被认为是建立劳动关系的时间，即用工之日。2018年10月三方协议签订的时候，只能说是约束双方此后建立劳动关系的约定责任，况且尚未毕业的在校大学生并不具备《劳动法》上的主体资格，所以三方协议签订并不意味着用工开始。至于2019年8月劳动合同订立，只能说劳动关系得到了书面上的确认，并不意味着劳动关系从劳动合同订立之日起即存在。

通常认为，关联企业之间劳动关系识别应该区别于一般企业，赵某到北京总公司报到的时候就已经知道自己以后的工作地点在南京子公司，在北京只是进行前置性的专业技术学习，但专业技术学习本身就是履行劳动义务的行为。所以，2019年7月5日赵某在北京报到入职的时间就是用工之日，也即他与南京子公司劳动关系建立的时间。

【答疑解惑】

问：怎样签订劳动合同可有效避免不必要的劳动纠纷？

【解答】

（1）签订劳动合同要及时

虽然很多企业都清楚要与员工签订劳动合同，但实际上很多人对劳动合同签订的时间并不清楚。对于劳动合同订立的时间，相关法律有明文规定，如图5-14所示。

```
劳动合同      ┌ 双方已经建立劳动关系，但未订立书面劳动合同的，应当
              │ 自用工之日起一个月内订立书面劳动合同
              │
              │ 用人单位自用工之日起满一年不与劳动者订立书
订立的时间 ──┤ 面劳动合同的，视为用人单位与劳动者已经订立无固定期
              │ 限劳动合同
              │
              └ 用人单位自用工之日起超过一个月但不满一年未
                与劳动者订立书面劳动合同的，应当向劳动者每月支付两
                倍的工资
```

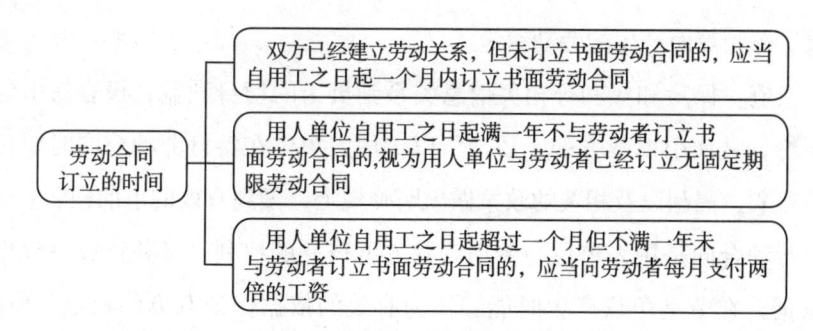

图 5-14　劳动合同订立的时间

通过上述规定可以看出，用人单位不按照法定的时间签订合同，不仅不能规避法律责任，还会承担较大的用工风险。所以要及时与员工签订相关的劳动合同。如果遇到不愿意配合签订劳动合同的员工，企业要保留相关证据，避免日后纷争。

（2）劳动合同全面、细致、无歧义

劳动合同的内容要全面、细致、无歧义，尽量做到周全，对于可能产生纠纷的地方都应有所涉及，并做出明文规定，双方按照合同的约定履行相应职责。

通常劳动合同的内容包括劳动合同的期限、员工工作的内容、劳动报酬、劳动纪律、劳动保护和劳动条件、劳动合同终止条件以及违反劳动合同的责任。

除上述的必备条款之外，双方还可以根据实际情况约定其他相关内容。

（3）制定详细的录用条件

公司要提前制定详细的录用条件，明确哪些情况下，员工是不符合录用条件的，需要被辞退。只有事先说明，做出明文规定，才能在员工被辞退时有效避免劳动争议。

不符合录用条件的设定有很多，例如员工伪造学历、病例、证书；实习期考核不达标；不符合岗位职责要求等。

（4）制定合法的薪酬和福利政策

在实际的劳动争议纠纷中，主要原因有两类：一是因为用人单位开除、除名、辞退职工和职工辞职、自动离职而产生的劳动纠纷；二是因为工资、

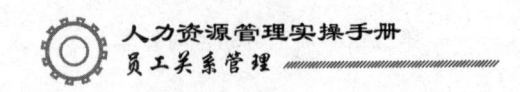

保险、福利等而产生的劳动纠纷。

工资、保险和福利等相关信息关系到员工的切身利益，极容易引起劳动纠纷，从而引发双方的矛盾。所以，用人单位在签订劳动合同时要对员工的薪酬、福利以及相关的政策做出明确规定，做到有效的事前预防。

劳动合同是用人单位与劳动者双方就彼此的权利、义务达成一致想法的依据，在劳动争议产生时能够作为有效的依据保证双方的权益。所以，企业在用工之前要重视劳动合同的签订。

第三节 劳动合同的变更、终止、解除

一、劳动合同的变更

1. 含义和性质

劳动合同的变更是指劳动合同依法订立后，在合同尚未履行或者尚未履行完毕之前，经用人单位和劳动者双方当事人协商同意，对劳动合同内容做部分修改、补充或者删减的法律行为。劳动合同的变更是原劳动合同的派生，是对双方已存在的劳动权利义务关系的发展。

劳动合同的变更是在原合同的基础上对原劳动合同内容做部分修改、补充或者删减，而不是签订新的劳动合同。原劳动合同未变更的部分仍然有效，变更后的内容就取代了原合同的相关内容，新达成的变更协议条款与原合同中的其他条款具有同等法律效力，对双方当事人都有约束力。

2. 变更情形

（1）契约双方协商一致

一般情况下，只要用人单位与劳动者协商一致，都可变更劳动合同约定的内容。在变更劳动合同时，用人单位和劳动者之间应当采取自愿协商

的方式，不允许合同的一方当事人未经协商单方变更劳动合同。如果在协商过程中有任何一方当事人不同意所要变更的内容，则该部分内容的合同变更不能成立，原有的合同依然具有法律效力。在变更过程中还必须遵循与订立劳动合同时同样的原则，即合法、公平、平等、自愿、协商一致、诚实信用的原则。

（2）客观情况发生重大变化

劳动合同订立时所依据的客观情况发生重大变化，致使劳动合同无法履行，是劳动合同变更的一个重要事由。劳动合同订立时所依据的客观情况发生重大变化的主要原因如图5-15所示。

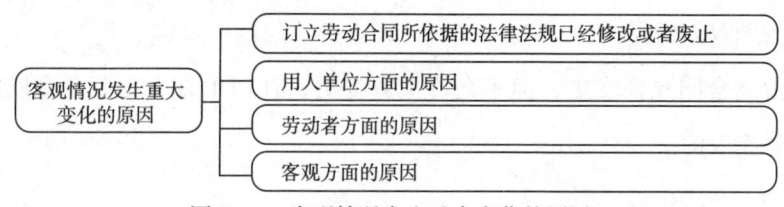

图5-15　客观情况发生重大变化的原因

①订立劳动合同所依据的法律法规已经修改或者废止。

②用人单位方面的原因。用人单位经上级主管部门批准或者根据市场变化决定转产、调整生产任务或者生产经营项目等。

③劳动者方面的原因。例如，劳动者的身体健康状况发生变化、劳动能力部分丧失、所在岗位与其职业技能不相适应、职业技能提高了一定等级等，造成原劳动合同不能履行，或者如果继续履行原合同规定的义务对劳动者存在明显不公平的情况等。

④客观方面的原因。主要有：由于不可抗力的发生，原来合同的履行成为不可能或者失去意义；由于物价大幅上涨等客观经济情况变化，劳动合同的履行会花费太大代价而失去经济上的价值等。这些客观原因的出现使当事人在原来劳动合同中约定的权利义务的履行成为不必要或者不可能。

3. 变更时应注意的问题

变更劳动合同应注意的问题如图5-16所示。

```
变更时应      有效时间      合法合规      及时变更
注意的问题
              双方变更      书面形式
```

图 5-16　变更时应注意的问题

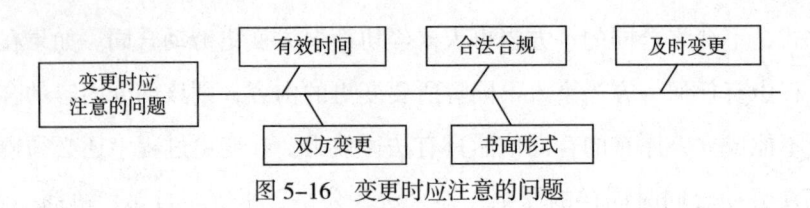

（1）有效时间

变更劳动合同必须在劳动合同依法订立之后，在合同没有履行或者尚未履行完毕之前的有效时间内进行，即劳动合同双方当事人已经存在劳动合同关系。如果劳动合同尚未订立或者已经履行完毕则不存在劳动合同的变更问题。

（2）双方变更

劳动合同允许变更，但不允许单方变更，任何单方变更劳动合同的行为都是无效的。

（3）合法合规

劳动合同变更并不是任意的，用人单位和劳动者约定的变更内容必须符合国家法律法规的相关规定。

（4）书面形式

变更劳动合同必须采用书面形式。劳动合同双方当事人经协商后对劳动合同中约定内容的变更达成一致意见时，必须达成变更劳动合同的书面协议，任何口头形式达成的变更协议都是无效的。劳动合同变更的书面协议应当指明对劳动合同的哪些条款做出变更，并应明确劳动合同变更协议的生效日期，书面协议经用人单位和劳动者双方当事人签字盖章后生效，以免双方当事人因劳动合同的变更问题产生争议。

（5）及时变更

劳动合同的变更要及时进行。提出变更劳动合同的主体可以是用人单位，也可以是劳动者，无论哪一方要求变更劳动合同，都应当及时向对方提出变更劳动合同的要求，说明变更劳动合同的理由、内容和条件等。如果应该变更的劳动合同内容没有及时变更,原订立的条款继续有效,往往会使劳动合同不适应变化了的新情况,从而引起不必要的争议。当事人一方得知对方变更劳动合同的要求后,应在对方规定的合理期限内及时做出答复,不得对对方提出的变更要求置之不理。

4. 劳动合同变更的程序

劳动合同当事人一方要求变更劳动合同相关内容的,应当将变更要求以书面形式送达另一方,另一方应在对方规定的合理期限内及时做出答复,逾期不答复的,视为不同意变更劳动合同。劳动合同变更的具体程序如图 5-17 所示。

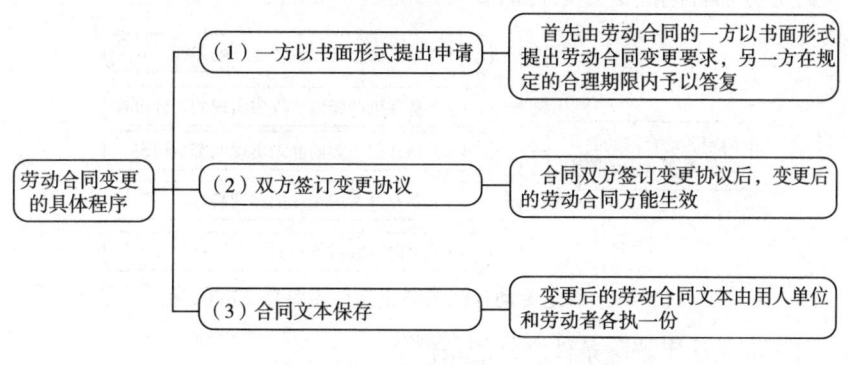

劳动合同变更的具体程序：
- （1）一方以书面形式提出申请：首先由劳动合同的一方以书面形式提出劳动合同变更要求,另一方在规定的合理期限内予以答复
- （2）双方签订变更协议：合同双方签订变更协议后,变更后的劳动合同方能生效
- （3）合同文本保存：变更后的劳动合同文本由用人单位和劳动者各执一份

图 5-17　劳动合同变更的具体程序

二、劳动合同的终止

劳动合同的终止,是指劳动合同期满或者当事人约定的劳动合同终止条件出现,双方当事人的权利义务履行完毕,结束劳动关系的行为。

1. 终止条件

劳动合同终止的条件如图 5-18 所示。

固定期限劳动合同的期限,决定了合同的终止日期。无固定期限的劳动合同,当约定的劳动合同终止条件出现,也可终止劳动合同,但要合法约定。

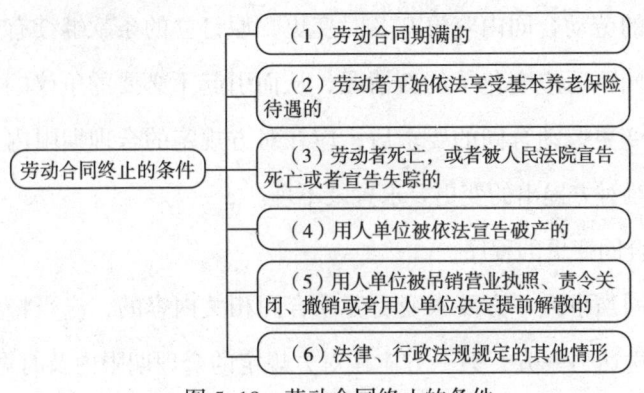

劳动合同终止的条件
- （1）劳动合同期满的
- （2）劳动者开始依法享受基本养老保险待遇的
- （3）劳动者死亡，或者被人民法院宣告死亡或者宣告失踪的
- （4）用人单位被依法宣告破产的
- （5）用人单位被吊销营业执照、责令关闭、撤销或者用人单位决定提前解散的
- （6）法律、行政法规规定的其他情形

图 5-18　劳动合同终止的条件

2. 约定终止条件

约定劳动合同的终止条件需要考虑的因素如图 5-19 所示。

约定劳动合同的终止条件需要考虑的因素
- （1）应是法定解除条件之外的条件
- （2）是在生产经营过程中出现的某种事件
- （3）是合同生效前尚未出现的客观情况
- （4）要充分考虑企业的经营特点
- （5）可以以利益为导向

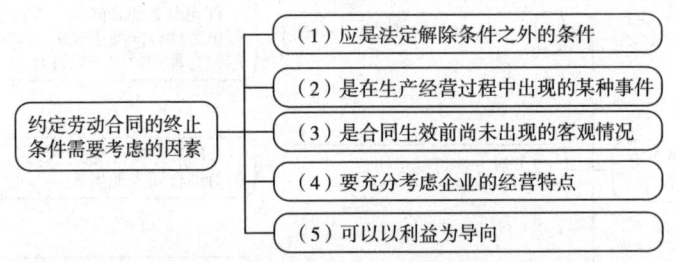

图 5-19　约定劳动合同的终止条件需要考虑的因素

（1）应是法定解除条件之外的条件

法定条件是指法律法规规定的可以解除劳动合同的条件。既然这些条件可以解除劳动合同，就不必作为终止劳动合同的条件来约定。

（2）是在生产经营过程中出现的某种事件

在生产经营过程中出现的某种事件可以是企业的某项项目结束、某项任务完成，或者员工个人的某种行为等。

（3）是合同生效前尚未出现的客观情况

如果是合同生效前已经出现的事件或行为，就不能作为约定条件在劳动合同中约定；而客观情况是指不能确定的、自然出现而不是人为制造的情况，即企业不能在劳动合同中把自身主观制造的条件约定为合同终止条件。

（4）要充分考虑企业的经营特点

不同性质的企业在劳动合同履行过程中遇到的具体情况不同，如果把本单位在生产经营中不可能遇到的情况约定为劳动合同终止条件，约定终止条件就失去了意义。

（5）可以以利益为导向

约定终止条件可以以利益为导向。例如，在劳动合同履行的过程中，有可能出现员工的某种行为既没有违纪，也没有给企业造成损失，其业务能力也不差，但仍有特殊原因使团队合作出现问题，导致整体效率降低或影响企业效益。所以，企业可以将员工在履行劳动合同过程中可能出现的某种行为约定为终止劳动合同的条件。

3.劳动合同终止的程序

劳动合同终止的程序如图5-20所示。

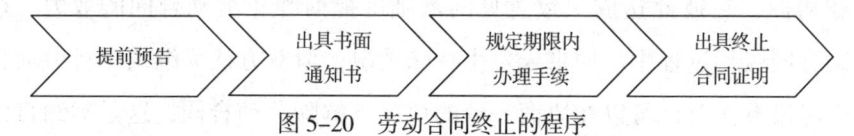

提前预告 → 出具书面通知书 → 规定期限内办理手续 → 出具终止合同证明

图5-20　劳动合同终止的程序

（1）提前预告

劳动合同期满前，如果企业一方不再希望与员工续订劳动合同，应当提前按照相应的法律规定，将《终止劳动合同意向书》送达员工；如果企业希望续签而员工一方不再希望与企业续订劳动合同，则员工应在人力资源部门出具的《续订劳动合同意向书》的回执联上签署"不同意续订，到期终止"并反馈给人力资源部门，以便员工和企业为后续相关事宜做准备工作。

（2）出具书面通知书

法定的劳动合同终止的情形出现，或者劳动合同终止的约定条件出现，人力资源部门须向员工出具《终止劳动合同通知书》。

（3）规定期限内办理手续

企业与员工应该在规定期限内办理离职相关手续。如果是企业一方不愿意续订而终止劳动合同，或者由于用人单位出现被依法宣告破产，用人

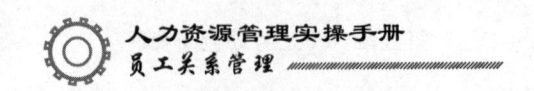

单位被吊销营业执照、责令关闭、撤销或用人单位决定提前解散等情况而终止劳动合同，企业须向员工支付经济补偿金。

（4）出具终止合同证明

企业离职相关手续办理完毕，企业人力资源部门为员工出具"终止劳动合同证明"。

三、劳动合同的解除

在劳动合同履行过程中，可能会出现劳动合同未到期，当事人双方或单方提前终止劳动合同效力的法律行为。劳动合同的解除分为双方协商解除、用人单位单方面解除、劳动者单方面解除等几种情况。

1. 双方协商解除劳动合同

劳动合同的协商解除，是指用人单位与劳动者在完全自愿的情况下，互相协商，在彼此达成一致意见的基础上提前终止劳动合同的效力。在劳动合同履行过程中，如果未发生特殊情况，但双方认为继续履行劳动合同已经没有必要，可以在协商一致的情况下解除劳动合同，这是契约自由原则在劳动关系调整中的具体体现。协商解除劳动合同的特点如图5-21所示。

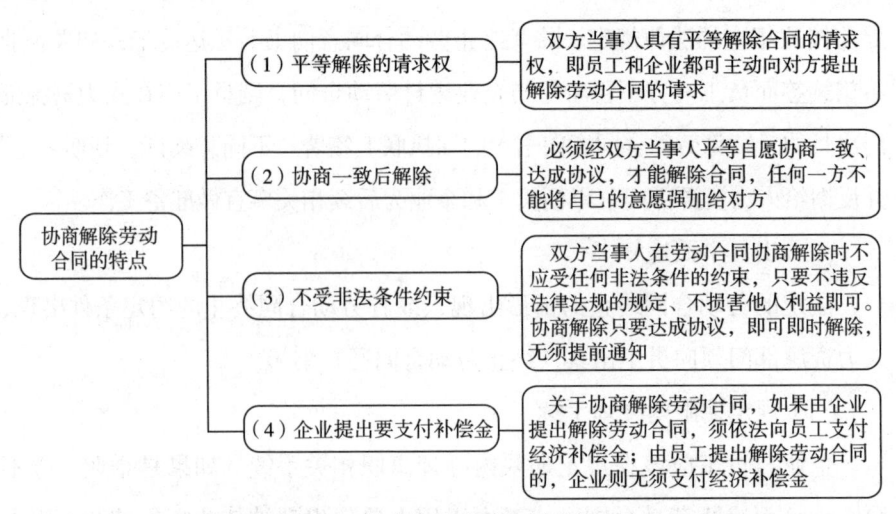

协商解除劳动合同的特点：

（1）平等解除的请求权：双方当事人具有平等解除合同的请求权，即员工和企业都可主动向对方提出解除劳动合同的请求

（2）协商一致后解除：必须经双方当事人平等自愿协商一致、达成协议，才能解除合同，任何一方不能将自己的意愿强加给对方

（3）不受非法条件约束：双方当事人在劳动合同协商解除时不应受任何非法条件的约束，只要不违反法律法规的规定、不损害他人利益即可。协商解除只要达成协议，即可即时解除，无须提前通知

（4）企业提出要支付补偿金：关于协商解除劳动合同，如果由企业提出解除劳动合同，须依法向员工支付经济补偿金；由员工提出解除劳动合同的，企业则无须支付经济补偿金

图5-21　协商解除劳动合同的特点

2. 用人单位单方面解除劳动合同

（1）过失性解除

过失性解除是指因劳动者的过失而使用人单位单方面解除劳动合同。过失性解除劳动合同的条件如图 5-22 所示。

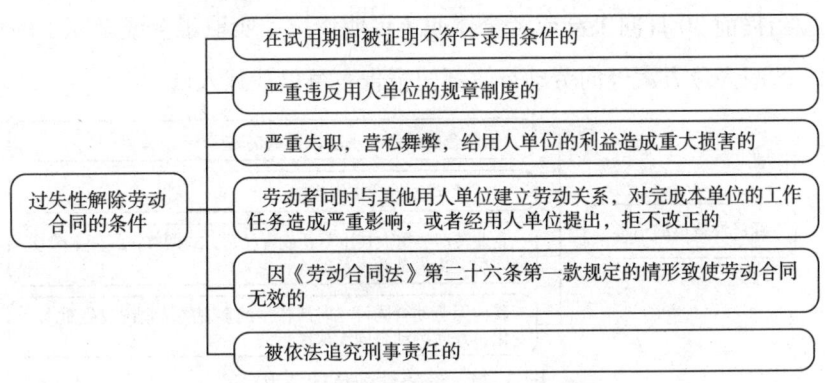

过失性解除劳动合同的条件：
- 在试用期间被证明不符合录用条件的
- 严重违反用人单位的规章制度的
- 严重失职，营私舞弊，给用人单位的利益造成重大损害的
- 劳动者同时与其他用人单位建立劳动关系，对完成本单位的工作任务造成严重影响，或者经用人单位提出，拒不改正的
- 因《劳动合同法》第二十六条第一款规定的情形致使劳动合同无效的
- 被依法追究刑事责任的

图 5-22　过失性解除劳动合同的条件

上述情形是由劳动者本身的原因造成的，用人单位有权随时解除劳动合同。过失性解除，不受提前通知期的限制，不受用人单位不得解除劳动合同的法律限制，不给予经济补偿。

（2）无过失性解除

用人单位在提前 30 日以书面形式通知劳动者本人或者额外支付劳动者一个月工资后，可以解除劳动合同的情形如图 5-23 所示。

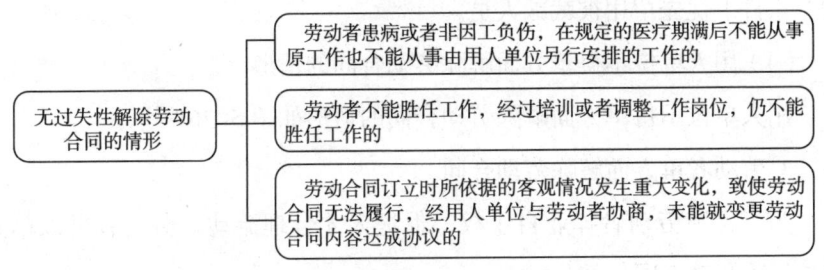

无过失性解除劳动合同的情形：
- 劳动者患病或者非因工负伤，在规定的医疗期满后不能从事原工作也不能从事由用人单位另行安排的工作的
- 劳动者不能胜任工作，经过培训或者调整工作岗位，仍不能胜任工作的
- 劳动合同订立时所依据的客观情况发生重大变化，致使劳动合同无法履行，经用人单位与劳动者协商，未能就变更劳动合同内容达成协议的

图 5-23　无过失性解除劳动合同的情形

上述情况下，劳动者主观上并无重大过错，主要是客观情况发生重大变化、劳动者身体不好或者能力较差，致使劳动合同无法履行。用人单位可以解除劳动合同，但要提前 30 日以书面形式通知劳动者本人，并受到用

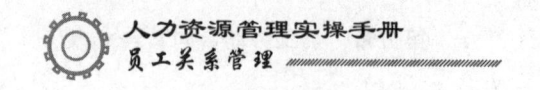

人单位不得解除劳动合同的限制，要依法给予劳动者经济补偿。

（3）经济性裁员

根据《劳动合同法》，用人单位有如图5-24所示情形之一，需要裁减人员20人以上或者裁减不足20人但占企业职工总数10%以上的，用人单位应当提前30日向工会或者全体职工说明情况，听取工会或者职工的意见后，裁减人员方案经向劳动行政部门报告，可以裁减人员。

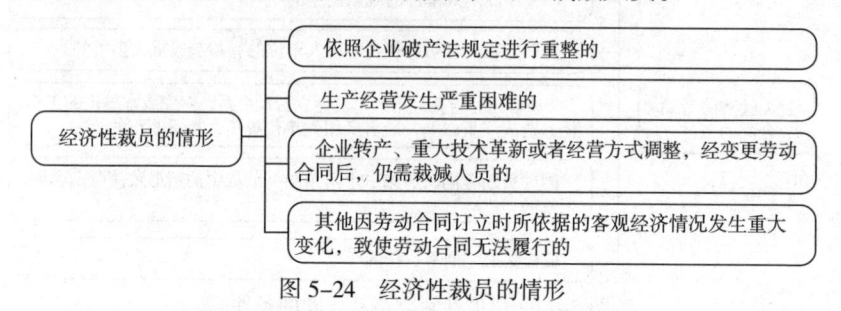

```
                          ┌─ 依照企业破产法规定进行重整的
                          │
                          ├─ 生产经营发生严重困难的
经济性裁员的情形 ─────────┤
                          ├─ 企业转产、重大技术革新或者经营方式调整，经变更劳动
                          │  合同后，仍需裁减人员的
                          │
                          └─ 其他因劳动合同订立时所依据的客观经济情况发生重大
                             变化，致使劳动合同无法履行的
```

图5-24　经济性裁员的情形

裁减人员时，应当优先留用人员如图5-25所示。

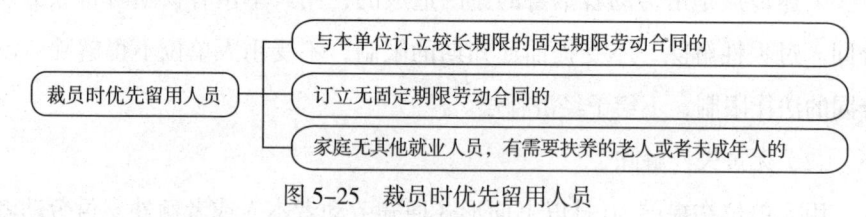

```
                          ┌─ 与本单位订立较长期限的固定期限劳动合同的
                          │
裁员时优先留用人员 ───────┼─ 订立无固定期限劳动合同的
                          │
                          └─ 家庭无其他就业人员，有需要扶养的老人或者未成年人的
```

图5-25　裁员时优先留用人员

用人单位在6个月内重新招用人员的，应当通知被裁减的人员，并在同等条件下优先招用被裁减人员。

（4）用人单位不得单方面解除劳动合同的情形

用人单位不得单方面解除劳动合同的情形如图5-26所示。

3. 劳动者单方面解除劳动合同

为了保障劳动者择业自主权，促进人才合理流动，劳动者可以单方面提前解除劳动合同。

（1）提前通知解除

劳动者提前30日以书面形式通知用人单位，可以解除劳动合同。劳动者在试用期内提前3日通知用人单位，可以解除劳动合同。提前通知解除

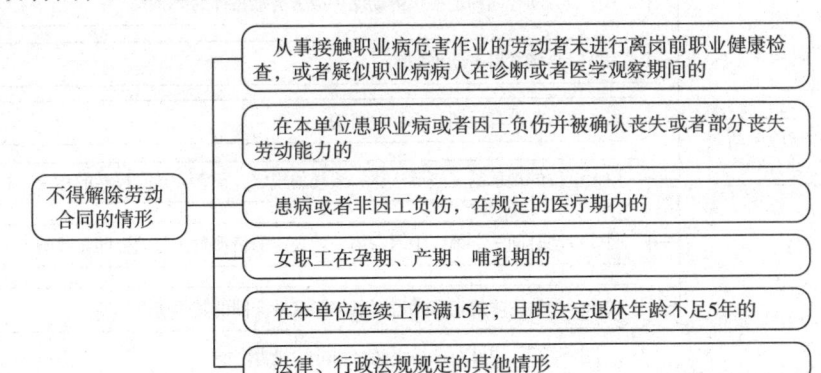

劳动合同，必须遵守法定程序，体现在两个方面：

```
                    ┌─ 从事接触职业病危害作业的劳动者未进行离岗前职业健康检
                    │  查，或者疑似职业病病人在诊断或者医学观察期间的
                    │
                    ├─ 在本单位患职业病或者因工负伤并被确认丧失或者部分丧失
                    │  劳动能力的
                    │
 不得解除劳动 ──────┼─ 患病或者非因工负伤，在规定的医疗期内的
 合同的情形         │
                    ├─ 女职工在孕期、产期、哺乳期的
                    │
                    ├─ 在本单位连续工作满15年，且距法定退休年龄不足5年的
                    │
                    └─ 法律、行政法规规定的其他情形
```

图 5-26　不得解除劳动合同的情形

①遵守解除预告期。劳动者在享有解除劳动合同自主权的同时，也应当遵守解除合同预告期规定，提前 30 日通知用人单位才能有效，即劳动者在书面通知用人单位后还应继续工作至少 30 日。这样便于用人单位及时安排人员接替其工作，保持劳动过程的连续性，确保正常的工作秩序，避免因解除劳动合同影响企业的生产经营活动，给用人单位造成不必要的损失。否则，将会构成违法解除劳动合同，可能承担赔偿责任。

在试用期内，劳动者与用人单位的劳动关系处于一种不确定状态，劳动者对是否与用人单位建立正式的劳动关系仍有选择的权利。为此，劳动者在试用期内，发现用人单位的实际情况与订立劳动合同时所介绍的实际情况不相符，或者发现自己不适合从事该工种工作，以及存在其他不能履行劳动合同的情况，劳动者无须任何理由，可以通知用人单位予以解除劳动合同，但应提前 3 日通知用人单位，以便用人单位安排人员接替其工作。

②书面形式通知用人单位。无论是劳动者还是用人单位在解除劳动合同时，都必须以书面形式告知对方。这一时间的确定直接关系到解除预告期的起算时间，也关系到劳动者的工资等利益，所以必须采用慎重的方式来表达。

（2）可以解除

可以解除劳动合同的情形如图 5-27 所示。

```
                    ┌─ 未按照劳动合同约定提供劳动保护或者劳动条件的
                    ├─ 未及时足额支付劳动报酬的
可以解除劳动    ├─ 未依法为劳动者缴纳社会保险费的
合同的情形      ├─ 用人单位的规章制度违反法律、法规的规定，损害劳动者权益的
                    ├─ 因《劳动合同法》第二十六条第一款规定的情形致使劳动合同无效的
                    └─ 法律、行政法规规定劳动者可以解除劳动合同的其他情形
```

图 5-27　可以解除劳动合同的情形

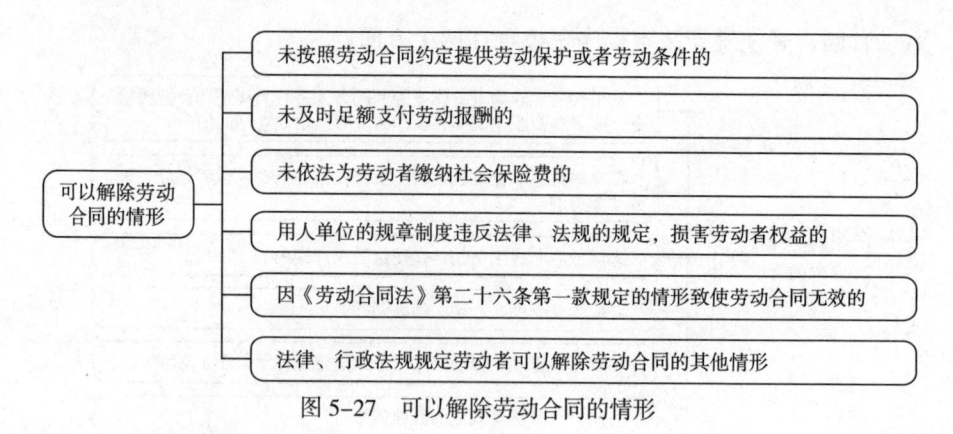

（3）即时解除

用人单位以暴力、威胁或者非法限制人身自由的手段强迫劳动者劳动的，或者用人单位违章指挥、强令冒险作业危及劳动者人身安全的，劳动者可以立即解除劳动合同，不需要事先告知用人单位。

上述情况是用人单位的过错，或者劳动者的合法权益受到了侵害，法律规定可以随时解除劳动合同，没有时间上的限制。

案例 5-4　员工因患病调岗怎么办？

张女士在某贸易公司从事财务主管工作多年，期间工作表现良好。随后在续订劳动合同时用人单位与其订立了无固定期限劳动合同。2020 年 9 月，张女士患病，因错过最佳治疗时间，转为慢性疾病，后来时常因其身体状况和病假问题影响工作。该公司领导经讨论认为，张女士目前的身体状况不符合财务主管工作岗位的要求，已经影响了公司的正常经营活动，决定将其由目前的工作岗位调到相对轻松的其他岗位，以方便治疗和休息，相关待遇按照新岗位标准执行。

张女士认为其在公司工作多年，表现良好，用人单位于情应为其保留工作岗位，待其痊愈后继续工作；于理在没有征求她本人意见的前提下，擅自调整她的工作岗位及待遇，属于擅自变更劳动合同的行为，因此拒不执行公司的安排。

第五章 员工劳动合同管理

在双方经过数次协商仍未达成一致意见的情况下，该公司以张女士不服从工作安排，属严重违纪为由，决定与其解除劳动关系，停发工资，停缴社会保险。张女士不服，将该公司告上劳动争议仲裁委员会，要求恢复劳动关系，继续从事原岗位工作。

【解析】在用人单位的规章制度和日常管理工作中，哪些属于行使管理权，哪些应属于变更劳动合同行为，是许多HR管理者容易出现困惑的地方。这也是本案的焦点所在。

依据相关规定，因劳动合同订立时所依据的客观情况发生重大变化，致使原劳动合同无法履行而变更劳动合同，须经双方当事人协商一致，若不能达成协议，则可按法定程序解除劳动合同；因劳动者不能胜任工作而变更、调整职工工作岗位，则属于用人单位的自主权。对于因劳动者岗位变更引起的争议应依据相关规定处理。

因此，上述案例中用人单位的做法是没有问题的。因为该单位在规章制度中已将身体状况不符合岗位要求界定为不能胜任工作，用人单位因劳动者不能胜任工作而变更、调整职工工作岗位，属于用人单位的自主权。劳动者拒不服从用人单位工作安排且用人单位在规章制度中明确将其界定为严重违纪的，可以解除劳动合同。

【答疑解惑】

问1：工作地点变更属于劳动合同变更，需协商后方可调整？

【解答】工作地点的调整属于劳动合同变更的情况，是需要公司与员工双方协商同意才能执行的，公司没有履行协商的流程就下发调岗通知书，显然是违法的，如果就此解除劳动合同属于违法解除，员工可以通过劳动仲裁解决这个问题。

问2：劳动合同期限变更了，是否算续签合同？

【解答】劳动合同的变更是指对原劳动合同的内容作部分修改、补充或者删减，而不是签订新的劳动合同。劳动合同变更后，原劳动合同未变更

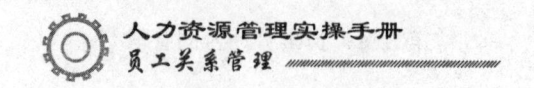

的部分仍然有效，变更后的内容就取代了原劳动合同中的相关内容，新达成的变更协议条款与原劳动合同中的其他条款具有同等法律效力，对双方当事人均有约束力。

第六章
员工抱怨、申诉与劳动争议管理

第一节 员工抱怨管理

一、员工为什么抱怨

员工抱怨是指员工在工作中对感受到的不公平或不公正的待遇或行为，以非正式的方式表达出来的任何不满。该定义强调的方面如图 6-1 所示。

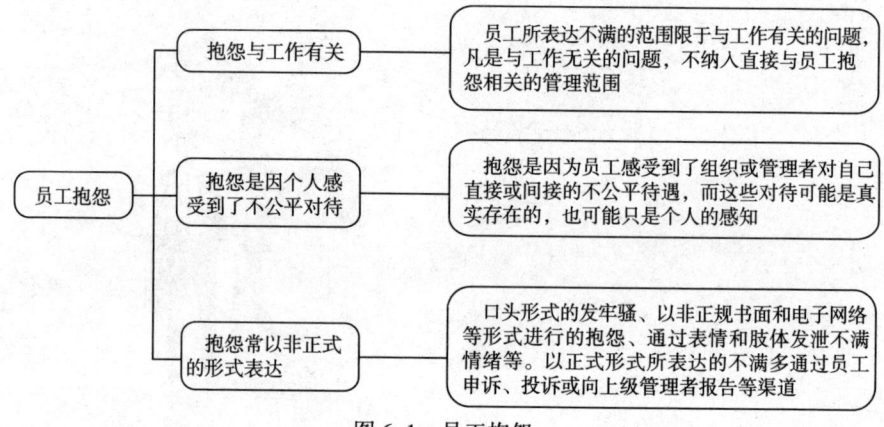

```
员工抱怨 ── 抱怨与工作有关 ── 员工所表达不满的范围限于与工作有关的问题，凡是与工作无关的问题，不纳入直接与员工抱怨相关的管理范围
        ── 抱怨是因个人感受到了不公平对待 ── 抱怨是因为员工感受到了组织或管理者对自己直接或间接的不公平待遇，而这些对待可能是真实存在的，也可能只是个人的感知
        ── 抱怨常以非正式的形式表达 ── 口头形式的发牢骚、以非正规书面和电子网络等形式进行的抱怨、通过表情和肢体发泄不满情绪等。以正式形式所表达的不满多通过员工申诉、投诉或向上级管理者报告等渠道
```

图 6-1 员工抱怨

二、员工抱怨的影响

员工抱怨对个人、团队和组织会产生不同的、双向的影响，如图 6-2 所示。一些影响可能是积极的，例如，促进管理改进和管理者行为转变，但在大多数情况下产生消极影响。

```
对个人的影响 ← 员工抱怨的影响 → 对群体的影响
```

图 6-2 员工抱怨的影响

1. 对个人的影响

抱怨是一种正常的心理情绪，当员工认为受到了不公正的待遇，就会产生抱怨，这种情绪有助于缓解心中的不快。抱怨并不绝对是坏事，特别是当管理出现问题的时候，给员工抱怨的机会并进行妥善的处理，往往能够收到良好的效果。在这种情况下，抱怨是一种警示和提醒。

抱怨表达的是一种不满，在抱怨他人他事的同时，抱怨者也会产生一些消极的情绪。如果企业没有和谐的工作氛围，员工有怨气无法表达出来，情绪不佳，则先会隐性地表现出一些负面效果；随着心理压力增大，不满情绪积累且得不到释放，最终会以其他更激烈的形式爆发，给个人造成心理甚至生理上的不利影响。

2. 对群体的影响

抱怨成性的员工不是好员工，也不可能是持续绩效优秀的员工。同时，抱怨具有传染性，如果个别员工的抱怨没有及时被组织发现和解决，就会在群体中长期散布、蔓延，进而影响整个部门或团队的士气和工作积极性。

员工抱怨特别是群体抱怨，如果没有畅通的申诉渠道和解决程序，很有可能造成管理者与被管理者之间的对立，甚至导致劳资冲突或引发群体性事件，给个人、企业及社会造成恶劣影响。

三、员工抱怨管理的重要性

1. 促进员工关系和谐

公司的很多问题都始于员工的抱怨，大多数抱怨与管理有关，如薪酬不合理、奖惩不明晰、制度不公平、管理人员能力差和素质低等。一个怨声载道的工作氛围对员工关系和团队精神的伤害最大。因此，正确对待和及时处理员工抱怨，有利于促进组织与员工关系的和谐。

2. 有利于组织的长远发展

员工的抱怨至少说明两点，如图 6-3 所示。这对于一个组织来说，是正常现象。员工有烦恼，说明员工在组织成长过程中和自身成长发展过中遇到了不理解或自己解决不了的问题，需要得到上级的重视和支持。所以，抱怨并不可怕，可怕的是管理者没有体察到这种抱怨及其缘由，或者对抱怨的反应迟缓甚至反感，使抱怨的情绪蔓延开去，最终导致管理更加混乱与矛盾激化。因此，主要问题不在于是否有抱怨，而是如何应对抱怨并及时处理。

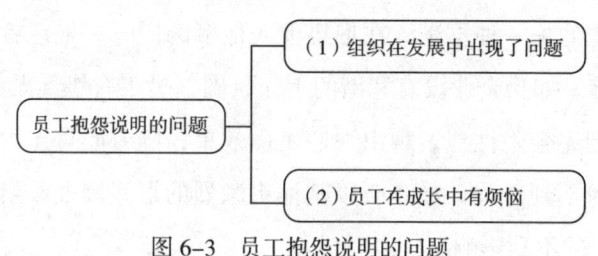

员工抱怨说明的问题
- （1）组织在发展中出现了问题
- （2）员工在成长中有烦恼

图 6-3　员工抱怨说明的问题

3. 实现人本化管理

不管员工以何种形式抱怨，实质上都反映了员工与某些管理者之间的不和谐，或组织成员之间的利益冲突没有得到妥善解决。如果企业从员工角度看待这个问题，就会对抱怨有所理解，也会寻找到积极的处理方式。例如，一些企业定期进行的员工满意度调查（员工心态调查）就是将抱怨纳入人性化管理的有效途径。通过满意度调查，根据反馈结果了解员工满意和不满意之处，发现现存的管理问题，为采取对策提供第一手资料。这种做法既促进了组织的良性发展，又释放了员工的某些不满情绪。

四、员工抱怨处理的原则

基层管理者和直接领导是员工抱怨的主要处理者，在抱怨处理中，要依靠制度、规则和良好的沟通反馈机制，更重要的是要依靠直接领导者的细心、耐心、诚心和娴熟的人际关系处理技巧。员工抱怨处理的原则如图 6-4 所示。

1. 倾听和信任第一

对于抱怨，管理者要认真对待，冷静倾听。要树立解决好员工抱怨是管理核心问题的信念，怀着理性心态接受抱怨。抱怨无非是一种发泄，需要听众，而这些听众往往是抱怨者最信任的人。对管理者来说，处理抱怨的最简单方式就是不带任何偏见和情绪地倾听。组织能够让下属无所顾忌地发表意见，是管理效果的体现，是获得员工信任的重要途径。

```
                          ┌── 倾听和信任第一
                          ├── 了解起因，敢于面对
           员工抱怨处理的原则 ┼── 有则改之，无则加勉
                          ├── 对事不对人
                          └── 果断处理，努力化解
```

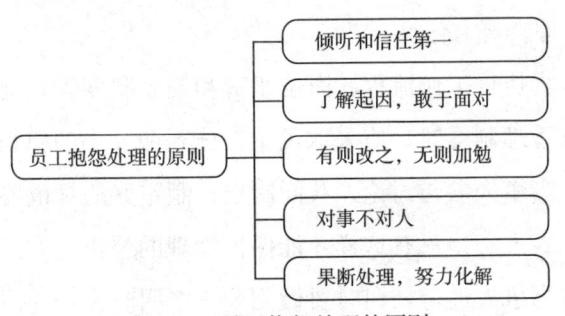

图 6-4 员工抱怨处理的原则

2. 了解起因，敢于面对

要尽量了解抱怨的起因，尤其是出现合理抱怨的时候，它有利于管理者改进工作。若了解到抱怨的起因是不恰当的，可通过劝说或与员工充分沟通将问题解决；如果这些抱怨是合理的，应及时改进工作。对于抱怨的调查要采取仔细认真的态度，注意倾听多方面意见；对因为同事关系或部门关系产生的抱怨，要认真听取双方当事人的意见，不要偏袒任何一方。在没有完全了解清楚之前，管理者不应该做任何定论，过早的表态只会使事情变得更糟。

3. 有则改之，无则加勉

可以用"二八定律"来解释和处理抱怨。大约 80% 的抱怨可以通过平等有效的沟通解决，因为 80% 的抱怨是针对小事或是不尽合理的地方，或者来自员工的情绪化行为。管理者在认真听取抱怨者意见的基础上，对问题做出认真、耐心的解答，可以消除绝大多数抱怨。另外 20% 的抱怨则需要认真处理，因为这些抱怨是公司的管理出了问题。在抱怨者情绪激动的时候，要尽量使其先平静下来，阻止不良情绪扩散，而后再采取有效措施。

4. 对事不对人

对一些员工抱怨，不要凭借对其的刻板印象和以往表现进行处理，而

是要具体问题具体分析，要奉行对事不对人的原则。例如，一些管理者对表现好的员工的抱怨愿意听取；而对表现不好的员工的抱怨置之不理。这种按照刻板印象处理问题的方式不仅不能消除抱怨，还有可能激化矛盾。

5. 果断处理，努力化解

规范和认真执行工作流程、岗位职责和规章制度等是处理抱怨的重要措施。在规范管理制度时，应采取民主、公开和公正的原则。公司的各项管理规范要让当事人参与讨论、共同制定；制定好的规范要向所有员工公开，并使之深入人心，只有这样才能保证管理的公正性。由员工失职造成的损失，在对当事人进行处罚时要做到公正严明。一旦弄清楚抱怨的原因应及时与员工沟通，防止不满情绪扩散。

案例6-1　如何消除员工对上级领导的不满情绪?

某工作日，一员工怒气冲冲来到人力资源部办公室投诉，表示对上级管理方式不满，当时该员工情绪非常激动，说话声音很大。而负责接待的人力资源部小刘，为安抚该员工情绪，非常礼貌地说"你不要激动，别生气，有问题向我们反映，我们会调查，如果情况属实，一定给你一个满意的答复。"不料，该员工立即大声喊叫："调查什么？难道你以为我撒谎吗？还是说你们人力资源部与管理人员一样不讲道理，我不与你谈了。"随后，无论小刘如何向他解释，此员工就是不再与其答话，只是自己大声抱怨无处讲理，因当时正处于办公繁忙时间，办公室内还有其他员工，为避免事态恶化，小刘应该如何与这名员工进行沟通？

【解析】首先，小刘可以耐心地安抚该同事的情绪，并认真倾听他的想法，同时明确告知：刚才你反映的问题，我们非常重视，我们一起去会议室谈谈（如果处理员工投诉类事件，处于公众环境是不方便沟通的，此时最好转移到一个独立、安静的环境较为妥当）。

引导员工进入会议室后，员工可能还会继续不停地讲上级对其如何不公正等。面对情绪不稳定的员工，千万不要说"别生气"之类的话，因为人在气头上是最听不得这话的，这时最好的方法是转移他的怒火。如何转移怒火？有以下几种方法：

①给他倒杯水，缓解激动的情绪。

②请他说慢点，并且告诉他："您说的很重要，我要重点记录下来"。（一般人在生气时语速很快，如果令对方放慢语速，自然怒气也会慢慢减少）当他真正冷静下来时，我们再进行下一步处理会顺利很多，并且你耐心地倾听对方抱怨，他也发泄了出来，最后解决问题会容易很多。

【答疑解惑】

问：员工产生抱怨的根源是什么？

【解答】大部分员工产生抱怨不外乎以下几个原因：

（1）薪酬问题

薪酬直接关系着员工的生存质量问题，所以薪酬问题是员工抱怨最多的内容。比如本公司薪酬与其他公司的差异，不同岗位、不同学历、不同业绩薪酬的差异，薪酬的晋升幅度、加班费计算、年终奖金、差旅费报销等都可能成为抱怨的话题。

（2）工作环境

员工对工作环境和工作条件的抱怨几乎包括工作的各个方面，小到公司信笺的质量，大到工作场所的地理位置等都可能涉及。

（3）同事关系

同事关系的抱怨往往集中在工作交往密切的员工之间，并且部门内部员工之间的抱怨更加突出。

（4）部门关系

部门之间的抱怨主要在于部门之间的利益矛盾、部门之间工作衔接不畅。

第二节　员工申诉管理

一、什么是员工申诉

1. 内涵界定

所谓申诉，是指组织成员以口头或书面等正式方式，表示对组织或企业有关事项的意见或不满。它是用正式的、事先安排的方式，为澄清员工和组织管理之间的纠纷提供的一种机制或制度安排，有利于劳资双方在不同层次上协商，确保员工关系问题得到及时有效的解决。

2. 类别划分

（1）内部申诉与外部申诉

依据申诉对象，申诉可分为企业内部申诉和企业外部申诉，外部申诉即劳动仲裁。员工通过企业内部申诉渠道提出申诉，与向劳动仲裁机构提起申诉不同：前者是依据企业制定的申诉制度和程序，在企业内部进行；后者则是在劳动仲裁机构的主持下，依据国家有关法律法规进行的申诉程序。

（2）个人申诉和集体申诉

依据申诉主体，申诉可分为个人申诉和集体申诉。个人申诉多是由管理方对员工的行为规制和惩罚不当引起的纠纷，通常由个人或工会代表提出。其内容包括整个雇佣关系存续期间可能引发的任何争议。争议的焦点主要是触及了集体协议中规定的个人和团体的权利，如有关资历的规定、违反工作规则、不合理的工作分类或工资福利水平等。集体申诉是为了集体利益而提起的政策性申诉，通常是工会针对管理方（也可能是管理方针对工会）违反协议条款行为提出的质疑。集体申诉虽不直接涉及个人权利，但影响整个谈判单位的团体利益，通常由工会委员会的成员代表工会提出。

温馨提示

企业常见的员工申诉渠道

①人力资源总监：人力资源部门是企业的后勤部门，其工作内容包含对劳动纠纷的处理和劳动保护工作。所以公司中的员工申诉渠道通常设置在人力资源部，由人力资源总监直接负责。

②隔级上级：通常员工的工作事宜由其直接上级负责管理和引导，但如果上级和员工之间产生劳动争议，此时上级往往不能直接处理员工的相关问题。所以员工可以隔级申诉，让中高层领导出面进行调查处理。

③总经理：总经理通常是一个公司的核心负责人，有责任和义务处理其员工的相关事宜。另外，总经理出面处理问题更容易使员工信服。

申诉渠道的关键在于"顺畅"，当员工提出申诉时，公司可以快速收到信息并及时做出相应的处理。这样才能安抚员工的情绪，避免事态的继续恶化。

二、员工申诉制度的建立准则

一般而言，内部申诉制度的建立和完善应遵循的准则如图 6-5 所示。

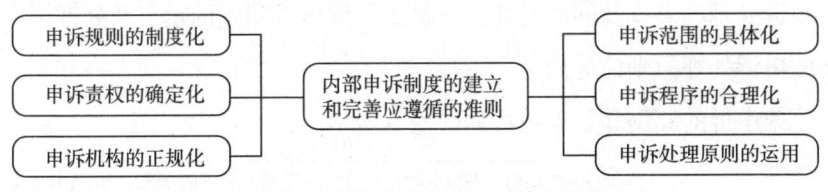

图 6-5　内部申诉制度的建立和完善应遵循的准则

1. 申诉规则的制度化

企业申诉和执行程序必须制度化，这对于保护员工及组织的合法权益具有重要作用。按照现行的法律，组织在制定申诉制度过程中，不能单方决定，必须征求员工或员工代表的意见。

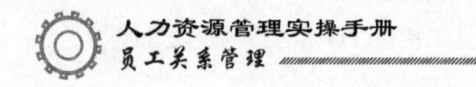

2. 申诉责权的确定化

申诉制度中必须明确员工申诉的权利和义务，鼓励员工通过企业内部申诉提出问题，同时强调员工必须对自己的申诉行为负责。明确规则，使积极维护申诉制度的员工得到奖励，破坏制度的员工承担相应的责任。

3. 申诉机构的正规化

申诉机构的正规化，不仅能确保申诉渠道的通畅，还可以使管理者通过正式渠道了解员工的工作和心理状况。非正式化的申诉运作会增加组织处理申诉问题的难度和成本，也易助长管理人员隐瞒和歪曲事实的不良风气。

4. 申诉范围的具体化

企业的申诉制度，应具体明确哪些情况可以提起申诉，哪些情况不可以提起申诉，使管理者和员工了解申诉的问题所在，避免员工将本可通过正常管理渠道解决的问题也通过申诉方式提出。应及时对申诉问题做分类处理，使组织尽早发现和有针对性地解决不同性质和类别的问题。

5. 申诉程序的合理化

较为规范的申诉制度更适合大规模企业，但任何组织都可以设计和选择适当的申诉程序，并体现以下特征：员工有机会表达意见；组织有接受意见并进行处理的机构或负责人；申诉处理依照正式的渠道和程序进行；问题处理能够反馈给申诉者，明示申诉处理过程及结果；组织定期整理和公布申诉处理的事件及问题特征，让员工了解申诉问题的重点及处理情形。

6. 申诉处理原则的运用

处理申诉的原则和管理技巧如图 6-6 所示。

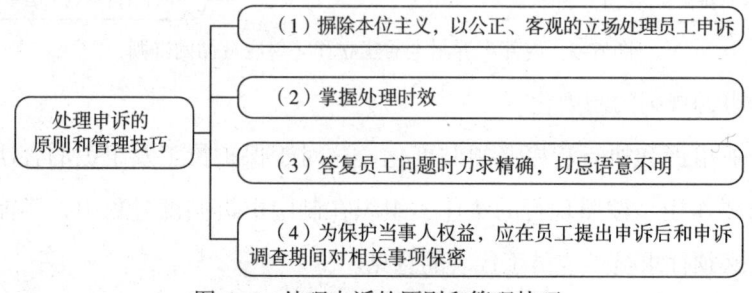

处理申诉的原则和管理技巧：
（1）摒除本位主义，以公正、客观的立场处理员工申诉
（2）掌握处理时效
（3）答复员工问题时力求精确，切忌语意不明
（4）为保护当事人权益，应在员工提出申诉后和申诉调查期间对相关事项保密

图 6-6 处理申诉的原则和管理技巧

三、员工申诉的处理程序

1. 一般程序

处理申诉的程序，视企业规模大小、事情轻重，以及有无工会组织等有所不同。

员工申诉的处理程序一般有两种，第一种程序是从员工到直接主管，经过部门经理再到部门总监和企业领导；第二种程序则是由员工至企业人力资源部门（或是其他具有相似职能的部门）再到企业领导。

2. 处理阶段

通常情况下，员工申诉的处理程序包括四个阶段，如图 6-7 所示。

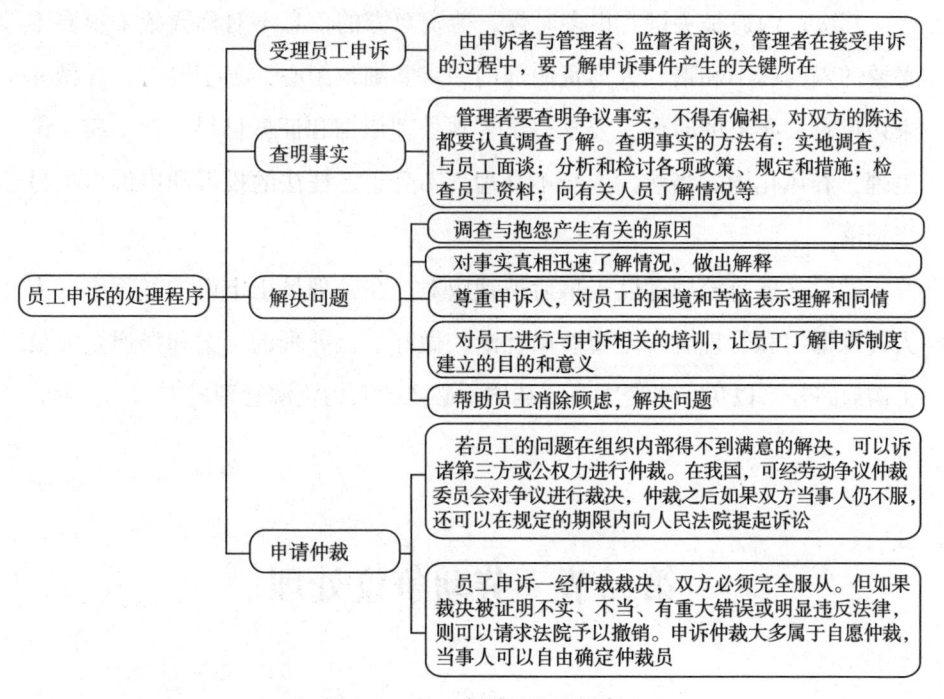

员工申诉的处理程序：

- **受理员工申诉**：由申诉者与管理者、监督者商谈，管理者在接受申诉的过程中，要了解申诉事件产生的关键所在
- **查明事实**：管理者要查明争议事实，不得有偏袒，对双方的陈述都要认真调查了解。查明事实的方法有：实地调查，与员工面谈；分析和检讨各项政策、规定和措施；检查员工资料；向有关人员了解情况等
- **解决问题**：
  - 调查与抱怨产生有关的原因
  - 对事实真相迅速了解情况，做出解释
  - 尊重申诉人，对员工的困境和苦恼表示理解和同情
  - 对员工进行与申诉相关的培训，让员工了解申诉制度建立的目的和意义
  - 帮助员工消除顾虑，解决问题
- **申请仲裁**：
  - 若员工的问题在组织内部得不到满意的解决，可以诉诸第三方或公权力进行仲裁。在我国，可经劳动争议仲裁委员会对争议进行裁决，仲裁之后如果双方当事人仍不服，还可以在规定的期限内向人民法院提起诉讼
  - 员工申诉一经仲裁裁决，双方必须完全服从。但如果裁决被证明不实、不当、有重大错误或明显违反法律，则可以请求法院予以撤销。申诉仲裁大多属于自愿仲裁，当事人可以自由确定仲裁员

图 6-7 员工申诉的处理程序

【答疑解惑】

问 1：员工申诉的原因有哪些？

【解答】员工申诉的原因主要有以下三点：

①环境因素。包括雇佣的经济条件、工作的物质环境、工作要求过高

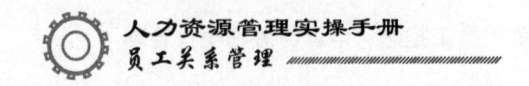

或过低、公司的经济状况不佳等。

②与目标、实现目标的方法和不平等待遇有关的因素。

③与个人、团体或组织之间的关系相关的因素。

问 2：如何有效处理企业员工申诉？

【解答】首先要理智。更多的时候，员工是遭受到了不平等待遇或是发现企业某环节存在不当行为，只是为了"讨个说法"，人力资源部门一定要理性对待：既不鼓励捕风捉影，也不无限放大事件本身，对已经接受的申诉，第一时间快速处理，在调查核实的基础上给予员工反馈结果，以免造成更大的负面影响。

其次，沟通是关键。很多时候，劳资双方的信息不对称导致了很多不必要的隔阂和不和谐，人力资源部门一定要细致耐心，善于聆听，并做好来访记录，必要的时候，要拿得出客观处理依据和证据材料，摆事实、讲道理，春风化雨。当然，本身不合理、不公正、枉法的投诉和申诉事项另当别论。

最后，事前控制远胜于事后被动应对。在处理员工申诉的过程中，人力资源部门和管理者一定要防微杜渐，做好危机处理的预案和畅通企业员工沟通路径，以免小事变大事，徒增不必要的人力资源管理成本。

第三节 劳动争议处理

一、什么是劳动争议

1. 内涵界定

劳动争议又称劳动纠纷、劳资争议或劳资纠纷，是指劳动关系双方当事人之间，对劳动权利与劳动义务及其他相关利益有不同主张和要求而引起的争议。从各国情况看，《劳动法》中的劳动争议多指狭义的争议，一般指用人单位与劳动者之间及与工会之间，在《劳动法》调整的范围内因为劳动问题引起的纠纷。国外一些国家对劳动争议的处理有专门立法，我国劳动争议处理目前参照的是现行《劳动法》《劳动合同法》等法律和法规。

2.劳动争议的主体与类别

劳动争议的当事人，一方为劳动者（又称职工）或其团体，另一方为用人单位或团体。也就是说，当事人必须是通过一定的法律事实（如签订劳动合同）建立劳动关系的用人单位及被其录用的劳动者。用人单位包括企业、事业组织、国家机关、社会团体等，当个体经营者雇请帮工时，亦可以作为用人单位一方当事人。劳动关系的另一方即员工，可以是员工个人，也可以是员工组织，如工会。若争议不是发生在劳动关系双方当事人或其团体之间，即使争议内容涉及劳动问题，也不构成劳动争议，例如，劳动者之间在劳动过程中发生的争议。因此，劳动争议可以分为两类，如图6-8所示。

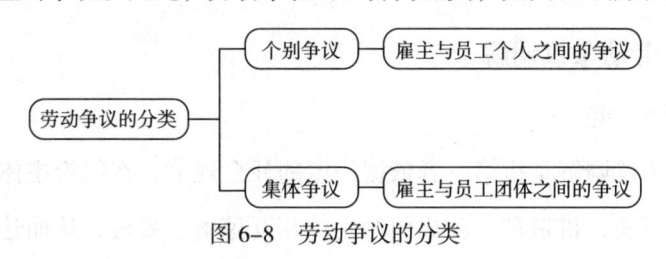

```
                    ┌─ 个别争议 ─── 雇主与员工个人之间的争议
    劳动争议的分类 ─┤
                    └─ 集体争议 ─── 雇主与员工团体之间的争议
```

图6-8　劳动争议的分类

3.劳动争议的内容与调整范围

劳动争议的内容依据相关法律所涉及的劳动权利和劳动义务而确定，主要包括就业、工时、工资、劳动保护、保险福利、职业培训、民主管理和奖励惩罚等各方面。劳动争议依据我国现行法律，受理的范围是境内企业与员工之间发生的争议。

二、劳动争议的处理程序

《劳动法》第七十九条规定，劳动争议发生后，当事人可以向本单位劳动争议调解委员会申请调解；调解不成，当事人一方要求仲裁的，可以向劳动争议仲裁委员会申请仲裁。当事人一方也可以直接向劳动争议仲裁委员会申请仲裁。对仲裁裁决不服的，可以向人民法院提起诉讼。由此可知，我国劳动争议的处理机制是调解、仲裁和诉讼，如图6-9所示。

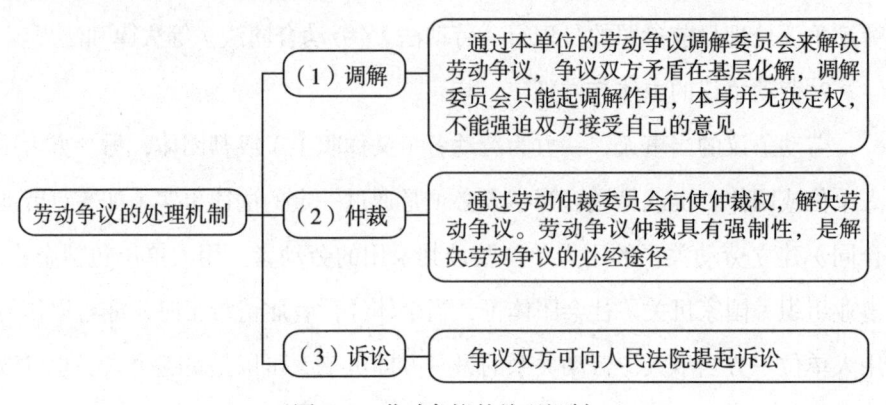

```
                         ┌─(1)调解── 通过本单位的劳动争议调解委员会来解决
                         │          劳动争议，争议双方矛盾在基层化解，调解
                         │          委员会只能起调解作用，本身并无决定权，
                         │          不能强迫双方接受自己的意见
                         │
劳动争议的处理机制 ──────┼─(2)仲裁── 通过劳动仲裁委员会行使仲裁权，解决劳
                         │          动争议。劳动争议仲裁具有强制性，是解
                         │          决劳动争议的必经途径
                         │
                         └─(3)诉讼── 争议双方可向人民法院提起诉讼
```

图6-9　劳动争议的处理机制

在劳动纠纷处理实践中，企业内部劳动争议调解委员会的调解活动经常同员工申诉处理混合进行，不予区分。

三、劳动争议调解

1. 内涵界定

劳动争议调解是指第三者依据一定的社会规范，在纠纷主体之间沟通信息、摆事实、讲道理，促成纠纷主体相互谅解、妥协，从而达成最终解决纠纷的合意。劳动争议的调解具有非强制性和非严格规范性的特点。在我国，劳动争议案件的调解主要包括劳动争议调解委员会的调解、劳动争议仲裁委员会的调解和人民法院的调解。

2. 劳动争议调解机构

劳动争议调解机构为劳动争议调解委员会，它是设在企业内部的基层民间调解机构。根据《劳动法》，用人单位内可以自行设立劳动争议调解委员会，由职工代表、用人单位代表和工会代表组成。劳动争议调解委员会主任由工会代表担任。

3.劳动争议调解程序

企业劳动争议的处理应按规定程序进行。首先，由劳动争议当事人口头或书面提出调解申请并填写"劳动争议调解申请书"。调解委员会接到申请书后，应立即审核该事由是否属于劳动争议、是否属于调解委员会的调解范围、调解请求与事实根据是否明确。审核后，受理与否都应尽快通知提出调解申请的劳动争议当事人。调解委员会受理调解申请后，必须着手进行事实调查。调解必须在查清事实、分清是非、明确责任的基础上进行。

事实调查的主要内容如图6-10所示。经过调查后，劳动争议调解委员会以会议的形式实施调解。调解会议由调解委员会主任主持，有关单位和个人可以参会，协助调解。会议首先听取当事人双方对争议案件的陈述，然后调解委员会依据查明的事实，在分清是非的基础上，依据有关法律法规，公正地将调解意见予以公布，并听取当事人双方对调解委员会所公布的案件调查情况和调解意见的看法；而后进行协商，当事人双方经协商达成一致意见，可以达成调解协议。企业调解委员会调解劳动争议未达成调解协议的，当事人可以自劳动争议发生之日起60日内，向仲裁委员会提出仲裁申请。无论是否达成协议，均可由调解委员会指定1～2名调解委员进行调解。

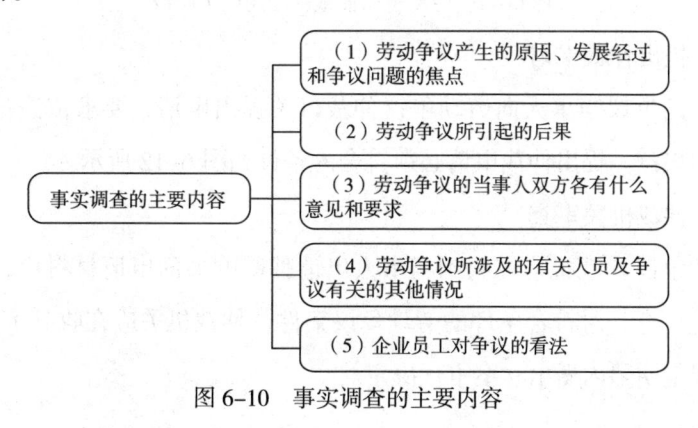

事实调查的主要内容：
- （1）劳动争议产生的原因、发展经过和争议问题的焦点
- （2）劳动争议所引起的后果
- （3）劳动争议的当事人双方各有什么意见和要求
- （4）劳动争议所涉及的有关人员及争议有关的其他情况
- （5）企业员工对争议的看法

图6-10 事实调查的主要内容

四、劳动争议仲裁

1. 内涵与性质

劳动争议仲裁分为两部分，即劳动争议和仲裁。仲裁一般针对可以由当事人处分的权益的争执，利用仲裁人的中立立场，求得公平合理和经济快捷的处理结果。如果劳动争议中的部分争议符合上述仲裁对象的特征，仲裁就可以引入劳动争议处理机制。

劳动争议仲裁制度是指依照国家劳动法律规定成立的劳动争议仲裁委员会作为第三方，遵循法律规定的原则和程序，对劳动关系双方发生的劳动争议进行调解和裁决的一项劳动法律制度。

2. 劳动争议仲裁机构

劳动争议仲裁委员会是我国目前专门的劳动争议仲裁机构。根据我国《劳动法》，劳动争议仲裁委员会由劳动行政部门代表、同级工会代表、用人单位方面代表组成。

3. 劳动争议仲裁的程序

劳动争议仲裁程序主要分为四个阶段，如图 6-11 所示。

```
┌─────────────┐     ┌──────────────┐     ┌──────────────┐
│ 劳动争议仲裁 │─────│（1）提出仲裁申请│     │（3）立案调查取证│
│ 程序的四个阶段│     ├──────────────┤     ├──────────────┤
│             │─────│（2）仲裁机关审查│     │（4）开庭审理  │
└─────────────┘     └──────────────┘     └──────────────┘
```

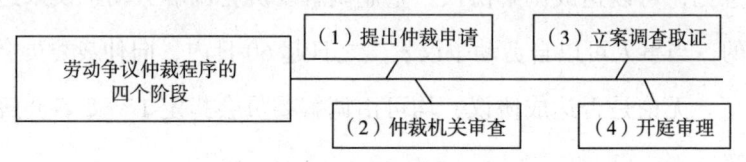

图 6-11　劳动争议仲裁程序的四个阶段

（1）提出仲裁申请

由劳动争议当事人向劳动争议仲裁机关提出申请，要求依法裁决，保护自己的权益。提出仲裁申请必须符合的条件如图 6-12 所示。

（2）仲裁机关审查

劳动争议仲裁机构在收到当事人申请仲裁的书面申请材料后，必须进行认真的审查。对符合条件的劳动争议案件，仲裁机关应在收到申诉书后，在法律规定期限内做出立案审理决定。

第六章 员工抱怨、申诉与劳动争议管理

```
                    ┌─ 第一，申诉必须在规定的时效以内。根据《劳动法》的
                    │  规定，提出仲裁要求的一方应当自劳动争议发生之日起60
                    │  日内向劳动争议仲裁委员会提出书面申请
                    │
                    ├─ 第二，申诉人必须与该劳动争议有直接利害关系
 提出仲裁申请 ──────┤
 必须符合的条件     ├─ 第三，申诉人必须有明确的被诉人以及具体的申诉请求
                    │  和事实依据
                    │
                    └─ 第四，申诉的案件必须在受理申诉的劳动争议仲裁委员
                       会的管辖范围之内
```

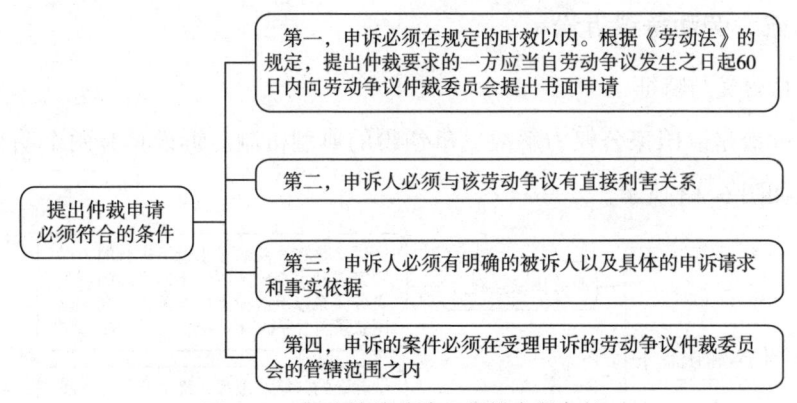

图 6-12　提出仲裁申请必须符合的条件

（3）立案调查取证

仲裁委员会立案受理劳动争议后，应按相关法律法规，组成有三名仲裁员的仲裁庭。仲裁庭成员应认真审查申诉和答辩材料，调查收集证据，查明争议事实。调查取证是仲裁活动的重要阶段，是弄清事情真相、明确案件性质、正确处理争议案件的前提和基础。调查主要是为了查清争议的时间、地点、原因、经过、双方争议的焦点、证据和证据的来源等。

（4）开庭审理

在调查取证的基础上，开庭审理。仲裁庭处理劳动争议，首先应当进行调解，促使当事人双方自愿达成协议。经调解达成协议的，仲裁庭将仲裁调解书送达双方。送达后的调解书具有法律效力。若达不成调解协议，则进行仲裁庭辩论。仲裁员根据情况，将辩论焦点集中在需要澄清和应该核实的问题上。为了进一步查明当事人双方的申诉请求和争议事项，还必须进行仲裁庭调查。由证人出庭做证、仲裁机关出示证据等。仲裁庭根据最终的调查结果和有关法律法规做出裁决。

仲裁裁决一般应在受理仲裁申请之日起 45 日内做出。对仲裁裁决无异议的，当事人必须履行。劳动争议当事人对裁决不服的，可以自收到裁决书之日起 15 日内向人民法院提起诉讼。一方当事人在法定期限内既不起诉又不履行仲裁裁决的，另一方当事人可以申请人民法院强制执行。

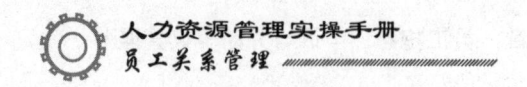

五、劳动争议诉讼

1. 含义与特征

诉讼是以国家公权力解决民事纠纷的典型机制。诉讼具有两个明显特征，如图 6-13 所示。

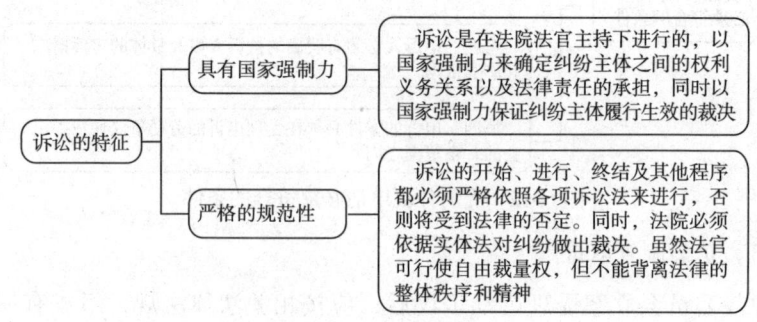

```
                            ┌─ 具有国家强制力 ── 诉讼是在法院法官主持下进行的，以
                            │                    国家强制力来确定纠纷主体之间的权利
                            │                    义务关系以及法律责任的承担，同时以
                            │                    国家强制力保证纠纷主体履行生效的裁决
          诉讼的特征 ───────┤
                            │                    诉讼的开始、进行、终结及其他程序
                            │                    都必须严格依照各项诉讼法来进行，否
                            └─ 严格的规范性 ──── 则将受到法律的否定。同时，法院必须
                                                 依据实体法对纠纷做出裁决。虽然法官
                                                 可行使自由裁量权，但不能背离法律的
                                                 整体秩序和精神
```

图 6-13　诉讼的特征

2. 劳动争议诉讼的机构

人民法院是处理劳动争议的司法机关。根据《劳动法》，当事人对仲裁裁决不服的，自收到裁决书之日起 15 日内，可以向人民法院起诉。人民法院对劳动争议案件有权进行审理。

3. 劳动争议诉讼的程序

人民法院对劳动争议案件的审理，适用《中华人民共和国民事诉讼法》规定的程序，分为起诉与受理、调查取证、调解和开庭审理四个阶段，如图 6-14 所示。

```
                         ┌─（1）起诉与受理   ┌─（3）调解
       劳动争议诉讼的程序 ┤                  ┤
                         └─（2）调查取证     └─（4）开庭审理
```

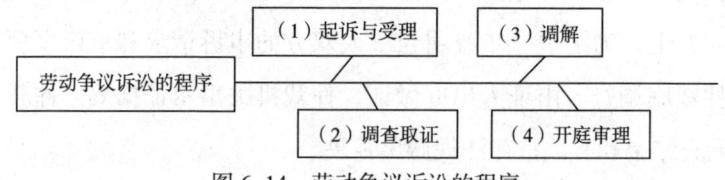

图 6-14　劳动争议诉讼的程序

（1）起诉与受理

原告向人民法院提出诉讼请求，要求人民法院行使审判权，以保护自己的合法权益。起诉人必须与该劳动争议有直接的利害关系，有明确的被告、具体的申诉请求和事实、理由。

（2）调查取证

人民法院要对劳动争议仲裁机关掌握的情况、证据进行核实，对争议有关的事实进行调查、取证，弄清事实。

（3）调解

人民法院审理劳动争议案件，根据当事人自愿的原则，在事实清楚的基础上分清是非，进行调解。达成调解协议的，由人民法院制作调解书。调解书经当事人双方签收，即发生法律效力，当事人必须执行。

（4）开庭审理

经调解不成的，或当事人在调解书送达之前反悔的，人民法院应及时判决。人民法院在开庭3日前将开庭时间、地点通知当事人和其他诉讼参与人。开庭要进行法庭调查，由当事人陈述争议事实，法庭出示有关证据，当事人双方进行法庭辩论。在辩论结束后，法庭做出裁决，并按规定向当事人发送判决书。

当事人若不服一审判决，有权在判决书送达之日起15日内，向上一级人民法院提出上诉。

案例6-2 劳动者与用人单位订立放弃加班费协议，能否主张加班费？

张某于2020年6月入职某科技公司，月工资20000元。某科技公司在与张某订立劳动合同时，要求其订立一份协议作为合同附件，协议内容包括"我自愿申请加入公司奋斗者计划，放弃加班费"。半年后，张某因个人原因提出解除劳动合同，并要求支付加班费。该科技公司认可张某加班事实，但以其自愿订立放弃加班费协议为由拒绝支付。张某向劳动争议仲裁委员会（简称仲裁委员会）申请仲裁。

申请人请求裁决某科技公司支付2020年6月至12月加班费24000元。

【解析】本案的争议焦点是张某订立放弃加班费协议后，还能否主张加班费。

《劳动合同法》第二十六条规定,用人单位免除自己的法定责任、排除劳动者权利的劳动合同无效或部分无效。《最高人民法院关于审理劳动争议案件适用法律问题的解释(一)》(法释〔2020〕26号)第三十五条规定,劳动者与用人单位就解除或者终止劳动合同办理相关手续、支付工资报酬、加班费、经济补偿或者赔偿金等达成的协议,不违反法律、行政法规的强制性规定,且不存在欺诈、胁迫或者乘人之危情形的,应当认定有效。前款协议存在重大误解或者显失公平情形,当事人请求撤销的,人民法院应予支持。加班费是劳动者延长工作时间的工资报酬,《劳动法》第四十四条、《劳动合同法》第三十一条明确规定了用人单位支付劳动者加班费的责任。约定放弃加班费的协议免除了用人单位的法定责任、排除了劳动者权利,显失公平,应认定无效。

本案中,该科技公司利用在订立劳动合同时的主导地位,要求张某在其单方制定的格式条款上签字放弃加班费,既违反法律规定,又违背公平原则,侵害了张某工资报酬权益。故仲裁委员会依法裁决该科技公司支付张某加班费。

案例6-3　用人单位以规章制度形式否认劳动者加班事实是否有效?

J公司是上海一家旅游公司,申某于2014年6月入职该公司。入职之初,J公司通过电子邮件告知申某,公司采取指纹打卡考勤。《员工手册》规定:"21:00之后起算加班时间;加班需由员工提出申请,部门负责人审批。"申某于2014年7月至2015年3月期间,通过工作系统累计申请加班126个小时。J公司以公司规章制度中明确21:00之后方起算加班时间,21:00之前的不应计入加班时间为由,拒绝支付申某加班费差额。申某向劳动争议仲裁委员会(简称仲裁委员会)申请仲裁,请求裁决J公司支付其加班费差额。J公司不服仲裁裁决,诉至人民法院。请求判决不支付申某加班费差额。

第六章 员工抱怨、申诉与劳动争议管理

【解析】本案例的争议焦点是 J 公司以规章制度形式否认申某加班事实是否有效。

《劳动合同法》第四条规定，用人单位应当依法建立和完善劳动规章制度，保障劳动者享有劳动权利、履行劳动义务。用人单位在制定、修改或者决定有关劳动报酬、工作时间、休息休假、劳动安全卫生、保险福利、职工培训、劳动纪律，以及劳动定额管理等直接涉及劳动者切身利益的规章制度或者重大事项时，应当经职工代表大会或者全体职工讨论，提出方案和意见，与工会或者职工代表平等协商确定。用人单位应当将直接涉及劳动者切身利益的规章制度和重大事项决定公示，或者告知劳动者。通过民主程序制定的规章制度，不违反国家法律、行政法规及政策规定，并已向劳动者公示的，可以作为确定双方权利义务的依据。

本案例中，一方面，J 公司的《员工手册》规定有加班申请审批制度，该规定并不违反法律规定，且具有合理性，在劳动者明知此规定的情况下，可以作为确定双方权利义务的依据。另一方面，J 公司的《员工手册》规定 21:00 之后起算加班时间，并主张 18:00 至 21:00 是员工晚餐和休息时间，故自 21:00 起算加班。鉴于 18:00 至 21:00 时间长达 3 个小时，远超过合理用餐时间，且在下班 3 个小时后再加班，不具有合理性。在 J 公司不能举证证实该段时间为员工晚餐和休息时间的情况下，其规章制度中的该项规定不具有合理性，人民法院依法否定了其效力。人民法院结合考勤记录、工作系统记录等证据，确定了申某的加班事实，判决 J 公司支付申某加班费差额。

【答疑解惑】

问1：发生劳动争议，当事人举证责任如何分配？

【解答】举证责任原则上应实行"谁主张谁举证"，但如果与争议事项有关的证据是属于用人单位掌握并管理的，则实行"举证责任倒置"的原则，由用人单位提供。用人单位不提供的，应当承担不利后果。

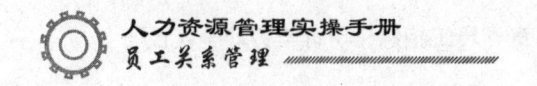

问 2：什么情况下劳动者申请仲裁不受仲裁时效的限制？

【解答】劳动关系存续期间，因拖欠劳动报酬发生争议的，劳动者申请仲裁不受仲裁时效期间的限制。但是，劳动关系终止的，应当自劳动关系终止之日起一年内提出。

第七章
员工劳动保护管理

第一节　劳动安全卫生管理

一、劳动安全卫生管理制度的种类和内容

劳动安全卫生管理制度的种类和内容如表 7-1 所示。

表 7-1　劳动安全卫生管理制度的种类和内容

种类	内容
安全生产责任制度	安全生产责任制度是从企业组织体系上规定企业各类人员的劳动安全卫生责任，使各个层次的安全卫生责任与管理责任、生产责任统一起来
安全技术措施计划管理制度	此项制度是指企业在编制年度生产、技术、财务计划的同时，必须编制以改善劳动条件、防止和消除伤亡事故和职业病为目的的技术措施计划的管理制度，其计划项目主要包括：安全技术措施、劳动卫生措施、辅助性设施建设、改善措施以及劳动安全卫生宣传教育措施等
安全生产教育制度	此项制度是企业对劳动者进行安全技术知识、安全技术法制观念的教育、培训和考核制度，是防止发生工伤事故的重要措施
安全生产检查制度	此项制度是劳动部门、产业主管部门、用人单位、工会组织对劳动安全卫生法律、法规、制度的实施依法进行监督检查的制度
重大事故隐患管理制度	此项制度是对企业可能导致重大人身伤亡或重大经济损失，潜伏于作业场所、设备设施以及生产、管理行为中的安全缺陷进行预防、报告和整改的规定。其要点为： ①重大事故隐患分类 ②重大事故隐患报告 ③重大事故隐患预防与整改措施 ④劳动行政部门、企业主管部门对重大事故隐患整改的完成情况的检查验收
安全卫生认证制度	此项制度是通过对劳动安全卫生的各种制约因素是否符合劳动安全卫生要求进行审查，并对符合要求者正式认可、允许进入生产过程的制度。其要点为： ①有关人员资格认证，如特种作业人员资格认证 ②有关单位、机构的劳动安全卫生资格认证，如矿山安全资格、劳动安全卫生防护用品设计、制造单位的资格认证等 ③与劳动安全卫生联系特别密切的物质技术产品的质量认证等 凡是被国家纳入认证范围的对象，都实行强制认证。只有经认证合格的才能从事相应的职业活动或投入使用

续表

种类	内容
伤亡事故报告和处理制度	该制度是国家制定的对劳动者在劳动生产过程中发生的和生产有关的伤亡事故的报告、登记、调查、处理、统计和分析的规定。其目的是及时报告、统计、调查和处理职工伤亡事故，采取预防措施，总结经验，追究事故责任，防止伤亡事故再度发生。包括以下内容： ①企业职工伤亡事故分类 ②伤亡事故报告 ③伤亡事故调查 ④伤亡事故处理
个人劳动安全卫生防护用品管理制度	国家关于个人劳动安全卫生防护用品的国家标准和行业标准的制定，生产特种个人劳动安全卫生防护用品的企业生产许可证颁发，质量检验检测的规定 企业内部有关个人劳动安全卫生防护用品的购置、发放、检查、修理、保存、使用的规定，其目的是保证防护用品充分发挥对操作人员及有关人员的劳动保护作用
劳动者健康检查制度	健康检查制度包括以下两类制度： ①员工招聘健康检查 ②企业员工的定期体检，发现疾病及时治疗以及预防职业病的发生

二、劳动安全卫生预算的编制与审核

企业执行各项劳动安全卫生制度，要有一定的组织措施和技术措施的保证为基础。劳动安全卫生技术措施计划必须与企业的生产计划、技术计划、人力资源计划和财务计划同时编制。劳动安全卫生保护预算涉及生产系统控制、技术创新、财务预算各项工作。劳动安全卫生预算编制审核程序如图7-1所示。

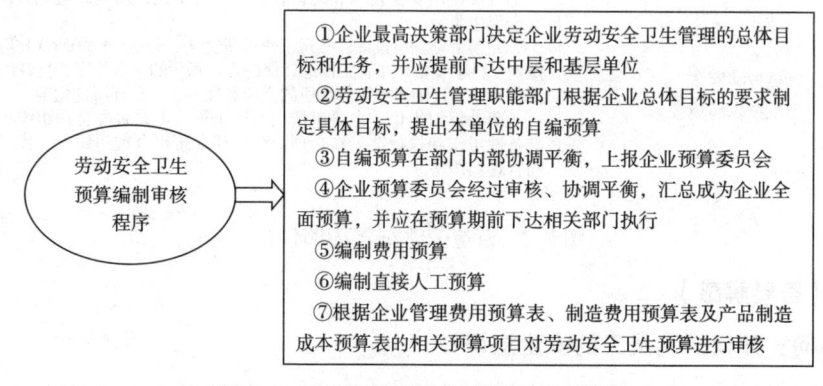

劳动安全卫生预算编制审核程序 →
①企业最高决策部门决定企业劳动安全卫生管理的总体目标和任务，并应提前下达中层和基层单位
②劳动安全卫生管理职能部门根据企业总体目标的要求制定具体目标，提出本单位的自编预算
③自编预算在部门内部协调平衡，上报企业预算委员会
④企业预算委员会经过审核、协调平衡，汇总成为企业全面预算，并应在预算期前下达相关部门执行
⑤编制费用预算
⑥编制直接人工预算
⑦根据企业管理费用预算表、制造费用预算表及产品制造成本预算表的相关预算项目对劳动安全卫生预算进行审核

图7-1 劳动安全卫生预算编制审核程序

三、严格执行各项劳动安全卫生管理制度

职业危害是职业危害因素对劳动者人身造成的有害后果,既可以表现为对劳动者的急性伤害,如劳动安全卫生事故,又可以表现为慢性伤害,即各类职业病。职业危害因素是劳动过程中各类物质因素以其固有的物理、化学或生物属性对人造成的危害性或危险性。

国家为了保护劳动者在生产过程中的安全健康,根据生产的客观规律和生产实践经验的科学总结,规定了各项企业必须执行的安全生产管理制度。为防止重大劳动安全卫生事故的发生,企业必须全面完善并严格执行各项劳动安全卫生管理制度。

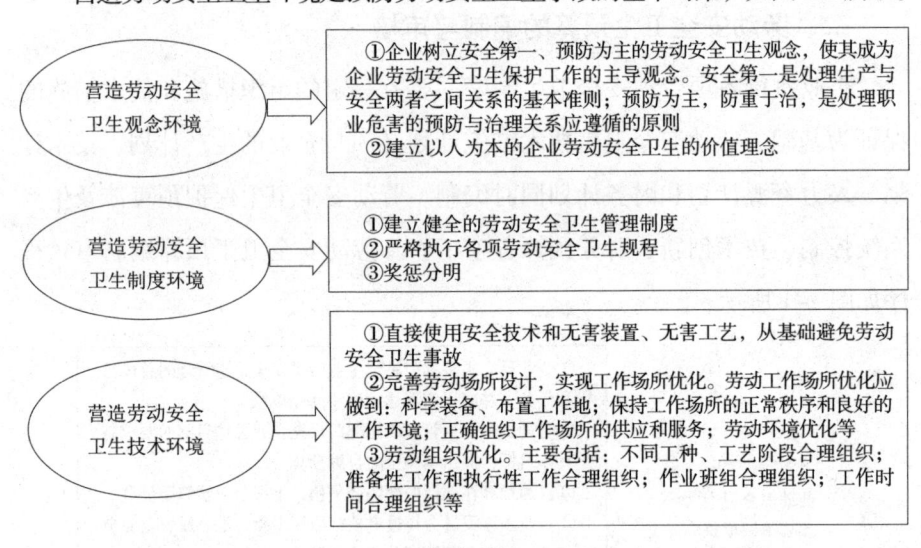

四、积极营造劳动安全卫生环境

营造劳动安全卫生环境是预防劳动安全卫生事故的基本对策,如图7-2所示。

营造劳动安全卫生观念环境	①企业树立安全第一、预防为主的劳动安全卫生观念,使其成为企业劳动安全卫生保护工作的主导观念。安全第一是处理生产与安全两者之间关系的基本准则;预防为主,防重于治,是处理职业危害的预防与治理关系应遵循的原则 ②建立以人为本的企业劳动安全卫生的价值理念
营造劳动安全卫生制度环境	①建立健全的劳动安全卫生管理制度 ②严格执行各项劳动安全卫生规程 ③奖惩分明
营造劳动安全卫生技术环境	①直接使用安全技术和无害装置、无害工艺,从基础避免劳动安全卫生事故 ②完善劳动场所设计,实现工作场所优化。劳动工作场所优化应做到:科学装备、布置工作地;保持工作场所的正常秩序和良好的工作环境;正确组织工作场所的供应和服务;劳动环境优化等 ③劳动组织优化。主要包括:不同工种、工艺阶段合理组织;准备性工作和执行性工作合理组织;作业班组合理组织;工作时间合理组织等

图7-2 营造劳动安全卫生环境

【答疑解惑】

问:如何提高员工的安全意识?

【解答】要想有效减少企业工伤事故的发生,需要提高全员的安全意识,提高全员的安全操作水平,企业可以从以下方面入手。

第七章　员工劳动保护管理

（1）强化员工的培训教育

企业可以强化员工的培训教育，通过思想教育类培训和操作技能类培训提高全员的安全意识，通过实际的安全事故警醒员工，总结安全事故教训。企业需要重点把握的培训类型如图7-3所示。

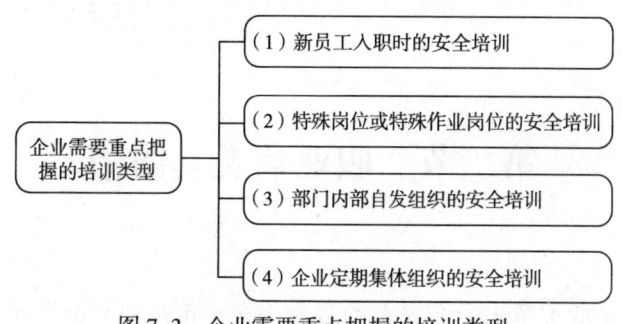

```
                          ┌─（1）新员工入职时的安全培训
                          │
企业需要重点把握          ├─（2）特殊岗位或特殊作业岗位的安全培训
的培训类型                │
                          ├─（3）部门内部自发组织的安全培训
                          │
                          └─（4）企业定期集体组织的安全培训
```

图7-3　企业需要重点把握的培训类型

（2）规范作业流程

企业可以通过查找员工作业动作的安全隐患，形成安全隐患较大岗位的标准化作业程序，通过清单式管理法，建立安全隐患较大岗位的作业清单，规范、固化员工的作业流程。企业可以通过规范作业流程，把安全隐患降到最低。

（3）定期实施检查

企业可以定期组织企业内部进行安全大检查，鼓励部门内部进行安全自查，从而发现存在安全隐患的环境，并在发现问题之后及时做出改正。

（4）设立安全管理员

企业可以让不同岗位相对比较优秀的员工轮流做兼职安全管理员，有条件的企业也可以设立全职的安全管理员。兼职和全职的安全管理员的主要职责是在日常工作中查找安全隐患问题，并及时修正。

（5）合理实施赏罚

企业可以在定期的检查和自查中找到安全隐患管理优秀或较差的部门或个人，优秀的可以给予奖励，较差的应当给予相应的惩罚。赏罚可以和某种积分挂钩，也可以和工资或奖金挂钩，还可以与员工福利挂钩。

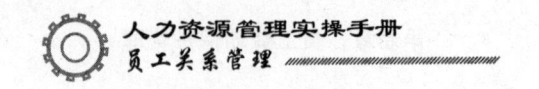

（6）安全责任评优

企业的安全管理不仅可以与绩效挂钩，还可以与薪酬挂钩、与员工荣誉挂钩。企业可以建立全年未出任何安全事故的部门或个人才有的年终评优的机会，或者岗位晋升、学习、获得某种荣誉的机会等的机制。

第二节　职业病及其防治

职业病是危害员工生命安全的致命伤害，也是引起劳资纠纷、影响社会和谐的公共健康问题。

一、什么是职业病

1. 职业病的内涵界定

由于发病原因复杂，我们很难对职业病做出明确的定义。简单地讲，职业病就是指劳动者在职业活动中因接触职业性危害因素而引起的疾病，或者说是由职业病伤害而引发的疾病。但该定义不是绝对的，许多疾病也可能在工作以外的同种情况下发生，而有些疾病也可能在脱离工作环境很长时间才发病。

鉴于对职业病内涵确定的难度较大，各国一般通过法律形式界定职业病的定义及其种类。因此，人们通常所指的职业病即法定职业病。法定职业病是指各个国家根据其社会制度、经济条件和诊断技术水准，以法规形式规定的职业病。不同国家有不同的法定职业病名单。凡被诊断为法定职业病的患者，根据劳动能力鉴定结果及有关规定，可以享受国家和企业规定的劳动保险待遇。《中华人民共和国职业病防治法》（以下简称《职业病防治法》）对职业病的定义为：企业、事业单位和个体经济组织等用人单位的劳动者在职业活动中，因接触粉尘、放射性物质和其他有毒、有害因素而引起的疾病。

2.职业病的发病特征

职业病的发病有两个比较明显的特征：一是在较长时间内逐渐形成，属于缓发性伤残；二是多数表现为较长时间的体内器官生理功能的损伤（如矽肺、放射性疾病等），很少有痊愈的可能，属于不可逆性损伤。从管理和防治的角度看，职业病还具有其他一些特征，如图7-4所示。

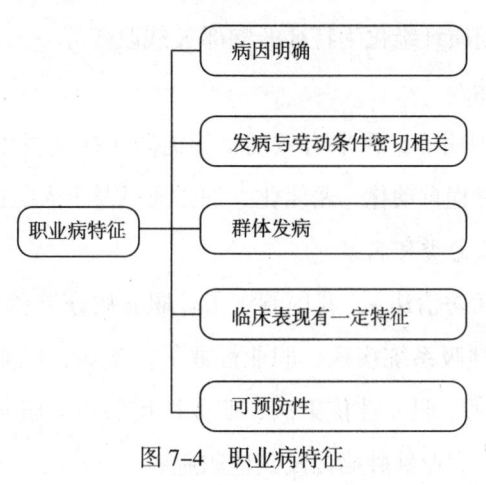

图7-4 职业病特征

（1）病因明确

职业病是在生产过程中接触到有毒有害物质，或者处于带有职业病伤害的环境时，才有发病的可能。例如，职业性苯中毒是劳动者在生产活动中接触苯引起的；尘肺是劳动者在工作中吸入过量的零食和饮料粉尘引起的。接触不到有毒有害物质的人，一般不存在发病机会。

（2）发病与劳动条件密切相关

职业病的发生与生产环境中有害因素的数量或强度、作业时间、劳动强度及个人防护等因素密切相关。例如，急性中毒的发生多由短期内大量吸入毒物引起；慢性中毒则多由长期吸收小量的毒物蓄积引起。

（3）群体发病

群体发病是职业病的另一特征。在同一生产条件下接触某一种有害因素，常有多人同时或先后患同一种疾病的情况。例如，煤矿井下工人，无

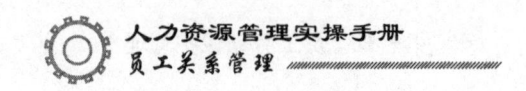

论是同一矿还是不同矿，只要井下煤尘浓度超过国家规定标准，个人防护又不符合要求，皆可能出现煤工矽肺。

（4）临床表现有一定特征

临床表现的特征是指许多生产性有害因素对机体的危害有一定特征。例如，急性一氧化硫中毒表现为血液碳氧血红蛋白形成，导致缺氧征象；急性有机磷农药中毒表现为胆碱酯酶抑制，出现神经兴奋的症状和体征；矽肺表现为以肺间质纤维化为特征的胸部 X 线改变等。

（5）可预防性

职业病的病因明确，采取有效的措施能防止疾病发生。预防措施包括工艺改革，生产过程自动化、密闭化，加强通风及个人防护措施等。

3. 法定职业病分类和名录

根据《职业病防治法》，我国制定了《职业病分类和名录》，包括职业性尘肺病及其他呼吸系统疾病、职业性放射性疾病、职业性化学中毒、物理因素所致职业病、职业性传染病、职业性皮肤病、职业性眼病、职业性耳鼻喉口腔疾病、职业性肿瘤以及其他职业病 10 类。

4. 职业性损伤与白领职业病

（1）职业性损伤

国外目前对职业病范围的确认有扩展趋势，一些病症虽然不是直接由有害物质引起的，但与劳动条件和职业性质有密切关系，多属于职业性损伤，也被列为法定职业病。例如，美国从 20 世纪 70 年代开始，将由工作引起的精神忧郁列入职业病，也可享受工伤事故补偿。因长期进行计算机键盘操作而引起手臂肌肉和组织损伤（称为重复性运动失调），发病率相当高，对从业人员造成损伤较为严重，也被作为职业病处理。另有国家将腰部劳损列为职业病，它主要发生在从事护理、卡车驾驶、重机械操作制造、服装加工和保安、文字输入等工作的人群中。

（2）白领职业病

由于长期坐在办公室和使用计算机等现代化设备的时间增多，白领员工也相继被新的职业病伤害困扰，目前尚未被列入法定职业病名单，但应引起相关机构和用工企业的重视，如图7-5所示。

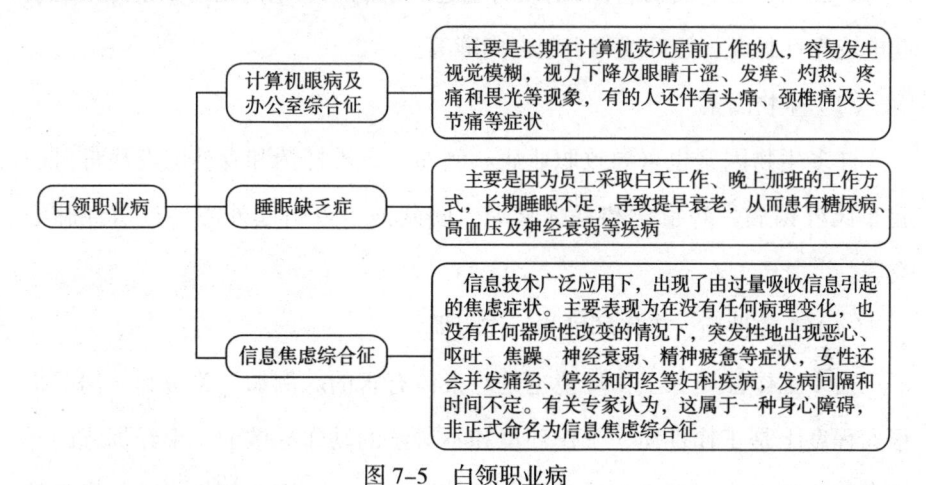

```
白领职业病 ┬─ 计算机眼病及办公室综合征 ── 主要是长期在计算机荧光屏前工作的人，容易发生视觉模糊，视力下降及眼睛干涩、发痒、灼热、疼痛和畏光等现象，有的人还伴有头痛、颈椎痛及关节痛等症状
          ├─ 睡眠缺乏症 ── 主要是因为员工采取白天工作、晚上加班的工作方式，长期睡眠不足，导致提早衰老，从而患有糖尿病、高血压及神经衰弱等疾病
          └─ 信息焦虑综合征 ── 信息技术广泛应用下，出现了由过量吸收信息引起的焦虑症状。主要表现为在没有任何病理变化，也没有任何器质性改变的情况下，突发性地出现恶心、呕吐、焦躁、神经衰弱、精神疲惫等症状，女性还会并发痛经、停经和闭经等妇科疾病，发病间隔和时间不定。有关专家认为，这属于一种身心障碍，非正式命名为信息焦虑综合征
```

图7-5 白领职业病

二、职业病的病因

传统的职业病主要是由员工接触职业性有害因素而导致的疾病，现代职业病还与工作性质、工作环境和工作习惯有关，如图7-6所示。

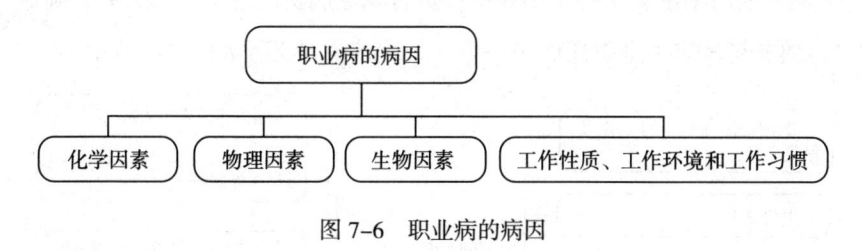

```
          职业病的病因
    ┌────┬────┬────┬──────────────────┐
  化学因素 物理因素 生物因素 工作性质、工作环境和工作习惯
```

图7-6 职业病的病因

（1）化学因素

许多化学物质会对劳动者造成职业伤害，引发职业病。化学因素主要分为毒物和粉尘两大类。毒物的种类很多，职业病风险最大，主要有职业性中毒、职业性肺部疾病、职业性皮肤病、职业性肿瘤、职业性眼病及职业性鼻病，以及由粉尘引起的各种尘肺等。

（2）物理因素

物理因素对劳动者的职业伤害主要分为四类：高温可引起中暑，低温

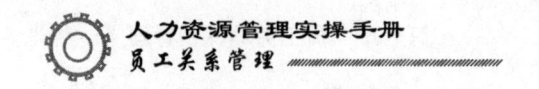

可引起冻伤；高气压可引起减压病，低气压可引起高原病；噪声可引起噪声聋，震动可引起震动病；X射线可引起放射病，非电离辐射如紫外线可引起电旋光性眼炎，红外线可引起白内障等。

（3）生物因素

许多生物因素也可导致职业病。例如，布氏杆菌和森林脑炎病毒可引起布氏杆菌病、炭疽病和森林脑炎，蘑菇孢子可引起外源性过敏性肺泡炎等。

（4）工作性质、工作环境和工作习惯

很多工作性质和工作环境也是对人体有害的。例如，关节和肌肉劳损很大程度上是工作性质、工作环境和不科学的动作导致的。未经训练的操作者的不良工作习惯也是导致职业性损伤的主要原因。例如，腰部疾病的发病与员工长期进行同一种动作有直接关系。

三、职业病防治中的企业职责

《职业病防治法》明确了用人单位负有职业病防治的责任和义务，确认其是依法维护劳动者职业健康的第一责任人。其主要义务如图7-7所示。

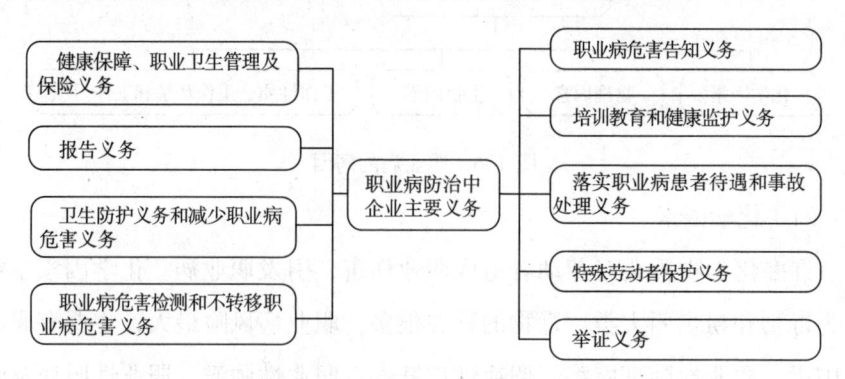

图7-7 职业病防治中企业主要义务

（1）健康保障、职业卫生管理及保险义务

用人单位应该采取有效的职业病危害防护措施，为劳动者提供符合国家职业卫生标准和卫生要求的工作场所、环境和条件；建立健全职业病防治责任制、职业卫生管理组织机构和职业卫生管理制度，要求依法参加工伤社会保险。

（2）报告义务

用人单位应当及时、如实向卫生行政部门申报职业病危害项目，报告职业病危害事故和职业病危害检测、评价结果。

（3）卫生防护义务和减少职业病危害义务

用人单位必须设置有效的职业病防护设施，并为劳动者提供个人防护用品；必须采取有利于防治职业病和保护劳动者健康的新技术、新工艺、新材料，逐步替代职业病危害严重的技术、工艺和材料。

（4）职业病危害检测和不转移职业病危害义务

用人单位应当定期对工作场所进行职业病危害检测、评价；不得将产生职业病危害的作业转移给不具备职业病防护条件的单位和个人。

（5）职业病危害告知义务

用人单位对采用的技术、工艺、材料，应当知悉其产生的职业病危害，不得隐瞒其危害，还应通过合同、设置公示栏、警示标志和提供说明书等方式告知劳动者。

（6）培训教育和健康监护义务

用人单位对劳动者应当进行上岗前、在岗期间的职业卫生培训和教育；组织为从事接触职业病危害因素的劳动者提供上岗前、在岗期间和离岗时的职业健康检查。

（7）落实职业病患者待遇和事故处理义务

用人单位对遭受或者可能遭受急性职业病危害的劳动者，应当及时组织救治、进行健康检查和医学观察；及时安排疑似职业病患者进行诊断；负责职业病患者的诊断、治疗、康复和安置，并依法进行赔偿；对从事接触职业病危害作业的劳动者，给予适当岗位津贴；妥善安置有职业禁忌或者有与职业相关的健康损害的劳动者；发生或者可能发生急性职业病危害事故时，用人单位应当立即采取应急救援和控制措施。

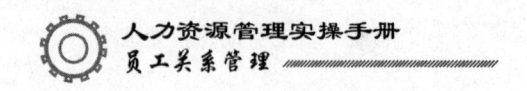

（8）特殊劳动者保护义务

用人单位不得安排未成年人从事接触职业病危害因素的作业；不得安排孕妇、哺乳期的女性员工从事对本人和胎儿、婴儿有危害的作业。

（9）举证义务

劳动者申请职业病诊断或鉴定时，用人单位应当如实提供职业病诊断所需的有关职业卫生和健康监护等资料。

此外，企业还负有接受行政监督和民主管理的义务，以及法律、法规规定的其他保障劳动者权利的义务。

四、特殊保护措施

职业病的病因明确，只要措施得当可以得到有效预防。严格遵守和履行有关职业安全的规定，为员工提供健康的劳动环境，进行安全技术训练等都是必要的防范措施。此外，还包括一些特殊的保护措施，如图7-8所示。

```
                      ┌─ 健康体检制度
                      │
                      ├─ 从事有害作业后的健康检查制度
    特殊的保护措施 ──┤
                      ├─ 职业病治疗
                      │
                      └─ 职业病患者劳动能力鉴定
```

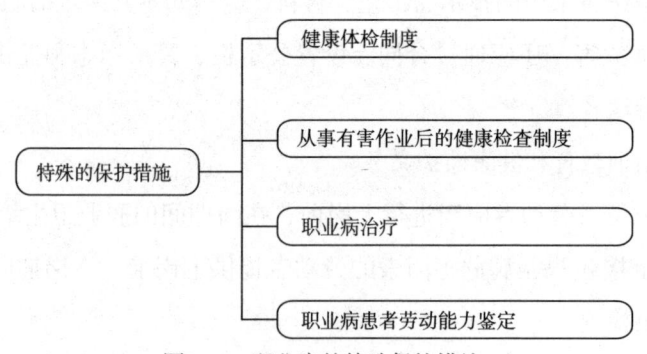

图7-8　职业病的特殊保护措施

（1）健康体检制度

对从事有职业性伤害风险工作的员工，要严格执行健康体检制度，发现职业病及时治疗。检查的目的是了解受检者的健康状况，明确有无从事有害作业的禁忌症；取得受检查者的基础健康数据，作为对从事有害作业者进行健康监护的原始依据，一旦患病还可作为职业病评定的参考数据。

（2）从事有害作业后的健康检查制度

通过检查及时发现职业病危害对作业人员健康的早期影响；检查出高危人群作为重点监护对象；发现新的职业禁忌症者及时调离，发现职业病患者及时治疗和处理。

（3）职业病治疗

对职业病的确定，必须到有诊断权的职业病防治机构进行检查诊断。凡确诊患职业病的员工，由职业病防治机构开具"职业病诊断证明"。企业应将患者调离有害作业岗位和环境，安排治疗或疗养并进行劳动鉴定，使其享受国家规定的工伤保险待遇或职业病待遇。对于一些因工作性质和操作特征引起的职业性损伤，企业一般采取个人健身计划、改善工作条件、调整工作时间以及增加休息间隔等多种形式进行治疗和防范。

（4）职业病患者劳动能力鉴定

对职业病患者进行劳动能力鉴定的意义在于，根据患者的健康状况安排工作或疗养，或提供劳动保险待遇。一些职业病，如电旋光性眼炎、中暑、轻度铅中毒等，员工经过治疗病愈后，可以继续从事原工作；对一些职业病，如轻度苯中毒、早期放射病、职业性白内障等，虽可治愈或治疗后有明显好转，但患者一般不宜从事原工作，企业须另行安排工作；对一些明显影响劳动能力或留有严重后遗症的职业病，如尘肺Ⅱ期以上、慢性中毒性脑炎等，企业有责任承担患者的治疗和疗养义务。

案例 7-1　员工疑似得了职业病，公司该如何妥善处理？

Q 公司是做工艺产品的，大概有员工 70 人，很多人是老员工，大多数岗位不是固定的，员工做完自己手里的工作，就会去干其他工作。所有产品做出来之后都会经过喷粉、喷油漆等工序，需要员工经常接触一些粉尘。

之前公司从未把职业病当回事，员工入职前也没做过任何体检。最近员工小陈身体不适，自己去医院检查，回来后说肺有问题，是因工作接触粉尘而造成的。从事这个行业时间长，接触粉尘久了，多少都会受影响，目前公司打算给他报销医药费。但又担心如果给小陈报销，肯定很多接触过粉尘的员工都会去体检，说自己身体有问题，如果是那样，公司恐怕也承担不起。

请问，公司接下来要如何处理才能防止事态扩大，把影响降到最低？

【解析】可以从以下几点做起：

①首先要让全体同仁明确什么叫职业病，因为这是一个不可回避的话题。

②如何预防职业病，需由人力资源部门组织全体员工进行职业病防治的培训。

③给员工配备应有的职业病防治设施、设备和工具。

④给予应有的福利和补贴。

⑤定期对员工进行体检，并将体检结果存入人事档案，以备后查。

第三节 心理健康管理与心理疾病防治

一、员工心理健康及其管理的必要性

1. 心理健康的内涵

对于心理健康，可从不同的角度界定其内涵，一般而言，是指个体的心理活动处于正常状态下，即认知正常、情感协调、意志健全、个性完整和适应性良好，能够充分发挥自身的最大潜能，以应对生活、学习、工作和社会环境的发展与变化需要。

2. 心理健康管理的必要性

个体的健康包括生理健康和心理健康两部分。长期以来，企业比较注重员工的生理健康，而忽视其心理健康，对职业心理保健投入很少。但是员工的心理问题越来越影响企业的绩效及个人的发展，各种心理疾病对员工健康的危害呈逐年上升的趋势。

近年来，随着全球化竞争时代的到来，经济、科技飞速发展，知识经济勃兴，高新技术企业迅猛发展，人们的工作、生活节奏越来越快。大数据时代海量信息的冲击、人口变化带来的严峻就业形势、生态环境的恶化、劳动力市场及未来社会发展不确定性的加大、个体对职业发展和企业前景的疑惑等，都使劳动者的心理问题突出、心理疾病患病率增加。在企业中，压抑、抑郁、焦虑、烦躁、苦闷、不满、失眠、恐惧、无助、痛苦等不良心理因素时刻困扰着上至管理层、下至普通员工，它不仅影响员工潜能的正常发挥，降低员工的工作效率，还阻碍了企业的生产和经营活动的正常进行。因此，重视员工的心理健康，有效实施员工健康管理，是各级管理者必须正视和积极面对的问题。

二、心理健康管理的内容

1. 心理疾病

（1）心理疾病表现

员工的心理疾病有多种表现形式，例如抑郁症及一些心理障碍等。这些大多是因遇到一些突然的、重大的生活变故，或者过度的工作压力而出现的心理失衡状态。一些心理疾病给社会、企业及家庭带来极大的危害。例如，有关数据显示，抑郁症是造成全球精神疾患的主要原因之一。在成年人中，抑郁症患者每年以10%以上的速度增长。与此同时，各类精神、心理障碍患者日益增多。一些存在心理危机的人最终选择自残、自杀等极端行为。

（2）心理疾病病因

紧张和压力是导致员工不良心理反应和不正常精神状态的主要原因。例如，一种最常见的心理失衡现象——精力衰竭，就是过度紧张导致的生理反应，它是一种疲劳或沮丧的心理状态，是过分致力于达成个人的某种预期目标，但目标落空后出现的心理失衡状态，若发展严重会导致精力衰竭等症状。抑郁症也是较为普遍的心理疾病，其原因和病症与精力衰竭有所不同，主要是一些突然性的打击或者心理长期受到压制而产生的一种情感、理智和行动上的错位现象，其特征是缺乏自信、情绪低落、悲观厌世，严重的会出现精神崩溃，甚至产生自杀倾向。

按照心理学的解释，心理疾病的产生与工作性质有关。从事压力大、气氛紧张、需要和他人密切合作类工作的人员，更容易出现精力衰竭和心理危机等。个人的性格、素质和修养也与心理疾病的产生有直接关系。文化水平较高，或者比较注意心理调节的员工，不易发生精力衰竭症状。而缺乏修养、期望值过高或个性特征过强、心理承受力弱的员工，对心理疾病的防范能力较差。一些研究发现，精力衰竭多发生在企业管理层或技术强度大的群体中，尤其是当这些员工处于压力大、报酬福利较低、加班频繁、业绩考核严格或者进行裁员时。精力衰竭与年龄也有关系。一般认为，中年员工或者到达职业生涯中期的员工，容易面临个人期望值升高但竞争能力又相对减弱的危机，当个人过分努力要达成某个目标时，就会产生一种无助感和悲观失望的心理，极易导致心理危机。在心理状态失衡严重的情况下，患者本身是缺乏应付和控制病态能力的，需要心理医生或他人的帮助。患抑郁症或精力衰竭的员工如果得到及时有效的治疗，可以克服心理危机，恢复正常的心理状态。如果没有外界的及时帮助，就可能用病情恶化而产生严重后果。

（3）心理疾病的后果

从事员工健康管理的人员应该注意心理疾病患者的一些特殊症状，例如易怒、健忘、沮丧、疲劳、拖延、紧张以及增加酒精和药物的使用等。此外，还可能发生一些复发性症状，例如溃疡、背疼、频繁头疼等。一些严重的精力衰竭者经常无法保持感情平衡，在完全不适宜的场合表现出毫无根据的敌意，在工作中出现消极和不满的行为。另一个值得注意的现象是，心理疾病有传染性。一位情感极端、情绪悲观的精力衰竭者能迅速影响整个班组的情绪，一旦传播开来，很难阻止，会极大地影响企业的生产率和团队的凝聚力。

（4）心理疾病防治措施

防治心理疾病最有效的办法是消除紧张情绪，增强员工的自信心和帮助他们进行"人格塑造"，设计企业发展和员工开发方案是有效的途径。管理者必须了解潜在的引起员工心理疾病的来源，主要包括家庭关系紧张、经济和生活条件问题、工作任务不明晰或角色冲突、超负荷工作、工作氛围或管理风格不适应等。有些因素通过努力可以得到控制，有些则不然。但实践证明，组织上实施的许多工作方案和工作技巧都可以有效地防止产生或缓解工作紧张和员工的心理压力。因此，对组织来说，应该精心地为员工设计科学和有针对性的管理方案。有些方案虽然不是专门用来克服员工紧张情绪的，但会对缓解员工压力、形成良好的心态起到很大的作用。具体方案如图7-9所示。

防治心理疾病的具体方案：

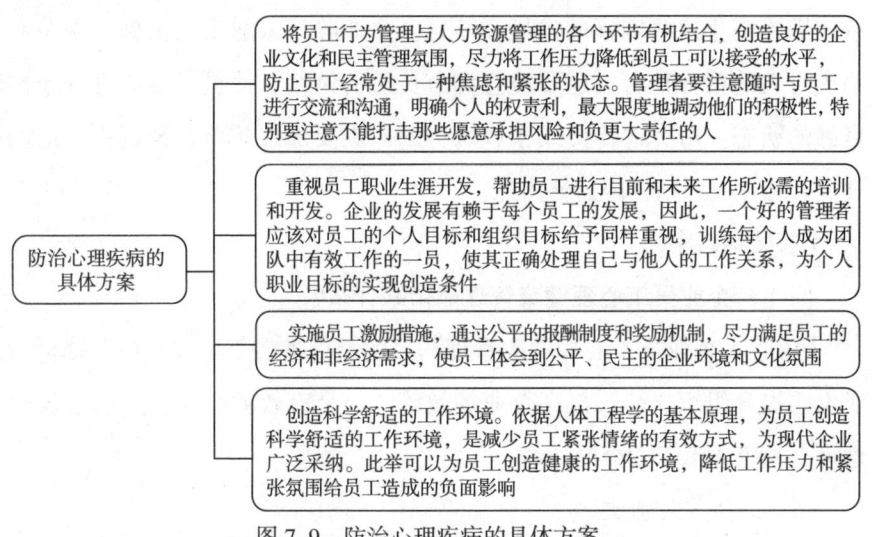

- 将员工行为管理与人力资源管理的各个环节有机结合，创造良好的企业文化和民主管理氛围，尽力将工作压力降低到员工可以接受的水平，防止员工经常处于一种焦虑和紧张的状态。管理者要注意随时与员工进行交流和沟通，明确个人的权责利，最大限度地调动他们的积极性，特别要注意不能打击那些愿意承担风险和负更大责任的人

- 重视员工职业生涯开发，帮助员工进行目前和未来工作所必需的培训和开发。企业的发展有赖于每个员工的发展，一个好的管理者应该对员工的个人目标和组织目标给予同样重视，训练每个人成为团队中有效工作的一员，使其正确处理自己与他人的工作关系，为个人职业目标的实现创造条件

- 实施员工激励措施，通过公平的报酬制度和奖励机制，尽力满足员工的经济和非经济需求，使员工体会到公平、民主的企业环境和文化氛围

- 创造科学舒适的工作环境。依据人体工程学的基本原理，为员工创造科学舒适的工作环境，是减少员工紧张情绪的有效方式，为现代企业广泛采纳。此举可以为员工创造健康的工作环境，降低工作压力和紧张氛围给员工造成的负面影响

图7-9 防治心理疾病的具体方案

对存在心理问题的员工，可以通过请专业医生进行治疗；对于因为工作压力过大、处于精神紧张状态、影响了正常工作和生活的员工，可以采用医疗技术进行治疗，例如，比较流行的催眠技术、生物反馈技术和超自

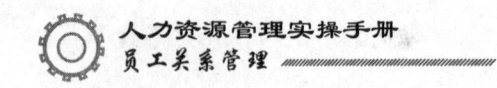

然冥想技术等。

2. 精神障碍性疾病的防治

（1）特征与病因

精神障碍性疾病在广义上也是心理疾病的一种，但不同于精力衰竭或心理状态失常等一般性的心理疾病，它的发病原因和病症表现得更为严重和复杂。遗传是导致精神障碍性疾病的主要原因，但不是唯一原因。工作环境和有毒物质也是诱发因素之一。例如，化工厂的工人，由于经常接触多种化学物质，易产生精神障碍。此外，许多精神性和心理性疾病的发病，也与非物质性因素有关，例如，恶劣的人际关系、不科学的管理方式、不安全健康的劳动条件和劳动状态以及员工心理素质差、性格孤僻等，都可能导致此类疾病的发生。

（2）防治措施

精神障碍性疾病的防治关键是要积极预防，及时发现患病原因，采取有效措施制止这些因素的发展和蔓延。企业除了采取安全措施，防范有害物质对人的精神伤害，还要注意调节员工的情绪，使员工的心理处于健康良好的状态。对有遗传史或家族病史的，更要加强防范，警惕由一般的心理疾病恶化成为精神障碍性疾病。

【答疑解惑】

问1：企业员工心理健康管理能带来什么？

【解答】企业员工心理健康管理的目的是促进员工心理健康、降低管理成本、提升组织文化、提高企业绩效等。一个有效的企业员工心理健康管理可以为企业带来无穷的效益。

（1）减少人才流失

实施员工心理健康管理的企业能使员工感受到企业对他们的关心，使员工更有归属感和工作热情，能吸引更多优秀员工，由此降低重大人力资源风险，保护企业的核心资源。

（2）提高劳动生产率

通过员工心理健康管理的实施，使员工压力处于最佳水平，身心更健康，精力更充沛，由此提高企业的劳动生产率，增强企业的核心竞争力。

（3）预防危机事件发生

通过员工心理健康管理的实施，对员工的压力水平进行即时性监控，并推荐适当的指导建议，促进员工随时调整身心状态，预防员工心理危机事件的发生。

问2：如何正确实施企业员工心理健康管理？

【解答】企业员工心理健康管理可以采用内外相结合的管理模式。内部成立EAP项目部，负责收集与反馈内部信息，接受专业指导开展调查、培训、宣传推广等各种活动。外部体系则与相关专业机构开展合作，在体系建立初期提供专业调查手段和方法，中期负责提供专业咨询和培训服务，体系顺利运行后期辅助建立新员工EAP管理应用模块。

（1）开展调研分析

以员工心理健康研究模型作为理论和依据，以工作倦怠、领悟社会支持、工作控制源、工作满意度、心理资本、成就动机为指标，综合运用调查问卷、走访调研、咨询式访谈、热点座谈、现场观察等方法，了解掌握并分析评估新员工的职业心理健康问题以及心理压力状况，关注其在工作生活、职业发展、婚姻家庭等方面出现的思想问题，分析现象背后的原因，形成新员工EAP心理调查报告，建立新员工心理健康档案，提高EAP工作的针对性和实效性。

（2）宣传普及

发挥企业宣传平台优势，综合运用门户网站、微信平台、QQ群等多种媒体，对心理健康和EAP常识进行普及性宣传。

（3）开展主题活动

利用读书分享会，鼓励新员工分享积极心理学读本，完成自我认知的过程。开展团建，以自由联想和潜意识投射为依据，鼓励新员工挖掘内心的真实想法。组织电影沙龙，通过分享观影感受，察觉自身的情绪和心理信号。结合青年员工座谈会等群团工作，丰富企业员工心理健康管理的载体和内涵，提高新员工主动参与、自我教育的能动性。

第八章
员工情感管理

第一节　员工满意度调查

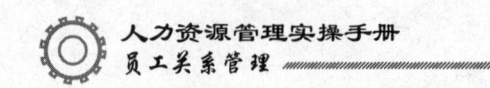

一、什么是员工满意度调查

员工满意度调查是一种科学的人力资源管理工具，它通常以问卷调查等形式，收集员工对企业管理各个方面满意程度的信息，然后通过后续专业、科学的数据统计和分析，真实地反映公司经营管理现状，为企业管理者决策提供客观的参考依据。员工满意度调查还有助于培养员工对企业的认同感、归属感，不断增强员工对企业的向心力和凝聚力。员工满意度调查活动使员工在民主管理的基础上树立以企业为中心的群体意识，从而对组织集体产生强大的向心力。

温馨提示

明确员工满意度调查的目的

（1）了解员工的真实想法

员工满意度调查通常以匿名的方式进行，这样员工可以遵照自己内心真实的想法而不用顾及其他，企业也可以捕捉到员工的思想动态和真实的心理需求，从而采取一些有效的应对措施。

（2）发现企业潜在的问题

员工满意度调查可以看出员工对企业各种管理问题的态度，例如员工对晋升制度是否满意、是否公平等一些潜在性的问题。一旦发现，企业就应及时自查该项制度是否存在问题。若存在问题，应及时采取措施予以纠正。

（3）广泛听取员工意见

在员工满意度调查中通常会添加员工对改善企业经营管理的意见和要求。员工对企业的各项经营管理制度有深刻的体验和发言权，该项设计可以让员工表达自己的想法和意见，同时还可以激发员工参与的积极性，提高员工对企业的归属感和认同感，增强员工的主人公意识。

（4）改进企业的各项管理

通过对员工满意度调查结果的数据统计和问题整理，可以发现企业存在的问题并及时改进。所以员工满意度调查表是企业管理决策的重要依据。

二、员工满意度调查的内容

应根据调查目的确定调查内容，大致可分为6个方面，如表8-1所示。

表8-1 员工满意度调查的内容

调查内容	子项	含义
工作满意度	工作适合度	工作适合自己，符合自己的期望和爱好，能扬长避短，工作量适度，工作中的困难可以克服
	工作挑战性与成就感	工作有适度的挑战性，在工作中能够体现个人价值，有发挥空间，有发展机会，能达到自我价值实现的目的等
	工作安全感	工作安全有保障，无职业病伤害，工作压力适当，不会影响生理和心理健康
	责权分配度	适度、明确的工作分工，工作中适度赋权，责权利匹配
	工作环境与条件	主要指工作的物理环境，包括工作场所干净整洁、光线充沛、温度适宜；工作所需设备和其他资源配备齐全、运行正常等
报酬满意度	薪酬水平	薪酬水平及其增长在相关劳动力市场有一定的竞争力
	薪酬公平	企业内部薪酬分配标准、结果及其薪酬管理具备公平性
	福利待遇	对各项保险、医疗制度以及年休假等企业福利感到满意
自我发展满意度	培训开发	培训的次数、广度和深度合适，有利于自身发展
	工作提高	能够从工作中不断获得提高的机会，扩展社交范围和社会网络
	上级指导	当工作中遇到困难时能够及时得到上级的帮助和指导
	晋升机会	有充分、公正的晋升机会，职业生涯发展路径通畅
对领导满意度	公司领导	领导关爱员工，关心员工的发展，注意与员工沟通交流
	主管领导	领导在分配工作、管理下属、与员工的沟通等方面能够有效实施激励；下属能领会意图，较好地完成任务
	工作认可	员工努力工作能得到上级的认可、重视和公平对待

续表

调查内容	子项	含义
人际关系满意度	同事关系	同事之间有适当的心理距离,相互了解和理解,开诚布公,有互帮互助的良性竞争氛围
	沟通方式	沟通渠道畅通,信息传播准确、高效
	尊重体面	工作群体中尊重个人人格,认可工作价值,无歧视
组织和管理认同感	组织认同	对组织的背景、历史和企业文化,企业在行业中的地位和影响力的认同
	参与管理	有参与管理的机会,合理化建议能得到重视
	管理满意度	对企业的各项规章制度的理解和认同,对制度以外的其他管理行为的认同

三、员工满意度调查的方法

满意度信息的收集通常有三种方法：调查问卷法、访谈法和观察法，其中调查问卷法最为常见。主要的调查问卷如下。

1. 工作描述指数调查法

工作描述指数问卷（Job Descriptive Index，JDI）最初由史密斯（Smith）设计。该调查问卷把工作划分为5个基本维度：薪酬、晋升、管理、工作本身和公司群体。答案分为差、较差、一般、较好、好5个等级，通过填表人的回答，可以统计出员工对工作环境、工作群体等方面的满意程度。工作描述指数问卷通用性强，可用于各种形式的组织，也可用于对各种不同文化程度、收入和工作种类的员工的调查。比较典型的是盖洛普公司的测量问卷，共有12个问题，涵盖了员工满意度归因的诸多方面，如图8-1所示。

（1）我知道工作对我的要求吗？
（2）我有准备好工作所需要的材料和设备吗？
（3）在工作中，我每天都有机会做我最擅长做的事吗？
（4）在过去的6天中，我因工作出色而受到表扬吗？
（5）我觉得我的主管或同事关心我的个人情况吗？
（6）工作单位有人鼓励我的发展吗？
（7）公司的使命目标使我觉得我的工作重要吗？
（8）在工作中，我觉得我的意见受到重视吗？
（9）我的同事们致力于高质量的工作吗？
（10）我在工作单位有最要好的朋友吗？
（11）在过去的6个月内，工作单位有人和我谈及我的进步吗？
（12）在过去的1年里，我在工作中有机会学习和成长吗？

图8-1 盖洛普公司的测量问卷

2. 明尼苏达工作满意调查表

明尼苏达工作满意调查表（Minnesota Satisfaction Questionnaire，MSQ）也是当前研究员工满意度比较权威的量表之一。量表分为长式量表（21个分量表）和短式量表（3个分量表），包括内在满意（intrinsic satisfaction）及外在满意（extrinsic satisfaction）两个层面。内在满意主要测量造成员工满意感的增强因素与工作本身之间的密切关系。例如，从工作中获得的成就感、自尊、自主等。外在满意主要指满意感的增强因素与工作本身无关。例如，主管的赞美、同事间的良好关系、良好的工作环境等。每题后的满意度评分分为5级，直接填写每项的满意等级，累加结果并与常模进行比较。长式量表有100项调查内容，可测量工作人员对20个工作方面的满意度及一般满意度。20个大项中每个又包含5小项。20个大项如表8-2所示。

表8-2　MSQ员工满意度测量指标

测量指标	测量指标
个人能力的发挥	道德标准
成就感	公司对员工的奖罚
能动性	本人责任
公司培训和自我发展	员工工作安全
权力	员工所享受的社会服务
公司政策及实施	员工社会地位
报酬	员工关系管理和沟通交流
部门和同事的团队精神	公司技术发展
独立性	公司的多样化发展
创造力	公司工作条件和环境

3. 彼得需求满意调查表

彼得需求满意调查表（Peter Need Satisfaction Questionnaire，PNSQ）是一种开放式的适用于管理人员的工作满意度调查量表。其重要性在于如果管理人员对工作不满意，不仅会影响自身的行为，还会波及所在部门甚至整个组织。彼得需求满意调查表集中在与管理工作相关的问题，每个问题都有两项：一项是"应该是"什么样的；另一项是"现状是"什么样的。将两个问题的得分相比较，差别越大，满意度越低；差别越小，满意度越高。总体的员工满意度可用各项得分的加总值来衡量。

4. 波特式调查问卷

为了比较员工满意及不满意问题的主次和轻重，波特设计了一种调查问卷。问卷中每个问题有三项：a. 对现状的满意程度；b. 理想的情况应该怎样；c. 对该项目满意的重要程度。与彼得需求问卷一样，将 a 的答案与 b 的答案进行比较，就可以确定满意程度，而 c 的答案则反映出被调查者对该项目重要程度的看法。波特式调查问卷的一个题目如图 8-2 所示。

```
        公司对员工的奖惩
a. 现在的状况如何
   （最小）1 2 3 4 5 6 7（最大）
b. 应该如何
   （最小）1 2 3 4 5 6 7（最大）
c. 重要程度
   （最小）1 2 3 4 5 6 7（最大）
```

图 8-2　波特式调查问卷举例

四、员工满意度调查实施步骤

员工满意度调查一般要经过以下几个步骤。

1. 调查需求分析

员工满意度调查需求分析是指分析组织是否有进行员工满意度调查的需求，可以分为两种情况：一种是企业为了长期观察员工管理和员工关系状况，将员工满意度调查作为一种常规的管理制度并定期进行调查，如每半年或是一年进行一次；另一种是在特殊情况下产生调查需求，例如，员工情绪波动比较明显的时候，或者员工离职率比较高、员工积极性和业绩下滑，以及员工关系出现了一些异常情况时。为了有效地进行员工管理和制定相应的管理对策，应基于不同的调查需求，确定调查目的、调查内容与调查方式等。

2.调查方法的选择和问卷设计

（1）确定评估方法

首先需要明确员工满意度信息通过什么途径获得的，即采取问卷调查法还是访谈调查法。在问卷调查法中又有单一整体评估法和工作要素总和评分法两种。两种方法各有优点，前者可以直接了解员工的总体满意度状况，后者可以找出员工对哪些方面感到满意，对哪些方面存在不满。单一整体评估法只要求被调查者回答对工作的总体感受。工作要素总和评分法强调用多种要素评价员工的工作满意度，它比单一整体评估法操作复杂，但能获得更精确的结果。

（2）调查问卷的设计

无论是由企业自己，还是聘请第三方咨询机构进行员工满意度调查，调查表的设计都是十分重要的，其设计的质量直接影响调查的质量。调查问卷的设计步骤如图8-3所示。

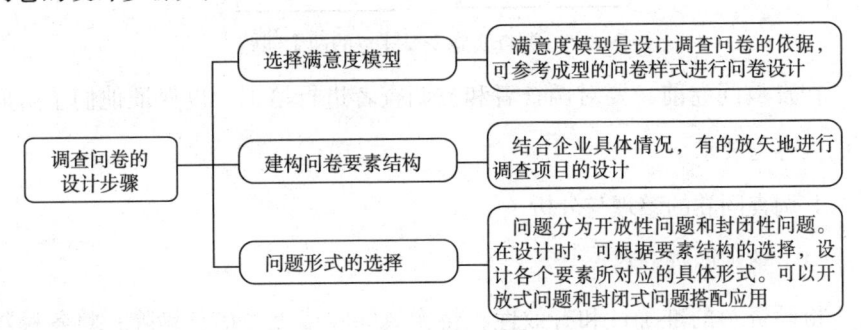

```
                    ┌─选择满意度模型──满意度模型是设计调查问卷的依据，
                    │                  可参考成型的问卷样式进行问卷设计
调查问卷的           │
设计步骤  ──────────┼─建构问卷要素结构──结合企业具体情况，有的放矢地进行
                    │                    调查项目的设计
                    │
                    └─问题形式的选择───问题分为开放性问题和封闭性问题。
                                        在设计时，可根据要素结构的选择，设
                                        计各个要素所对应的具体形式。可以开
                                        放式问题和封闭式问题搭配应用
```

图8-3 调查问卷的设计步骤

调查问卷设计要点如图8-4所示。

3.调查问卷的发放

调查问卷设计完毕，就要进行调查问卷的发放。在调查实施中要注意两个问题，如图8-5所示。如果公司规模不大，可以将所要调查的全体员工作为测量样本；如果员工很多，可以选取部分员工作为样本。选取时应注意样本的代表性。可以先将员工按照部门或层级分类，例如操作人员、

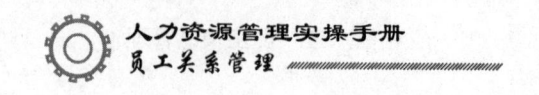

管理人员、技术人员、市场人员等，然后按照比例随机抽取样本。

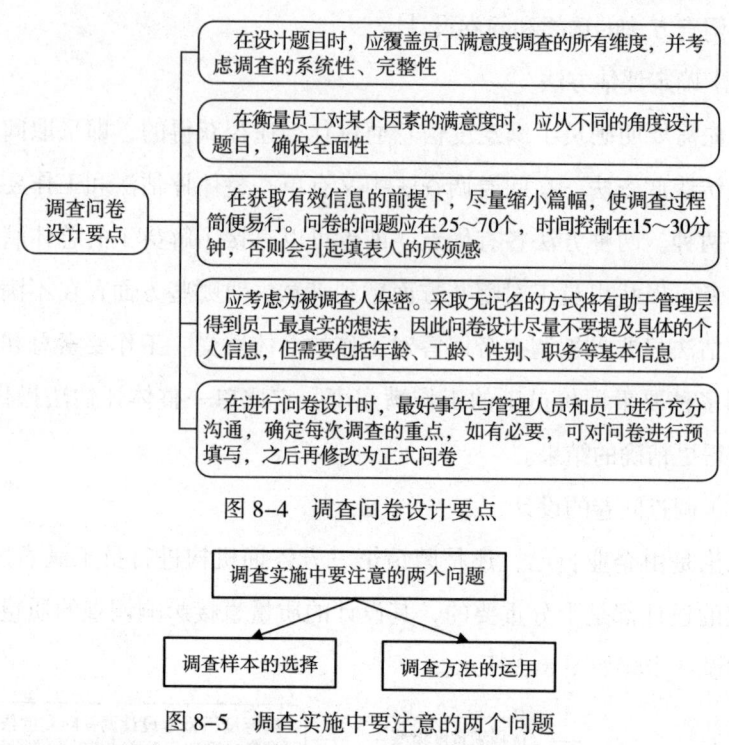

调查问卷设计要点：
- 在设计题目时，应覆盖员工满意度调查的所有维度，并考虑调查的系统性、完整性
- 在衡量员工对某个因素的满意度时，应从不同的角度设计题目，确保全面性
- 在获取有效信息的前提下，尽量缩小篇幅，使调查过程简便易行。问卷的问题应在25～70个，时间控制在15～30分钟，否则会引起填表人的厌烦感
- 应考虑为被调查人保密。采取无记名的方式将有助于管理层得到员工最真实的想法，因此问卷设计尽量不要提及具体的个人信息，但需要包括年龄、工龄、性别、职务等基本信息
- 在进行问卷设计时，最好事先与管理人员和员工进行充分沟通，确定每次调查的重点，如有必要，可对问卷进行预填写，之后再修改为正式问卷

图 8-4　调查问卷设计要点

调查实施中要注意的两个问题：
- 调查样本的选择
- 调查方法的运用

图 8-5　调查实施中要注意的两个问题

在发放问卷前，要对调查者和被调查者进行培训，以保证他们了解问题的内容与要求。

4. 调查问卷的整理与分析

（1）整理调查资料

检验资料的准确性和有效性，将无效问卷或无关信息剔除；将各种数据和信息按照模型或分析的要求归类，以便进一步分析；对每一类型的数据进行统计，找出答案的分布规律。

（2）选择分析方法，形成调查结果

根据描述性与推论性的统计资料，借助统计软件分析处理，将数字转化成直观的图表，如柱状图、饼状图、曲线图等，再配合数字解释，就能获得有用的工作满意度信息，以便根据数据的分布和趋势得出相应的结论，即结合直观图表，对调查结果做进一步分析，找出企业存在的问题，并归纳出矛盾比较集中的方面。接着，根据各方面的分析结果得出对企业员工满意度现状的总体评价。工作满意度调查结果分析的方法如图8-6所示。

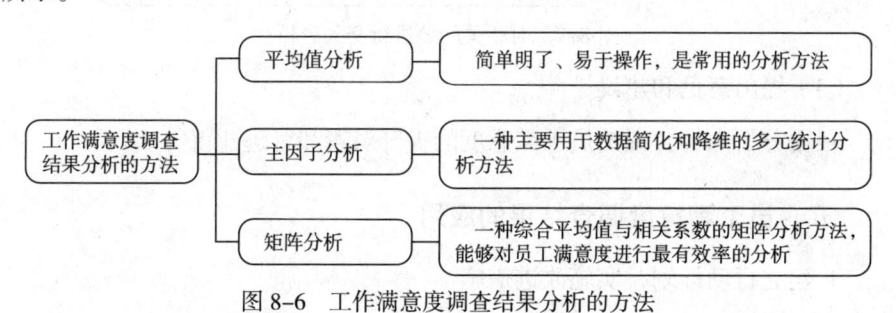

图 8-6　工作满意度调查结果分析的方法

- 平均值分析：简单明了、易于操作，是常用的分析方法
- 主因子分析：一种主要用于数据简化和降维的多元统计分析方法
- 矩阵分析：一种综合平均值与相关系数的矩阵分析方法，能够对员工满意度进行最有效率的分析

5. 撰写调查报告

员工满意度调查报告可分为以下几个部分。

（1）不同层次和类别的员工满意度分析

将员工分为不同层次和类别，对他们的满意度分别进行分析和比较，例如：

①公司总体满意度分析。以公司员工总体或所有调查者为对象进行满意度分析。

②分部门的员工满意度分析。按照部门进行分部门的员工满意度分析，或以特定有代表性部门的员工为对象进行满意度分析，也可对部门间员工满意度进行比较。

③员工群体满意度分析。例如，可以按人口学特征进行员工满意度分析，例如按员工的年龄、性别、文化水平、工作年限进行满意度分析；也可以按照职务或等级，例如分管理人员、技术人员、一线员工进行满意度分析。

（2）对相关问题进行交叉分析

对相关问题进行交叉分析如图8-7所示。

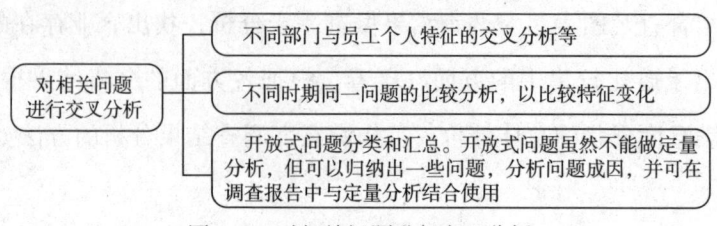

对相关问题进行交叉分析：
- 不同部门与员工个人特征的交叉分析等
- 不同时期同一问题的比较分析，以比较特征变化
- 开放式问题分类和汇总。开放式问题虽然不能做定量分析，但可以归纳出一些问题，分析问题成因，并可在调查报告中与定量分析结合使用

图 8-7　对相关问题进行交叉分析

（3）提出意见和建议

根据分析内容，提出员工满意度的提升对策和管理建议等。

五、员工满意度调查结果的应用

1. 建立行动计划，实施改进措施

针对调查结论，实施改进措施是十分必要的，否则，员工会把满意度调查看成"形式主义"，对企业领导失去信任。而且矛盾不会随着时间的推移自动消失，积累的时间越长，影响越大。具体实施措施如图 8-8 所示。

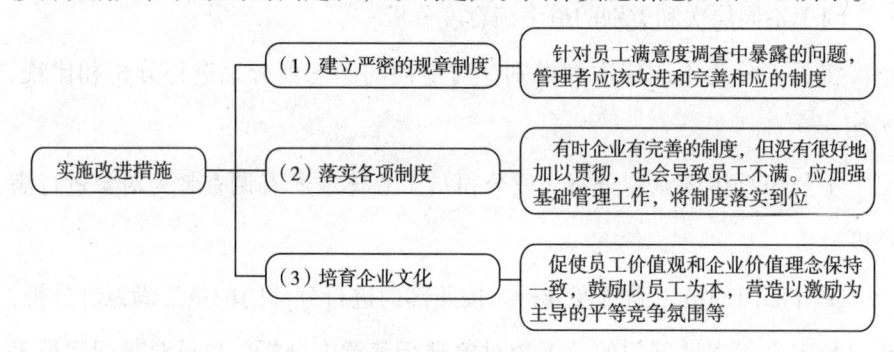

实施改进措施：
- （1）建立严密的规章制度：针对员工满意度调查中暴露的问题，管理者应该改进和完善相应的制度
- （2）落实各项制度：有时企业有完善的制度，但没有很好地加以贯彻，也会导致员工不满。应加强基础管理工作，将制度落实到位
- （3）培育企业文化：促使员工价值观和企业价值理念保持一致，鼓励以员工为本，营造以激励为主导的平等竞争氛围等

图 8-8　实施改进措施

2. 改进评价和跟踪反馈

实施改进措施并不是员工满意度调查工作的终结，还要对改进措施进行两方面的效果评估：一是评价措施的经济性，即是否能够以较少的投入获得较大的产出；二是评价措施的实用性，即改进措施对员工满意度指标的改善。在对改进措施进行经济性评价时，可以采用成本—效益法。成本包括进行员工满意度调查所花费的调查成本以及实施改进措施所花费的成本。效益是指企业在劳动生产率、出勤率、顾客投诉率、销售收入、利润

率等指标上的改进提升情况。对改进措施的实用性评价则需要依赖下一轮的调查，因为整改措施的效果不可能一步到位、立竿见影。

通过实施调查，企业可以准确、全面地了解员工的满意度状况及潜在的需求，制定和实施有针对性的激励措施，激发员工对工作、对企业的献身精神，提高员工和管理者的各项技能，同时也能够达到减少劳动争议的目的。

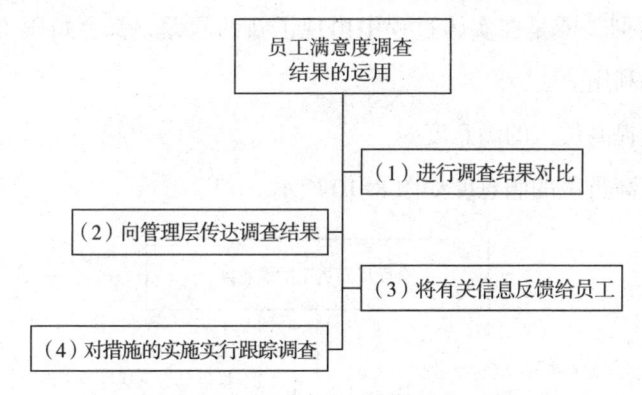

3. 运用好员工满意度调查结果

员工满意度调查结果的运用如图8-9所示。

```
            ┌──────────────┐
            │员工满意度调查│
            │结果的运用    │
            └──────┬───────┘
                   │
         ┌─────────┼─────────┐
         │（1）进行调查结果对比│
         └─────────────────────┘
         ┌─────────────────────┐
         │（2）向管理层传达调查结果│
         └─────────────────────┘
         ┌─────────────────────┐
         │（3）将有关信息反馈给员工│
         └─────────────────────┘
         ┌─────────────────────┐
         │（4）对措施的实施实行跟踪调查│
         └─────────────────────┘
```

图8-9　员工满意度调查结果的运用

（1）进行调查结果对比

可以将调查结果进行横向和纵向对比。横向的对比可以是与同行业内其他企业或参考模型的对比，也可以是企业内部门之间、事业部之间的对比，这种对比有利于各组织找出与别人的差距，调整自己的策略。纵向的对比可以是改革措施实施前后的对比，也可以是不同时间调查结果的对比，根据时间顺序描绘出满意度变化趋势，帮助管理者客观地衡量企业在某一段时间的管理情况。

（2）向管理层传达调查结果

将调查报告下发给有关的管理人员，管理人员能够从报告中了解自己负责的部门或业务领域是否存在问题，导致问题的原因是什么，而后结合调查报告中提出的指导性建议，确定具体的改进措施。

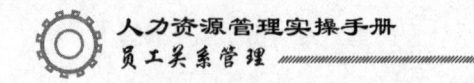

（3）将有关信息反馈给员工

信息反馈的内容包括调查的结果、将要采取的相应措施、对员工意见的处理结果等。这样做可以向员工表达管理层的诚意和对他们的重视，为管理工作的顺利实施打下良好的基础。尤其要重视员工提出的意见，并应该给出明确的答复，如果不能采纳，也要做好解释工作。

（4）对措施的实施实行跟踪调查

公司可以成立专门的小组或委派专人负责这项工作。改进措施没有得到有效的贯彻，或是在实施过程中出现了新的问题，都会妨碍工作满意度信息的长期利用。

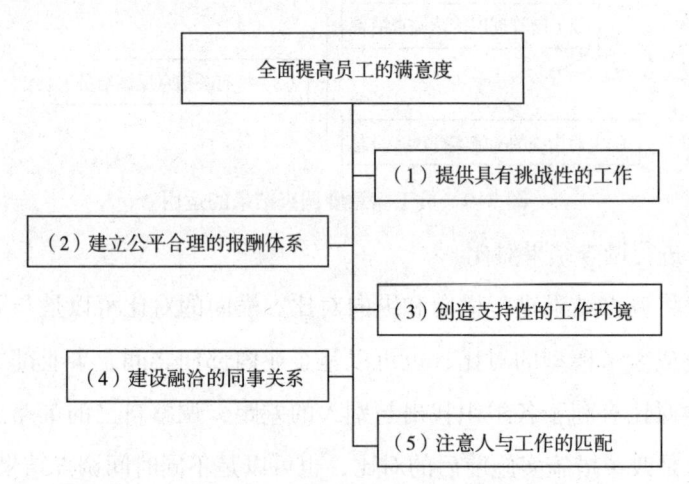

4. 全面提高员工的满意度

全面提高员工的满意度如图 8-10 所示。

```
全面提高员工的满意度
├─（1）提供具有挑战性的工作
├─（2）建立公平合理的报酬体系
├─（3）创造支持性的工作环境
├─（4）建设融洽的同事关系
└─（5）注意人与工作的匹配
```

图 8-10　全面提高员工的满意度

（1）提供具有挑战性的工作

为员工提供有适度挑战性的工作，有助于员工在工作中获得成就感，使员工不至于因为工作单调枯燥而产生厌倦情绪，同时也不会因为工作压力过大而产生挫折和失败感。

（2）建立公平合理的报酬体系

参考行业内薪酬调查的结果，制定有竞争力的工资水平，采用科学的评定方式确定员工的工资收入，建立公正的绩效考核制度，将员工收入与工作表现合理结合，公开评定标准和绩效考核情况。提供公平的晋升机会，完善福利制度，为员工提供所需要的帮助等。

（3）创造支持性的工作环境

设计有利于工作的办公和生产环境，为员工更好地工作提供更多生活便利，如班车、宿舍、家庭服务等。

（4）建设融洽的同事关系

在企业内部倡导尊重人、爱护人的作风；给员工，尤其是管理人员，提供如何进行沟通和处理冲突的培训，提高处理人际关系的能力；建立内部沟通渠道，或者设立专门的员工关系管理职位，以便更好地协调员工之间的关系。

（5）注意人与工作的匹配

可以通过职业偏好测试发现员工的职业倾向，并尽量使工作安排与员工的能力、人格特征及个人的特长爱好相匹配。

【答疑解惑】

问：HR如何进行有效的员工满意度调查？

【解答】员工满意度调查是人力资源管理的重要部分，通过员工满意度调查，衡量员工忠诚度与敬业度，洞察员工的真实想法，为企业培养员工的归属感、责任感，提高工作效率提供方向。

（1）真诚坦率

大多数员工不会直接吐露心声，实名问卷通常会存在回收率不高或者数据不准确的问题。相反，在匿名状态下能够消除员工的戒备心，他们会提供真实的看法和意见而不必担心受到惩罚。

（2）解释相关内容

在问卷开始前，需要告知员工本次调查属于匿名调查，解释企业为什么要进行本次调查，对于员工提供的建议与反馈将如何处理。

（3）如何提问

①使用开放式问题，允许员工添加自己的回答，让员工有机会发表自

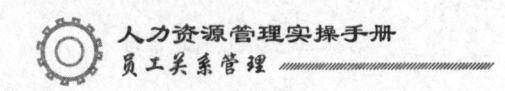

己的意见，提出对企业的建议，建立一个友好的工作环境。

②对于一些项目的满意度，可以使用打分题型制作。

③尽可能多地使用选择题型，方便后期深入分析数据。

第二节　员工工作压力管理

一、工作压力的概念

1. 以反应为基础的模式

塞利（Selye）提出了一般适应症候群（General Adaptation Syndrome, GAS）的压力反应模式。他认为，人面临的压力反应包含三个阶段，如图8-11所示。

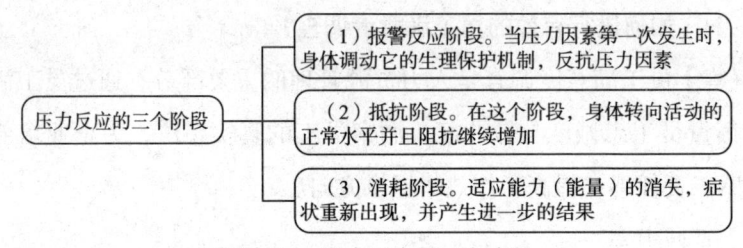

压力反应的三个阶段
- （1）报警反应阶段。当压力因素第一次发生时，身体调动它的生理保护机制，反抗压力因素
- （2）抵抗阶段。在这个阶段，身体转向活动的正常水平并且阻抗继续增加
- （3）消耗阶段。适应能力（能量）的消失，症状重新出现，并产生进一步的结果

图8-11　压力反应的三个阶段

2. 以刺激为基础的模式

该模式将集中注意压力刺激的实质，关注压力的来源。

3. 交互作用模式

交互作用模式以上述两种模式为基础，认为上述两种理论应以个人动机和应付压力的能力信息作为补充。个人紧张的产生，除了压力源存在，还必须满足的条件包括：个人感觉对自己需要和动机的威胁；个人不能对压力源进行有效的应付。

二、压力来源与影响因素

1. 环境因素

环境的不确定性不仅会影响组织结构的设计,还会影响组织中员工的压力水平。商业周期的变化会造成经济的不确定性。经济萧条总会伴随劳动力减少、解雇人数增多、薪水下调等后果,人们会为自己的安全保障倍感压力。在政治体制相对不稳定的国家,员工会有较大的压力。政治变革和政治威胁总会诱发不稳定感和压力感。技术的不确定性是引发压力感的第三类环境因素。新的技术革新使一个员工的技术和经验在短时间内过时。计算机、自动化、机器人及其他形式的技术创新会威胁许多人,使他们产生压力感和紧迫感。

2. 组织因素

组织因素如图 8-12 所示。

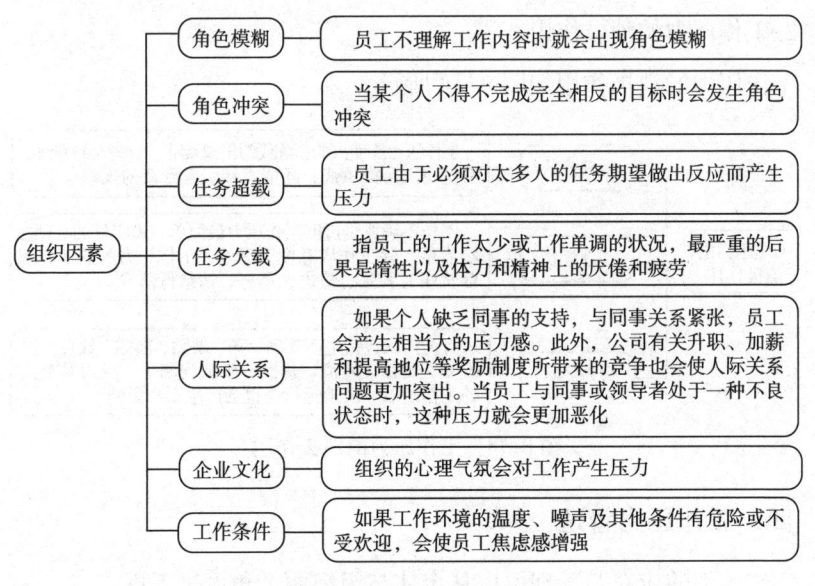

组织因素		
	角色模糊	员工不理解工作内容时就会出现角色模糊
	角色冲突	当某个人不得不完成完全相反的目标时会发生角色冲突
	任务超载	员工由于必须对太多人的任务期望做出反应而产生压力
	任务欠载	指员工的工作太少或工作单调的状况,最严重的后果是惰性以及体力和精神上的厌倦和疲劳
	人际关系	如果个人缺乏同事的支持,与同事关系紧张,员工会产生相当大的压力感。此外,公司有关升职、加薪和提高地位等奖励制度所带来的竞争也会使人际关系问题更加突出。当员工与同事或领导者处于一种不良状态时,这种压力就会更加恶化
	企业文化	组织的心理气氛会对工作产生压力
	工作条件	如果工作环境的温度、噪声及其他条件有危险或不受欢迎,会使员工焦虑感增强

图 8-12 组织因素

3. 个人因素

个人因素如图 8-13 所示。

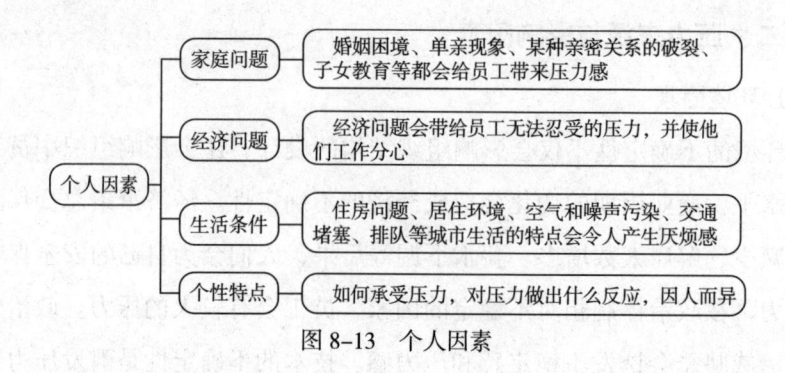

```
个人因素 ┬ 家庭问题 — 婚姻困境、单亲现象、某种亲密关系的破裂、子女教育等都会给员工带来压力感
        ├ 经济问题 — 经济问题会带给员工无法忍受的压力，并使他们工作分心
        ├ 生活条件 — 住房问题、居住环境、空气和噪声污染、交通堵塞、排队等城市生活的特点会令人产生厌烦感
        └ 个性特点 — 如何承受压力，对压力做出什么反应，因人而异
```

图 8-13　个人因素

三、工作压力产生的后果

工作压力对个体与组织效能的影响既有消极的一面，也有积极的一面。

1. 工作压力的积极作用

适度的压力水平可以使人集中注意力，提高忍受力，增强机体活力，减少错误的发生。所以，压力是提高人的动机水平的有力工具。

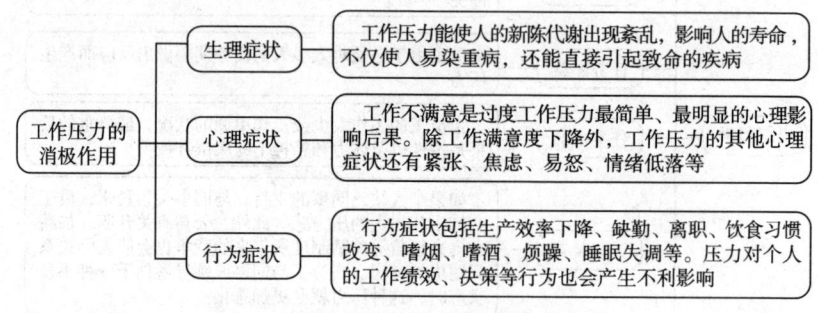

2. 工作压力的消极作用

工作压力的消极作用如图 8-14 所示。

```
工作压力的消极作用 ┬ 生理症状 — 工作压力能使人的新陈代谢出现紊乱，影响人的寿命，不仅使人易染重病，还能直接引起致命的疾病
                  ├ 心理症状 — 工作不满意是过度工作压力最简单、最明显的心理影响后果。除工作满意度下降外，工作压力的其他心理症状还有紧张、焦虑、易怒、情绪低落等
                  └ 行为症状 — 行为症状包括生产效率下降、缺勤、离职、饮食习惯改变、嗜烟、嗜酒、烦躁、睡眠失调等。压力对个人的工作绩效、决策等行为也会产生不利影响
```

图 8-14　工作压力的消极作用

四、工作压力管理

工作压力的应对与管理可以从个体与组织两个角度来考虑。

1. 个体水平上的压力管理策略

个体水平上的压力管理策略如表 8-3 所示。

表 8-3 个体水平上的压力管理策略

项目	内容
压力源导向	从个体角度对压力源的应对主要从个人对工作环境的管理和生活方式管理两个方面着手进行。生活方式管理着眼于自身生活习惯，使自己学会有规律、有效率地生活，从而减轻工作压力的影响 理解并学会遵循时间管理原则，有助于员工更好地应付工作要求带来的压力感。常见的时间管理原则有：列出每天要完成的事；根据重要程度和紧急程度来对事情进行排序；根据优先顺序进行日程安排；了解自己的日常活动周期状况，在自己最清醒、最有效率的时间段内完成工作中最重要的部分
压力反应导向	压力反应导向的管理主要从生理的、情感的以及认知这三个方面着手进行 对于压力生理反应的消除，主要是通过一系列的心理训练，使个体学会控制自己的生理反应，从而消除或减轻紧张反应 寻求社会支持是应付压力情感反应的一种有效手段
个性导向	通过改变某些容易产生压力感的个性因素而减缓压力

2. 组织水平上的压力管理策略

组织水平上的压力管理策略如表 8-4 所示。

表 8-4 组织水平上的压力管理策略

项目		内容
任务和角色需求	概述	主要从工作本身和组织结构入手，促进任务、角色的清晰化和丰富化，增强工作自身的激励因素，激发员工的内在工作动机，提高工作满意感，从而减少压力及紧张产生的机会
	方法	控制组织气氛。组织应该给员工提供足够的支持以适应变革 提供控制能力。组织可以通过丰富、扩大和拓展工作来提供更多的责任和决策权，这样能增强员工的控制感 提供社会支持。组织可以通过建立团结的工作群体和培训上司来增强社会支持 强化员工正式的组织沟通。加强与员工正式的组织沟通，有助于减轻角色的模糊性和角色冲突，从而减少不确定性 目标设置。利用目标设定可以减轻工作压力，增强员工的工作动机 工作再设计。管理人员应通过重新设计工作来提高员工参与决策的水平，给员工带来更多的责任、更大的自主性和更强的反馈，以减轻员工的压力感
生理和人际关系需求	概述	主要为员工创造良好的生理和心理环境，满足员工在工作中的身心需求，以提高工作方面的保健因素，使其减轻压力
	方法	弹性工作制，允许员工在特定的时间段自由决定上班的时间，有利于降低缺勤率，提高生产率，从而增加员工的工作满意度，减少压力的产生 参与管理，能够增强员工的控制感，帮助员工减轻角色压力 放松训练，即员工被引导将注意力集中于身体的某一部位，然后转移到其他部位，系统地紧张和放松肌肉，通过集中精力于放松状态产生的感觉达到深度放松

案例 8-1　新员工技能弱、压力大，如何解决？

小邓之前没有做过服务员，也刚接触餐饮行业，她在新员工的时候最大的压力就是速度慢，而当时的主管是急性子，小邓一被催就很紧张，越紧张就越慢，那时候每每听到主管的脚步声，她都会心跳加速，对主管毫无好感。

【解析】新员工因为技能弱而导致速度慢是很正常的事情，因此作为管理者一定要耐着性子，更重要的是要陪同员工多做练习，给予鼓励；如果是慢性子的员工，最好给予一定时间上的要求，比如今天我们比昨天提前两分钟好不好？作为管理者，我们要更好地扮演自己的教练、家长、管理者的多种角色，不能只有畏惧感，还要有亲切感。

案例 8-2　新员工对工作不熟悉，感觉力不从心，如何解决？

小王是新入职财务处的一名应届大学毕业生。在工作中，她觉得力不从心，很多看起来很简单的事情，她做起来却很吃力，而且频频出错。除此之外，她发觉自己大学学到的东西工作中根本用不到，她不禁对自己的能力以及专业知识水平产生了很大的怀疑。渐渐地，她做事越来越没自信，甚至害怕去上班，害怕领导交代她做事，每天的情绪都处于低落状态，甚至想到了辞职。

【解析】小王的压力主要源于对工作业务不熟悉所产生的焦虑、自卑、紧张和怠工。

公司在新员工岗前培训中应该关注细节，让新员工尽快地融入进来。所在部门领导应该细致关怀和帮助新员工成长，让其感受到工作中的温暖，同时告知初期的不适应、难胜任都是正常的，多鼓励，少批评。另外，小王应该学会自我调节，培养自身的抗压能力，平时可以多向老员工请教，和同事和睦相处，压力大时多听听舒缓的音乐，看看积极向上的书籍等。

第三节 员工援助计划

一、什么是员工援助计划

员工援助计划（Employee Assistance Program，EAP），是由组织如企业、政府部门等单位，向所有员工及其家属提供的一项免费的、专业的、系统的和长期的咨询服务计划。

①对象：所有员工及其家属。

②目标：改善员工的工作生活质量，从而达成终极目标——提高组织的工作绩效和促进员工的个人成长。

③实质：进行组织层面的心理咨询服务。

> **温馨提示**
>
> **员工援助计划的历史沿革**
>
> 员工援助计划起源于20世纪二三十年代的美国，最初是为了解决员工的酗酒问题。为消除员工酗酒问题对个人和企业绩效所带来的负面影响，有的企业建立了职业酒精依赖项目（Occupational Alcoholism Program, OAP），即员工援助计划的雏形。
>
> 20世纪60年代以后，美国社会酗酒、吸毒、滥用药物等问题日益严重，家庭暴力、离婚、精神抑郁越来越影响员工的工作表现，于是职业酒精依赖项目范围扩大，把服务对象扩展到员工家属，项目增多，内容更丰富。
>
> 员工援助计划现在的内容包含工作压力、心理健康、灾难事件、职业

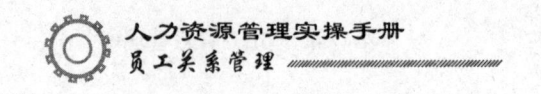

生涯困扰、健康生活方式、法律纠纷、理财问题、减肥和饮食紊乱等，以求全方位帮助员工解决个人问题。

二、员工援助计划的分类

员工援助计划的分类如表8-5所示。

表8-5　员工援助计划的分类

分类依据	类型	内容
根据实施时间长短分类	长期员工援助计划	实施时间是数月或以上。由于员工援助计划具有系统性的特点，应该有计划地持续进行
	短期员工援助计划	更多是应急性的，能帮助组织顺利度过一些特殊阶段
根据服务提供者分类	内部员工援助计划	建立在企业内部，配置专门机构或人员，为员工提供服务 比较大型和成熟的企业会建立内部员工援助计划，而且由企业内部机构和人员实施，更贴近和了解企业及员工的情况，因而能及时有效地发现和解决问题
	外部员工援助计划	由外部专业员工援助计划服务机构操作。企业需要与服务机构签订合同，并安排1～2名员工援助计划专员负责联络和配合

三、员工援助计划的意义

员工援助计划的直接目的在于维护和改善员工的职业心理健康状况，从而提高组织绩效。具体而言，员工援助计划的意义在于：

（1）个体层面

提高员工的工作生活质量。包括增进个人身心健康，促进心理成熟，减轻压力和增强抗压的心理承受能力，提高工作积极性和个人工作绩效，改善个人生活质量和人际关系。

（2）组织层面

减少成本，增加收益。节省招聘和培训的费用，减少人员流失，提高出勤率，降低管理成本，提高员工满意度，改善组织文化和组织形象，提高组织绩效。

四、员工援助计划的操作流程

员工援助计划的操作流程如表 8-6 所示。

表 8-6 员工援助计划的操作流程

项目	内容
问题诊断阶段	目的：了解问题的现状及原因，为有针对性地提出科学有效的员工援助计划做准备 主要关注的层面：组织层面、团队层面和个体层面 方法：观察法、访谈法、问卷调查法和文献法
方案设计阶段	以书面形式确立员工援助计划在企业活动中的地位和意义 根据前一阶段所发现的问题确定此次服务的主要目标，细化这些目标，并向相关人员公布 根据服务目的制订具体的、可操作的实施计划，并建立畅通无阻且迅速反应的服务渠道 确保咨询资源充足，参与人员的专业素质过硬，并在服务的目标和操作计划敲定后向每个参与员工援助计划的工作人员说明其各自的职责及工作程序
宣传推广阶段	管理者层面，针对管理者开展的宣传推广活动主要是为了取得上级领导的支持和理解，以保证活动的顺利实施 一般员工层面，针对一般员工开展的宣传推广活动的目的是在员工和咨询员之间建立良好的互相信任的关系，提高员工对服务的认可度
教育培训阶段	管理者培训，目的是使管理者了解和掌握一定的心理知识和心理咨询技巧，以便在工作环境中发现、甄别、解决和预防员工心理问题 员工培训，主要讲授基本的心理知识和自我管理技巧，帮助员工了解自我、澄清困惑。可以采用多种方法进行培训，如专题讲座、团体辅导等
咨询辅导	着重于针对个别员工的特殊问题进行心理咨询 要敏锐地觉察工作生活环境的变化对员工问题的影响，及时对员工援助计划的目标和手段做出合理调整，以适应组织和员工的需求 要注意保持并不断提高咨询人员的专业知识和技能，提高他们解决问题的能力
项目评估和反馈	及时和科学地进行项目评估和结果的反馈，有助于评价企业服务工作的质量，总结经验教训，不断地改进工作

参考文献

［1］苏磊.员工关系管理［M］.北京：中国财富出版社，2019.

［2］田辉，李晓婷.员工关系管理［M］.上海：复旦大学出版社，2015.

［3］李艳.员工关系管理实务手册［M］.3版.北京：人民邮电出版社，2017.

［4］路蓉.员工关系管理［M］.上海：上海交通大学出版社，2021.

［5］严肃.人力资源管理最常用的83种工具［M］.2版.北京：中国纺织出版社有限公司，2022.

［6］邱志洋.人力资源工作常见问题清单［M］.北京：地震出版社，2021.